教育信息化

支持农村教学点发展实践模式研究

张伟平　李炳煌　杨世伟　蒋玲玲　陈京京　著

JIAOYU XINXIHUA
ZHICHI NONGCUN JIAOXUEDIAN FAZHAN
SHIJIAN MOSHI YANJIU

中南大学出版社
www.csupress.com.cn
·长沙·

图书在版编目(CIP)数据

教育信息化支持农村教学点发展实践模式研究 /
张伟平等著. —长沙：中南大学出版社，2024.7
　　ISBN 978-7-5487-5599-9

　　Ⅰ. ①教… Ⅱ. ①张… Ⅲ. ①教育工作－信息化－作
用－乡村教育－教学模式－研究 Ⅳ. ①G725

　　中国国家版本馆 CIP 数据核字(2023)第 197313 号

教育信息化支持农村教学点发展实践模式研究

JIAOYU XINXIHUA ZHICHI NONGCUN JIAOXUEDIAN FAZHAN SHIJIAN MOSHI YANJIU

张伟平　李炳煌　杨世伟　蒋玲玲　陈京京　著

□出　版　人	林绵优
□责任编辑	刘锦伟
□责任印制	唐　曦
□出版发行	中南大学出版社
	社址：长沙市麓山南路　　　邮编：410083
	发行科电话：0731-88876770　　传真：0731-88710482
□印　　　装	长沙印通印刷有限公司

□开　　本	787 mm×1092 mm　1/16	□印张 10.5	□字数 266 千字
□版　　次	2024 年 7 月第 1 版	□印次 2024 年 7 月第 1 次印刷	
□书　　号	ISBN 978-7-5487-5599-9		
□定　　价	58.00 元		

前言

Foreword

党和政府历来高度重视教育公平问题,特别是党的十八大以来,我国农村办学条件和教育生态环境得到了显著改善。但包括教学点在内的农村学校却仍然面临着生源和师资流失、学校规模越来越小、师资力量越来越弱的局面。农村教学点在办学中存在经费投入少、师资资源配资不足、课程开设困难和留守儿童多等方面的诸多困境。其中,音乐、美术等课程开不齐、开不好是比较突出的问题。自21世纪以来,我国在利用信息化手段提升包括教学点在内的薄弱学校教育质量方面进行了大量探索。2019年,中共中央、国务院印发了《中国教育现代化2035》,提出"加快信息化时代教育变革",要求"利用现代技术加快推动人才培养模式改革,实现规模化教育与个性化培养的有机结合"。国内对信息技术促进教学点发展方面的研究无论在数量上还是范围上都有一定的提升空间,尤其是在实证研究方面整体数量还比较少,且研究多集中在农村教学点课程开设和教师专业发展方面,没有针对农村教学点整体发展方面的研究。

本书将围绕信息化助力农村教学点质量提升这一主题展开研究,从校园文化建设、教师专业发展、学生阅读素养等方面开展教育信息化实践探索,主要解决三个问题:第一,采用何种模式在农村教学点开展教育信息化实践,能够更好地为教学点教师所接受,既起到帮助其开展教学活动的作用,又能够促进其专业发展,促进学生阅读素养的提高?第二,哪些理论可以对本书开展的教育信息化实践活动进行阐释?如何阐释?第三,本书开展的教育信息化实践对于我国相关政策的制定有何启示?可以提出哪些具有建设意义的政策建议?

为此,课题组从以下几个方面展开了研究:

一、设计了调查工具,从校园文化建设、教师专业发展、课程开设和学生阅读素养等方面了解农村教学点的办学现状及存在的主要问题。调查发现,农村教学点在物质文化建设、制度文化建设、精神文化建设等方面与城镇学校、农村中心校等存在一定的差距。

二、设计了教育信息化支持农村教学点质量提升的模式并在农村教学点开展实践探索。

课题组提出"农村教学点数字教育资源共享"实践模式,主要内容是:教育信息化专家从互联网中检索、甄别和收集可用于小学"语文""数学""道德与法治""美术""音乐"五门课程教学的数字化教育资源,包括优秀教师授课资源,有声图书资源,教师操作演示视频资源,音乐视频或者音频资源,社会主义核心价值观数字资源,以及其他资源,如课件、工具软件等,提供给教学点教师使用。同时,教育信息化专家可以通过互联网与教学点教师进行沟通,就如何在课堂教学中使用资源进行交流。教师将专家提供的资源,或者从网络中收集到的其他数字教育资源运用于教育教学活动。2021 年 9 月到 2022 年 9 月,课题组通过网络的方式先后征集了来自湖北、辽宁、湖南、福建等地区的 9 所城镇学校、2 所农村中心校、15 所农村完小/教学点的 53 名教师参加本项目教学实践。其中有 23 位教师来自城镇学校或者农村中心学校,30 位教师来自农村完小/教学点。2023 年 3—4 月,课题组通过问卷调查、访谈、视频分析等方式对实践效果进行了调查,结果显示,数字教育资源的使用有助于提升农村教学点课堂教学质量,能够有效促进农村教学点教师专业发展,改善农村教学点校园文化建设,提升农村教学点学生阅读素养。

三、在前期实践的基础上,课题组从教育公平理论、教育生态学理论、隐性知识理论、教育资源配置理论等方面对本书的教育信息化实践进行了阐释。从教育公平的角度看,教育信息化有助于优化配置模式、增强资源投放的精准度,从而促进教育的起点公平;有助于优化教学过程、提升教育质量,从而促进教育过程公平;有助于创新教学方法、让教学更具个性化,从而促进教育结果公平。从教育生态学的角度看,信息技术支持优质资源共享,起到了补强"限制因子"的作用;信息技术起到了减轻教师教学工作负担的作用,使其工作负荷向"最适度"回归;信息技术支持教学点教学方法的革新,有助于重塑教育"生态位";信息技术强化了教师与外界的沟通,有助于打破"花盆效应"。从隐性知识管理理论的角度看,优秀教师关于教育教学理念、教学方法、课堂组织方法、师生互动方式等方面的隐性知识会对教学点教师产生影响,从而使教学点教师的教学理念、教学行为在潜移默化中发生变化,实现其教学能力的提升,助力其专业发展的实现。从教育资源配置理论的角度看,信息技术的使用能够实现资源共享,从而改善教学点的教学资源配置和教师资源配置。

四、根据课题组教育信息化实践,针对教育信息化支持农村教学点发展提出政策建议。包括树立优质教师资源共享的理念,推进义务教育优质均衡发展;推进农村学校教育信息化建设,夯实信息化教育应用基础;加大资源共建共享的支持力度,丰富优质资源供给;加大学术研究的支持力度,进一步探索规律。

本书是对研究的内容和结论的报告。第一章阐述了研究的背景、问题、目标、内容和方法、研究路线图。第二章对教育信息化、农村教学点的概念进行了界定,并就学术界在农村教学点、信息技术支持教育治理现代化、信息技术支持教师专业发展、信息技术支持教学和学习、信息技术支持教育公平等几个方面的研究进行了综述。第三章报告了课题组对农村教学点现状的调查及存在问题的分析。课题组采用问卷和访谈对湖北、吉林、云南、湖南、四川、重庆等6个省(市)的11个县(市、区)进行调查,从校园文化建设、教师专业发展、课程开设、学生阅读素养等维度了解这些地区的教学点基本情况。调查发现,农村教学点在校园文化建设、音体美课程开设、教师专业发展和学生阅读素养等方面与非教学点学校存在一定的差距。第四章报告了课题组开展的教育信息化支持教学点发展的实践,报告了教育信息化支持实践的行动方案和实践行动。实践方案部分包括实践策略、实践模式、实践路径和保障机制,实践行动部分则包括前期准备、活动的组织、对活动的调查、活动的开展方式、活动的效果分析等。第五章报告了课题组运用教育公平理论、教育生态学理论、隐性知识理论、教育资源配置理论对教育信息化实践进行的理论阐释。第六章报告了教育信息化支持农村教学点发展的政策建议。

本书第一作者张伟平,湖北鄂州人,博士,系湖南科技大学教育学院、湖南省"十四五"教育科学研究基地(教育信息化研究基地—技术应用方向)副教授、硕士生导师,教育技术学专业科任教师,从事信息化支撑的课堂教学、信息技术促进教育公平等方面的研究。第二作者李炳煌,湖南湘潭人,湖南科技大学教育心理学教授,研究生导师,湖南科技大学教育学院党委书记,主要从事基础教育、教育基本理论、教师发展与学生成长问题研究;湖南省教育科研工作者协会副秘书长,湖南省教师教育专业委员会常务理事,湖南省教育科学规划课题评审专家,湖南省中小学教师资格首席考官,湖南省中小学教师正高级职称评审专家。第三作者杨世伟,湖北仙桃人,系湖南科技大学教育学院副教授、硕士生导师,主要从事信息技术与学科课程融合、数字化教学资源等方面的研究。第四作者蒋玲玲,湖南永州人,系湖南科技大学教育学院教师,从事信息技术支持的课堂教学、数字化教学资源等方面的研究。第五作者陈京京,湖南常德人,邵阳思源实验学校教师,从事信息技术支持的课堂教学、信息技术支撑的教师专业发展等方面的研究工作。

本书面向从事信息技术支持的教育公平、信息技术支持的课堂教学、信息技术支持的学习等方面的科学研究者和学习者,以及利用信息技术开展课堂教学的中小学教师群体。

最后,研究团队要诚挚地感谢在研究开展和书稿撰写过程中给予帮助和支持的同仁。特别感谢华中师范大学的付卫东教授、深圳职业技术大学的陈梅芬老师、金华职业技术大学戴红斌老师、湖北省咸安区教育局的陈勇老师和周庭老师。衷心感谢参与本项目研究的湖北省咸宁市崇阳县的徐正军老师和王值军老师、湖北省咸宁市咸安区的张国华老师,以及其他自愿参与本研究的数十位老师。衷心感谢中南大学出版社的刘锦伟老师及其他编辑老师,为本书的校稿和出版工作付出的艰辛劳动。再次向各位表示最诚挚的感谢和敬意!

著者

2023 年 8 月

目录

Contents

第1章 绪 论 / 1

　　1.1 研究背景 / 1

　　1.2 研究问题 / 5

　　1.3 研究目标及意义 / 6

　　1.4 研究内容与方法 / 7

　　1.5 研究路线图 / 9

第2章 文献综述 / 11

　　2.1 相关概念界定 / 11

　　2.2 农村教学点相关研究 / 13

　　2.3 信息技术支持教育治理现代化研究 / 16

　　2.4 信息技术促进教师专业发展研究 / 21

　　2.5 信息技术支持教学和学习研究 / 26

　　2.6 信息技术促进教育公平研究 / 30

　　2.7 对国内外研究的评述 / 33

第3章 农村教学点现状及存在的问题 / 34

　　3.1 对我国教学点的调查 / 34

　　3.2 调查结果分析 / 37

第4章 教育信息化支持教学点发展实践 / 59

　　4.1 教育信息化支持农村教学点发展实践方案 / 59

　　4.2 教育信息化支持农村教学点发展行动实践 / 72

第5章 教育信息化支持农村教学点发展的理论阐释 / 104

　　5.1 教育公平理论视角的阐释 / 104

5.2　教育生态学理论视角的阐释　／112

5.3　隐性知识理论视角的阐释　／119

5.4　教育资源配置视角的阐释　／125

第6章　教育信息化支持农村教学点发展的政策建议　／130

6.1　树立优质教师资源共享的理念，推进义务教育优质均衡发展　／130

6.2　推进农村学校教育信息化建设，夯实信息化教育应用基础　／132

6.3　加大资源共建共享的支持力度，丰富优质资源供给　／133

6.4　加大学术研究的支持力度，进一步探索规律　／135

附录 A：农村教学点基本情况调查问卷（学校卷）　／136

附录 B：农村教学点基本情况调查问卷（教师卷）　／138

附录 C：农村教学点基本情况调查问卷（学生卷）　／142

附录 D：农村教学点基本情况访谈提纲　／147

附录 E：教育信息化支持教学点实践活动开展调查问卷（教师卷）　／148

附录 F：教育信息化支持教学点实践活动开展访谈提纲　／151

附录 G：课题组为教师提供的课程数字资源（部分）　／152

第 1 章

绪 论

1.1 研究背景

1.1.1 我国农村教学点的发展仍然面临困境

据教育部 2020 年教育统计数据，我国有教学点 90295 个[①]，这些教学点大多处于我国偏远、贫困地区，在教育资源配置方面与其他地区存在差距，经费少、师资缺、质量差等问题长期存在，成为我国义务教育健康稳定发展的"最后一公里"。提升农村教学点的办学水平对促进义务教育优质均衡发展具有十分重要的意义。

公平是人类的普世价值观之一，以教育促进和实现公平是各国教育发展所追求的共同目标。我们党和政府历来高度重视教育公平，习近平总书记多次强调"教育公平"的重要性。党的十八大以来，以习近平同志为核心的党中央十分重视农村教育，对农村学校的建设、农村教育的发展作出了系列重要指示，发布了一系列惠农教育政策，包括农村教学点在内的农村学校在硬件设施、师资队伍建设方面发生了显著的变化。例如，2012 年，教育部印发《县域义务教育均衡发展督导评估暂行办法》，并从 2013 年启动国家督导评估认定工作；2022 年，教育部发布《全国县域义务教育基本均衡发展国家督导评估认定收官》的报告，确认县域义务教育基本均衡发展国家督导评估工作收官。至此，我国大陆地区 31 个省（区、市）和新疆生产建设兵团的 2895 个县都实现了县域义务教育基本均衡发展，这标志着我国义务教育站在了新的历史起点上[②]。已通过国家督导评估认定的县在生均教学及辅助用房面积、生均体育运动场占地面积、生均教学仪器设备值、每百名学生拥有计算机台数、生均图书册数、师生比、生均高于规定学历教师数、生均中级及以上专业技术职务教师数等关键办学条件方面得到了显著改善。又如，2013 年，《教育部 财政部关于落实 2013 年中央 1 号文件要求对在连片特困地区工作的乡村教师给予生活补助的通知》提出，"对在连片特困地区乡、村学校和教学点工作的教师给予生活补助"；2015 年，国务院办公厅印发《乡村教师支持计划（2015—2020 年）》，并

[①] 教育部. 2020 教育统计数据—小学校数、教学点数及班数［EB/OL］. http://www.moe.gov.cn/jyb_sjzl/moe_560/2020/quanguo/202109/t20210902_557967.html，2021-09-02/2022-11-01.

[②] 教育部. 全国县域义务教育基本均衡发展国家督导评估认定收官［EB/OL］. http://www.moe.gov.cn/jyb_xwfb/gzdt_gzdt/s5987/202205/t20220505_624731.html，2022-05-05/2022-10-24.

提出"使乡村学校优质教师来源得到多渠道扩充，乡村教师资源配置得到改善，教育教学能力水平稳步提升，各方面合理待遇依法得到较好保障""造就一支素质优良、甘于奉献、扎根乡村的教师队伍"等目标。

党和政府对农村教育的持续支持，让农村教育的办学条件及教育生态环境得到了显著的改善。顾建军（2022）总结了自党的十八大以来我国农村教育发生的变化，主要包括以下几个方面：①农村学校的布局得到了优化，保障了义务教育阶段孩子就近入学。②农村学校办学硬件得到了根本改善，保障了学校办学的基本条件。③农村学校的师资队伍建设得到了加强。近年来，农村教师津贴、乡村教师"国培""省培"、乡村教师"特支计划"、乡村教师定向培养计划、城市教师和优秀大学生支教行动等政策的发布和落实，对农村教师队伍建设起到了积极的作用，农村教师的存量基本巩固、质量明显提高、师资队伍结构明显优化。④农村教育的文化生态得到了改善。各级党委政府、社会各界更加重视和支持农村教育，农村学校治理结构得到改善，国家课程方案规定的义务教育课程得到落实，课堂教学质量进一步提升①。

尽管如此，包括教学点在内的农村学校仍然面临着生源和师资流失、学校规模越来越小、师资力量越来越弱的局面。一方面，农村生源大量向城镇流动，农村学校形成众多的"麻雀学校"，城镇和城市学校出现大班额、超大学校的现象；另一方面，农村学校留不住优秀教师，留下的教师教不好②。由于行政上属于中心校，教学点在师资配置、经费投入、教师福利待遇方面往往被最后考虑，处于由农村中心校、农村完小、教学点等组成的差序格局的末端③。教学点在办学中存在经费投入少、师资资源配资不足、课程开设困难和留守儿童多等诸多困境，是我国义务教育的短板，成为实现义务教育均衡发展的"最后一公里"。在经费方面，面临投入不足的困境；在教师方面，很难引进和留住优秀教师；在课程方面，音乐、美术等课程因为缺乏专业教师，开不齐、开不好的问题比较突出；在学生方面，留守儿童的比例比较高。我国政府相继出台了多项针对农村义务教育的政策，但这些政策尚未能从根本上解决教学点的问题。

1.1.2　党、政府和社会重视教育信息化在促进义务教育均衡发展中的作用

在信息化浪潮席卷全世界的当下，开展教育信息化建设，以信息化手段推动教育的发展和进步在世界范围内成为共识。在我国，党和政府高度重视教育信息化对教育发展以及促进义务教育均衡发展的作用。

自21世纪以来，我国政府在利用信息化手段提升包括教学点在内的薄弱学校的教育质量方面，进行了深入探索，实施了针对乡村薄弱学校的"农远工程"和"教学点数字教育资源全覆盖"等教育信息化建设项目。2003年9月，国务院在《国务院关于进一步加强农村教育工作的决定》中明确提出，"实施农村中小学现代远程教育工程，促进城乡优质教育资源共

---

①　光明日报.让乡村教育与乡村振兴良性循环［EB/OL］. https：//baijiahao. baidu. com/s？id=172956073876777 5194&wfr=spider&for=pc，2022-04-09/2022-10-23.

②　徐金海.从历史走向未来：城镇化进程中的乡村教育发展［J］.教育研究，2021，42（10）：24-34.

③　付卫东."乡村教师支持计划"三年：五大盲点待补——来自120余所乡村学校的调研报告［J］.云南教育（视界），2018（5）：4-6.

享，提高农村教育质量和效益"①。2012 年，教育部、财政部为贯彻落实党的十八大和全国教育信息化工作电视电话会议精神，专门针对边远贫困地区实施"教学点数字教育资源全覆盖"项目，"旨在通过 IP 卫星、互联网等多种方式将优质数字教育资源传输到全国 6.36 万个教学点，帮助农村边远地区开设好国家规定的各项课程"②。

2013 年，党的十八届三中全会通过《中共中央关于全面深化改革若干重大问题的决定》，并明确提出"构建利用信息化手段扩大优质教育资源覆盖面的有效机制，逐步缩小区域、城乡、校际差距"③。2018 年，教育部《教育信息化 2.0 行动计划》指出"教育信息化是教育现代化的基本内涵和显著特征"，教育信息化"将成为促进教育公平、提高教育质量的有效手段"④。2019 年，中共中央、国务院印发了《中国教育现代化 2035》，提出"加快信息化时代教育变革"，要求"利用现代技术加快推动人才培养模式改革，实现规模化教育与个性化培养的有机结合"⑤。2020 年，教育部发布《教育部关于加强"三个课堂"应用的指导意见》，针对农村薄弱学校和教学点缺少师资，开不出、开不足、开不好国家规定课程的问题，提出利用"专递课堂"进行网上专门开课或同步上课，利用互联网按照教学进度推送适切的优质教育资源等形式，帮助其开齐、开足、开好国家规定课程，促进教育公平和均衡发展⑥。

自 2013 年起，我国不少地区采取信息化的方式解决教学点课程开设问题，从而实现了教学点质量的提升。例如，2013 年 9 月，国家基础教育资源共建共享联盟、中国人民大学附属中学（人大附中）、友成基金会三方共同发起"双师教学"模式，将人大附中课堂教学实录通过网络广播到广西壮族自治区、内蒙古、重庆等 5 个省（区、市）的 13 所乡镇学校，实现优质教师资源共享。这些乡镇学校的本地教师负责课堂活动的组织、作业批改和答疑工作。由于项目中有两位教师，故称"双师模式"⑦。但"双师模式"在推行过程中，出现了乡镇学校本地学生跟不上人大附中教师讲课节奏的问题。有教师创造性地将直播方式改为录播，课前本地教师利用人大附中教师授课视频备课，课中有选择地播放人大附中教师授课视频，课堂教学仍然以本地教师为主。改进后的"双师教学"模式取得了良好的效果，在帮助乡镇学校开齐开好国家规定的课程方面发挥了重要作用⑧。又如，自 2014 年起，湖北省咸宁市咸安区、崇阳县，以及恩施土家族苗族自治州等地采用网络直播的方式，让优秀教师给教学点学生上课。其中，咸安采用 1 个中心校带 2～3 个教学点的方式开展网络直播教学，通过网络将中心校的语文、数学、音乐、美术、英语等课堂教学直播到教学点，教学点学生在本地教师的组织下进行学习。崇阳则采用了另一种方式的专递课堂，教育局专门在县实验小学设置了 10 多间网络

---

① 国务院关于进一步加强农村教育工作的决定（国发〔2003〕19 号）．[Z]．2003-09-17．

② 教育部．"教学点数字教育资源全覆盖"项目[EB/OL]．http：//www.moe.gov.cn/jyb_xwfb/xw_zt/moe_357/jyzt_2015nztzl/2015_zt12/15zt12_fpcx/201510/t20151016_213720.html，2015-10-16/2022-11-01．

③ 中华人民共和国人民政府．中共中央关于全面深化改革若干重大问题的决定[EB/OL]．http：//www.gov.cn/jrzg/2013-11/15/content_2528179.htm，2013-11-15/2022-10-30．

④ 教育信息化 2.0 行动计划[Z]．教技〔2018〕6 号．2018．

⑤ 光明日报．中共中央、国务院印发《中国教育现代化 2035》[N]．2019-02-14（1）．

⑥ 教育部关于加强"三个课堂"应用的指导意见[Z]．教科技〔2020〕3 号．2020．

⑦ 乜勇，闫慧聪，穆萍．"双师教学"：一种促进基础教育优质资源均衡发展的新模态[J]．数字教育，2020，6（1）：15-20．

⑧ 张伟平，王继新．信息化助力农村地区义务教育均衡发展：问题、模式及建议——基于全国 8 省 20 县（区）的调查[J]．开放教育研究，2018，24（1）：103-111．

直播教室，聘任美术、音乐专业出身的教师，在网络直播教室中给远端教学点的学生上课。直播教室中没有本地学生，教师专心给教学点学生授课，与其进行互动和交流①。

1.1.3　学术界对教育信息化支持农村教学点发展方面的研究尚有提升空间

概括而言，学术界对教育信息化支持农村教学点发展方面的研究，主要围绕以下几个方面展开：

第一，信息技术促进教学点发展的理论探讨。此类研究从理论上对信息技术在促进教学点发展中的作用、运用策略等进行研究。例如，黄涛等（2018）考虑到城乡学生知识基础、认知能力等方面的差异性，在深入分析了农村教学点教学环境特征，以及课堂教学结构组成要素间的关系的基础上，以协同发展理论与情境化学习理论为依据，设计了同步互动混合课堂和同步互动专递课堂两种教学结构。同时，他们以湖北省应用实践为例，详细介绍了同步互动课堂虚实结合的实施机制，以及共同体划分和同一张课表的组织形式，并通过访谈法对该教学结构在教师、学生和教学点的发展方面进行了效果验证②。王丽娜等（2017）围绕教育部实施的"教学点数字教育资源全覆盖"项目，在对项目目标、做法和发展状况等进行研究的基础上，从"路径创新""平台创新""机制创新"三个方面探讨了其在弥补基础教育短板、促进教育公平方面的创新特色，并提出了由"全覆盖"到"全融合"，实现环境融合、教材融合、教师融合、学生融合、活动融合再发展的提升教学点层次的新思路③。

第二，信息技术促进教学点发展的效果研究。此类研究多以教育教学实验类型的研究为主，通过对研究对象运用信息技术手段，检验其在促进义务教育均衡发展方面的作用。例如，张伟平等（2020）针对湖北崇阳地区采用专递课堂的教学实践，构建了由师生互动、课堂氛围、学习态度、学习效果和班级人数等变量组成的有调节效应的链式中介模型，围绕师生互动的教学效果展开研究，结果发现：与面对面课堂类似，在专递课堂中，师生互动对于学习效果具有正向显著影响；课堂氛围和学习态度在师生互动和学习效果之间起到中介作用；班级人数在师生互动和课堂氛围之间起到调节作用④。又如，王继新等（2016）在湖北咸安采用专递课堂的方式，将中心校和教学点组成教学共同体，将中心校的音乐、美术、语文等课堂同步到农村教学点，以此帮助教学点开齐、开好国家规定的课程⑤。王继新、陈文竹（2018）从"学业发展""心理状况"和"行为发展"三个方面对湖北咸安的教学实践进行了检验，发现专递课堂能够在这三个方面起到一定的积极作用⑥。

①　张伟平，陈梦婷，赵晓娜，等.专递课堂中师生互动对课堂学习效果的影响——以崇阳县小学美术专递课堂为例[J].电化教育研究，2020，41（8）：90-96.

②　黄涛，田俊，吴璐璐.信息技术助力农村教学点课堂教学结构创新与均衡发展实践[J].电化教育研究，2018，39（5）：47-52.

③　王丽娜，陈琳，陈丽雯，等.教学点"全覆盖"项目——信息化促进教育公平典型范例研究[J].中国电化教育，2017（12）：26-32.

④　张伟平，陈梦婷，赵晓娜，等.专递课堂中师生互动对课堂学习效果的影响——以崇阳县小学美术专递课堂为例[J].电化教育研究，2020，41（8）：90-96.

⑤　王继新，施枫，吴秀圆."互联网+"教学点：新城镇化进程中的义务教育均衡发展实践[J].中国电化教育，2016（1）：86-94.

⑥　王继新，陈文竹.信息化助力农村教学点学生发展的观测与评价——以咸安教学实验区为例[J].中国电化教育，2018（3）：31-40.

第三，信息技术应用在促进薄弱学校教师专业发展方面的作用研究。例如，付卫东等（2021）针对专递课堂对教学点教师的影响，设计了调查问卷和访谈提纲，来研究专递课堂中主讲教师对教学点教师"教学实践"的影响，并从隐性知识共享的角度分析了原因。结果表明：相比未参与的教师，参与专递课堂的教学点教师在教育理念、情感态度、教学策略、教学方法等几个方面都有显著变化。文章认为，主讲教师的授课及其与教学点教师的交流实现了隐性知识的共享，主讲教师的教学理念和实践对教学点教师产生了影响①。又如，卢强等（2018）对湖北省实施专递课堂的地区开展了问卷调查，数据分析的结果表明，自我效能感、系统实用性、技术支持、激励机制等因素对农村教师采纳和应用同步课堂有着积极和显著的影响②。

综上，国内对信息技术促进教学点发展方面的研究在数量上和范围上都有一定的提升空间，尤其是在实证研究方面，整体数量上还比较少，且研究多集中在解决农村教学点课程开设和教师专业发展问题方面，没有针对农村教学点整体发展方面的研究。本书将围绕信息化助力农村教学点质量提升继续展开研究，从校园文化建设、教师专业发展、课程开设和学生阅读素养等方面开展教育信息化实践探索。

1.2 研究问题

本书围绕教育信息化支持农村教学点发展进行实践探索。首先，通过调查和前期研究，从校园文化建设、教师专业发展、课程开设和学生阅读素养等方面了解农村教学点的办学现状及存在的主要问题；其次，根据这些问题，设计出包括策略、实践模式、路径和保障机制在内的教育信息化支持农村教学点发展的实验方案，在农村教学点进行基于设计的教育信息化实验；再次，在实验的基础上，对教育信息化实验效果进行测评，从校园文化建设、教师专业发展、课程开设、学生阅读素养等方面进行评价；最后，根据调查、实验和评价的结果，提出教育信息化支持农村教学点发展的政策建议。

因此，本书将围绕如下问题进行探讨：

问题1：采用何种模式在农村教学点开展教育信息化实践，能够更好地被教学点教师所接受，既能够帮助其开展教学活动，又能够促进其专业发展，同时还能促进学生阅读素养的提高？

问题2：哪些理论可以对本书开展的教育信息化实践活动进行阐释？如何阐释？

问题3：本书开展的教育信息化实践对于我国相关政策的制定有何启示？可以提出哪些具有建设意义的政策建议？

① 付卫东，张伟平，李伟.专递课堂对教学点教师教学实践的影响——基于隐性知识共享视角的分析[J].现代远距离教育，2021(6)：56-64.
② 卢强，左明章，原渊.基于技术接受模型的农村教师同步课堂采纳与使用影响因素研究[J].中国远程教育，2018(7)：61-69，80.

1.3　研究目标及意义

1.3.1　研究目标

第一，通过调查和前期研究，从校园文化建设、教师专业发展、课程开设和学生阅读素养等方面了解农村教学点的办学现状及存在的主要问题。设计相关的调查工具，对调查获取的数据进行分析，梳理总结农村教学点在上述几个方面存在的问题。

第二，设计教育信息化支持农村教学点质量提升的模式，根据该模式设计实践方案和实施方案，从校园文化建设、教师专业发展、课程开设和学生阅读素养等几个方面对实践效果进行检验，了解实践模式的效果。

第三，从教育公平理论、教育生态学理论、隐性知识理论、教育资源配置理论等方面对本书的教育信息化实践进行阐释。运用这些理论对我国当前教学点存在的问题进行分析，对本书的教育信息化实践模式、实践效果等进行理论阐释，将本书的实践提升到理论高度进行思考和总结。

第四，根据课题组的教育信息化实践，针对教育信息化支持农村教学点发展提出政策建议，为国家和地方政府制定相关政策、地方教育主管部门和农村教学点开展教育信息化建设、学术界开展教育信息化研究提供参考。

1.3.2　学术意义

为教育信息化促进义务教育优质均衡发展（教育公平）的相关理论提供参考案例。探索出农村教学点开展教育信息化的实践模式，为教育公平理论、教育生态学理论、隐性知识理论、教育资源配置理论提供实践案例。在可能的情况下，为丰富这几种理论做出贡献。

第一，在研究逻辑方面，转换以往研究主要从政策视角、体制视角和财政投入视角探索解决农村教学点问题的思路，聚焦于信息化手段运用的实践模式，具有一定的开拓性。

第二，在研究方法方面，侧重实证研究的同时，注重理论视角的深入分析。以量化与质性相结合的混合研究方法开展研究，运用文献分析法、田野调查、问卷法、访谈法以及计量统计与分析的方法进行研究。同时注重运用教育公平理论、教育生态学理论、隐性知识理论、教育资源配置理论等对农村教学点存在的问题以及教育信息化实践的开展进行阐释，从理论角度揭示其中蕴含的规律。

第三，在研究内容方面，聚焦我国农村教学点存在的问题，构建信息化助力农村教学点发展的模式，从教学点全面发展的视角开展教育信息化实践活动，从校园文化建设、教师专业发展、课程开设、学生阅读素养等几个方面检验教育信息化实践的效果。本书涉及的内容将对农村教育信息化实践的开展、对学术界围绕信息技术教育应用的研究等具有参考意义和借鉴价值。

第四，在研究理论方面，将运用多种理论对教育信息化实践进行阐释，包括运用教育公平理论、教育生态学理论、隐性知识理论、教育资源配置理论对我国教学点当前存在的问题进行理论分析，从理论视角对本团队的教育信息化实践进行阐释和总结，为理论的应用实践提供参考。从教育公平理论视角，分析信息化是如何从起点公平、过程公平和结果公平等方面保障教学点获取信息化优质教育资源,从而促进教育公平的改善;从教育生态学理论视角,解释教育信息化手段的加入是如何改变教学点教育生态,从而使得教学点的教师专业发展、课程开设、校园文化建设、学生阅读素养发生变化,促进教学点发展;从隐性知识理论视角,分析教育信息化手段是如何帮助教学点教师通过数字化资源,尤其是优秀教师授课视频资源,分享经验丰富教师的隐性知识,包括关于教育教学的理念、方法、技巧等,从而帮助教学点教师提升其教育教学的素养,促进其专业发展;从教育资源配置理论视角,解释教育信息化手段是如何对教学点进行资源配置,从而帮助教学点缩小在教育资源方面与其他学校的差距,并解释能够通过优质资源共享实现教学点的发展的原因。

1.3.3 实践意义

为信息技术在促进义务教育优质均衡发展中的应用提供参考和借鉴。

第一,对于如何利用教育信息化手段促进农村教学点发展具有积极意义,为地方教育主管部门开展教育信息化实践提供参考和借鉴,促进义务教育优质均衡发展。我国农村教学点的数量仍然具有相当的规模,在今后相当长的时期内,教学点将继续存在。信息化手段能够从资源配置上,在不改变现有状况的情况下,使教学点与其他地区共享优质教育资源,从而促进其发展。本书通过构建教育信息化应用模式,从校园文化建设、教师专业发展、课程开设、学生阅读素养等多个方面发力,在充分利用信息化资源的基础上促进教学点全面发展,对于地方教育主管部门、农村学校具体应用信息技术手段,开展教育信息化建设具有借鉴价值。

第二,为国家和地方政府制定和完善教育信息化相关政策提供参考。本书是一次大胆的教育信息化实践尝试,涉及农村教学点校园文化建设、教师专业发展、课程开设和学生阅读素养等多个方面,对现有教育信息化及农村教学点发展方面的政策有一定的借鉴意义。党和政府历来重视义务教育均衡发展,出台了多项政策文件。2019 年 6 月 23 日,中共中央、国务院印发的《关于深化教育教学改革全面提高义务教育质量的意见》要求"构建德智体美劳全面培养的教育体系""坚持全面发展,为学生终身发展奠基;坚持面向全体,办好每所学校、教好每名学生"[①]。以教育信息化支持农村教学点发展与党和政府关于促进义务教育均衡发展,以及提升义务教育质量要求相一致,对于遵循相关政策文件精神、完善和制定相关政策具有积极意义。

1.4 研究内容与方法

1.4.1 研究内容

1. 研究对象

本书对湖北省 10 个左右的县域进行实地调查,了解农村教学点的现状和存在的问题。选择其中的 1~2 县中的 20 个左右的农村教学点开展教育信息化支持农村教学点发展的实验研究。

---

① 中国政府网. 教育部负责人就《关于深化教育教学改革全面提高义务教育质量的意见》答记者问[EB/OL]. http://www.gov.cn/zhengce/2019-07/09/content_5407683.htm,2019-07-09/2022-11-02.

2. 总体框架

首先，通过调查和前期研究，从校园文化建设、教师专业发展、课程开设和学生阅读素养等方面了解农村教学点的办学现状及存在的主要问题；其次，根据问题，设计出包括策略、实践模式、路径和保障机制在内的教育信息化支持农村教学点发展的实验方案，在教学点进行基于设计的教育信息化实验；再次，在实验的基础上，对教育信息化实验效果进行测评，从教师发展、学生发展和教学点发展三个维度进行评价；最后，根据调查、实验和评价的结果，提出教育信息化支持农村教学点发展的政策建议（见图1-1）。

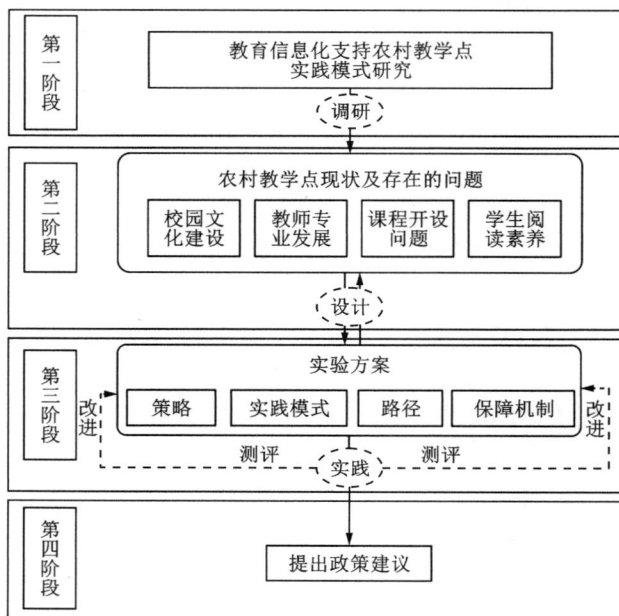

图1-1 教育信息化支持农村教学点发展实践模式研究的总体框架图

3. 重点、难点

（1）重点：探索适合提升农村教学点课程质量、促进教师专业发展、促进校园文化建设和提高学生阅读素养的教育信息化实践模式。

（2）难点：围绕策略、实践模式、路径和保障机制设计教育信息化支持农村教学点发展的实验方案、实施方案，对实施效果进行测评。方案的关键点有四条：一是策略，拟采用"互联网+"的方式开展教育信息化的实践；二是设计出既符合国家政策，又符合农村地区义务教育基本情况的机制，包括规章制度、激励机制等；三是选择合适的信息化实践模式开展实践，如前文所述；四是设计出合适的信息化实施路径，包括人员组织、资金投入、教师培训等。

4. 主要目标

探索通过教育信息化支持农村教学点发展的实践模式，为提升农村教学点课程质量、促进教学点教师专业发展、改善农村教学点校园文化建设、提升学生阅读素养提供参考。

1.4.2 研究方法

本书的研究方法由课题研究的内容和问题所决定，具体如下。

1. 文献研究法

收集国内外有关教育信息化与农村教育、教育信息化支持农村教学点发展、教育信息化与教育公平、教育信息化与义务教育均衡发展的文献资料，了解国内外研究现状，梳理有关理论，为制定教育信息化支持农村教学点发展的实施方案奠定基础。

2. 调查研究法

选取 10 个左右的县，针对这些县的农村教学点，运用课题组编制的调查工具，以问卷调查、访谈、实地观察、个案分析的形式，全面了解农村教学点的现状，分析其在办学条件、办学质量、课程开设状况、教师专业发展、校园文化建设、学生阅读素养等方面存在的问题。

3. 统计分析法

对调查问卷的数据进行统计分析，通过数据了解农村教学点在校园文化建设、教师专业发展、课程开设和学生阅读素养等方面存在的问题；了解教育信息化支持农村教学点发展行动方案实施之后的效果，从教师发展、学生发展和教学点发展三个方面进行全面的检验。

4. 案例研究法

与统计分析法相互补充、三角印证、相互发展和相互扩充。

5. 基于设计的研究方法

依据"教育公平理论""教育生态学理论""隐性知识理论""教育资源配置理论"及其他技术促进义务教育均衡发展的理论，设计"教育信息化支持农村教学点发展行动方案"，然后实施方案，对实施效果进行检验，依据效果修改方案，如此经过 2~3 轮迭代后，形成具备良好效果的行动方案，根据实施效果进行理论总结。

6. 视频分析法

对课堂教学过程进行录像，对录像进行分析。相比现场观察，视频分析法利用视频记录、再现课堂教学的过程和场景，使教学过程"黑箱"可视化，能获取教学活动展开的直接、详细和全面的数据，对教学过程中教师和学生的行为进行细微分析，更好地揭示了教学过程的影响因素和教学效果，以此作为调查和观察法的补充，可用于检验教育信息化对农村教学点发展的影响和效果。

1.5　研究路线图

研究路线图是研究框架的具体化，将研究过程、研究内容、研究目标以及相互之间的关系用图形的方式表达和概括出来。本书的研究路线图如图 1-2 所示。

整个研究分为三部分。第一部分是前期准备和调查阶段。在对相关文献进行分析的基础上，设计农村教学点调查工具，对工具进行信效度检验后，通过发放问卷、开展访谈的方式，从校园文化建设、教师专业发展、课程开设、学生阅读素养等方面了解农村教学点存在的问题，从而为后续工作奠定基础。第二部分是研究具体开展阶段。本部分在文献分析的基础上，采用基于设计的研究方法制定"教育信息化支持农村教学点发展行动方案"，即方案制定是在实践中不断完善的。随后，实施方案，对方案实施的效果进行检验，并运用教育公平理论、教育生态学理论、隐性知识理论、教育资源配置理论对教育信息化实践进行阐释。第三部分是提出政策建议。在前期实践的基础上，针对教育信息化支持农村教学点发展问题，为相关政策的制定和完善提出建议，为国家和地方政府更好地开展相关工作提供参考。

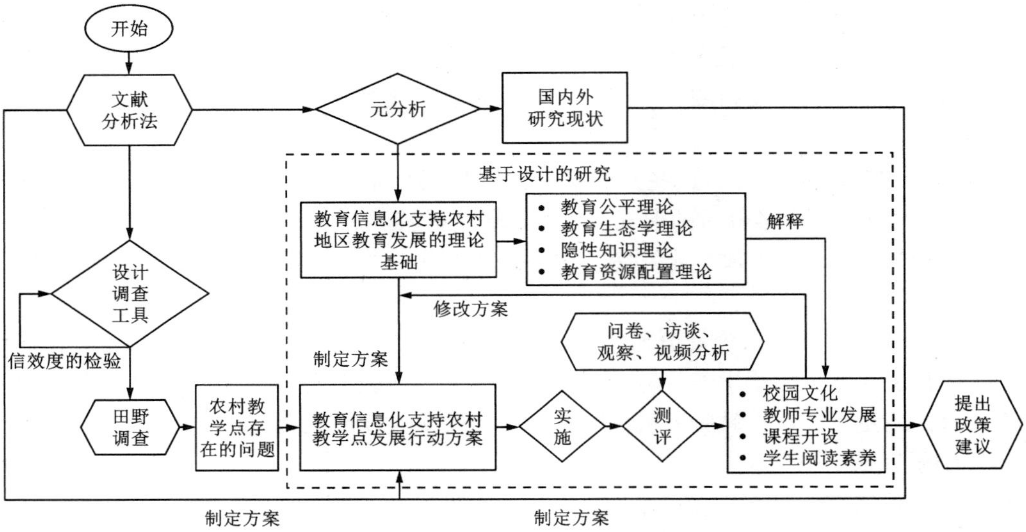

图1-2　教育信息化支持农村教学点发展实践模式研究路线图

第 2 章

文献综述

　　本书围绕教育信息化支持农村教学点的发展进行研究，为更好地了解与本主题相关的国内外研究，本章将从教育信息化、农村教学点等相关概念的界定入手，从农村教学点和信息技术支持的教育发展两个大的方面进行文献梳理。从系统论的角度看，农村教学点是教育系统中的一个环节，要更好地促进其发展，需要从整体的角度进行把握，涉及教育治理、教师发展、教学和学习效果的改进，以更好地实现教育公平。因此，本部分信息技术支持的教育发展方面的文献综述将从信息技术支持的教育治理现代化、教师专业发展、教学和学习、教育公平等几个方面进行分析，在充分了解国内外相关研究的基础上，围绕教育信息化支持农村教学点的发展开展研究活动。

2.1　相关概念界定

2.1.1　教育信息化

　　国内学术界对教育信息化概念的探讨始于 21 世纪初，多位学者为该概念的界定进行了探索。概括而言，这些定义可以分为以下四种类型：

　　第一，从过程、目的或者结果的角度对教育信息化进行界定。如南国农（2002）认为，教育信息化是"在教育中普遍运用现代 IT（information technology，信息技术），开发教育资源，优化教育过程，以培养和提高学生的信息素养，促进教育现代化的过程"①；祝智庭（2002）认为，教育信息化是"在教育领域全面深入地运用现代 IT 来促进教育改革和教育发展的过程"，教育信息化的结果是实现"信息化教育"②；黄荣怀等（2002）认为，教育信息化是"在教育领域中全面深入地运用现代 IT 来促进教育改革与教育发展的过程"③。

　　第二，从教育信息化特征的角度对其进行界定。如傅德荣（2002）认为，教育信息化是"将信息作为教育系统中的一种基本要素并在教育中广泛使用 IT 的活动总称"④；黎加厚（2002）认为，教育信息化是"以现代 IT 为基础的新的教育体系，包括教育观念、教育组织、

---

① 南国农. 教育信息化建设的几个理论和实际问题（上）[J]. 电化教育研究，2002（11）：3-6.
② 祝智庭. 21 世纪教师教育用书：信息教育展望 [M]. 上海：华东师范大学出版社，2002：2.
③ 黄荣怀，江新，张进宝. 创新与变革：当前教育信息化发展的焦点 [J]. 中国远程教育，2006，（4）：52-58，80.
④ 傅德荣. 教育信息化与教育信息处理 [J]. 现代教育技术，2002（4）：5-9，72.

教育内容、教育模式、教育技术、教育评价、教育环境等一系列的改革与变化"①。

第三，从多个视角对教育信息化进行界定。乐军(2006)在综合了上述概念后提出，教育信息化是"教育领域中广泛应用现代IT，深入开发与利用信息资源，促使IT与教育互动整合的活动及其过程，以促进教育的改革、发展与创新和加快教育现代化进程，使教育符合信息化社会的要求，最终形成一个基于现代IT，并且信息成为了教育活动基本要素的全新的教育形态——信息化教育"②。

第四，运用社会学方面的理论对教育信息化进行界定。蔡连玉(2005)从社会发生的视角对教育信息化进行了分析，认为教育信息化包括三个阶段：第一个阶段是信息技术在教育系统中使用的阶段，这个阶段是技术社会化的过程，是信息技术在社会的整合与调适下逐渐与社会相容的过程；第二个阶段是信息文化衍生与发展的阶段，信息技术不断向教育系统渗透，教育系统则在信息技术的影响下，从物质层面、行为层面、制度层面和精神层面发生系统变迁；最后一个阶段是培育出高度的信息文明和实现人类福祉的阶段，通过制定相关法律制止网络犯罪和不文明行为、进行网络道德宣传规范青少年的网络行为等措施培育信息文明③。

2.1.2　农村教学点

农村教学点是义务教育最低一级的教学机构。对教学点的概念，国家没有统一的规定。教育部教育事业统计中有教学点数量的统计数据。教育部发展规划司编制的《2013年教育事业统计报表及培训教材》中对教学点的定义是：为方便适龄儿童就近入学，实施初等教育不计校数的教学机构④。不同地方对教学点的划定标准不一样，如《新疆维吾尔自治区义务教育教学点办学基本标准(试行)》中对教学点的界定是"一至四年级的非完全小学"(新教基，2011)⑤；《湖南省小学教学点办学标准》中将教学点界定为"完全小学(1~6年级完整建制)以外的实施国民小学教育的教学机构"(湘教发，2012)⑥。学术界对教学点的界定亦有相关研究。田宝宏(2009)将教学点定义为"不能形成完全建制的小学，它是仅具有小学若干年级的不完全小学"⑦。范先佐等(2011)认为农村教学点是"适应我国农村地区特别是人口稀少、居住分散的偏远地区的教育发展而设置的以复式教学为主的小规模不完全学校"⑧。

由于我国教学点行政上并非独立建制的学校，其师资配置和财政投入由其所属的完全小学或者中心校掌管⑨，或者由县直接管辖，因此在综合上述政策文件及学术界对教学点的定义的基础上，本书将教学点界定为："教学点是适应我国农村地区教育发展而设置的小规模不完全学校，这些学校在行政上隶属于完全小学、乡镇中心校或者县直管。"

①　刘德亮.黎加厚博士谈教育信息化[J].中国电化教育，2002(1)：5-8.
②　乐军.对教育信息化本质的分析[J].电化教育研究，2006，27(9)：16-19.
③　蔡连玉.教育信息化的概念内涵：社会学的视角[J].湖南师范大学教育科学学报，2005，4(1)：18-22.
④　教育部.2013年全国教育事业发展统计公报[J].辽宁教育，2014，10：5-7.
⑤　关于印发《新疆维吾尔自治区义务教育学校办学基本标准(试行)》的通知(新教基[2011]23号)[Z].2011-08-08.
⑥　关于印发《湖南省小学教学点办学标准(试行)》的通知(湘教发[2012]14号)[Z].2012-03-21.
⑦　田宝宏.农村教学点的形成、现状与危机——来自中部Z市教学点的质性研究[J].中国教育学刊，2009(6)：12-15.
⑧　范先佐，郭清扬，赵丹.义务教育均衡发展与农村教学点的建设[J].教育研究，2011，32(9)：34-40.
⑨　赵丹.农村教学点在义务教育均衡发展中的作用、问题与对策[J].华中师范大学学报(人文社会科学版)，2012，51(5)：153-160.

2.2　农村教学点相关研究

2.2.1　国内关于农村教学点的相关研究

国内在此方面的研究多以大规模调查为基础，从经费投入、办学条件、教师等方面对教学点办学中存在的问题进行总结，从社会经济发展、国家相关政策等方面分析成因，并有针对性地提出对策；部分文献针对信息技术在解决教学点课程开设困难、师资力量薄弱等问题方面的作用进行实证研究。概括而言，国内关于农村教学点的研究，主要包括三个方面的内容。

1. 农村教学点发展的困境

我国农村教学点在经费投入、师资配置、课程教学、教育管理等方面与其他学校存在较大差距。在经费投入方面，多位研究者通过调研发现，农村教学点的办学经费短缺。如，赵丹等（2019）对陕西省、甘肃省等中西部 5 个省（自治区）11 个贫困县的调查发现，包括教学点在内的小规模学校认为"经费短缺"的比例高达 68.6%，远高于大规模学校的被调查者[①]。蒲大勇等（2019）对四川省 9 个县教学点的调查显示，大多数教学点分布在偏僻山区、村寨，办学条件简陋，教学配套设施不足；大多乡村教学点无围墙、大门、旗杆，运动场多用天然土地平整而成；超过 60% 的乡村教学点没有教学仪器设备，班均教学用计算机仅有 1.01 台；教学点的功能教室（办公室）配置也较为有限，网络多媒体教室、实验室、图书室、微机室、行政办公用房、教师办公室、校医院等基础设施远不能满足学校正常运转的需要[②]。

在师资配置方面，调查显示，农村教学点教师在数量、质量和结构等多个方面与其他学校存在较大差距。如，张金龙和秦玉友（2019）对四川省某国家级贫困县 8 个教学点的调查显示，仅有 1 个教学点有 3 名教师，其余教学点都只有 1~2 名教师，这导致教学点"包班""包点"上课的现象普遍存在[③]；赵丹等（2019）对陕西省、甘肃省等中西部 5 个省的调查显示，包括教学点在内的小规模学校教师学历以高中及以下居多（44.2%），年龄在 50 岁以上的居多（50.5%）；蒲大勇等（2019）对四川省教学点的调查显示，教学点教师在职称结构、年龄结构、学历结构、学科结构等方面不尽理想，除语文、数学教师占比稍高外，道德与法治、外语、体育、综合实践活动（信息技术）、科学、艺术、音乐、美术等学科教师数量短缺现象严重[④]。

在课程教学方面，存在部分国家规定课程开设不足、课程教学方法滞后等问题。如，赵丹等（2019）的调查显示，除语文和数学外，小规模学校其他课程的开设率均低于 100%；英语、道德与法治、美术、音乐、科学、体育、综合实践活动（信息技术）等课程的开设比例远远

---

①　赵丹，陈遇春，赵阔.优质均衡视角下乡村小规模学校教育质量困境与对策[J].华中师范大学学报（人文社会科学版），2019，58（2）：157-167.

②　蒲大勇，帅旭.当前乡村教学点发展困境与改进建议——基于四川省 N 市的实证调查[J].中小学管理，2019（10）：40-43.

③　张金龙，秦玉友.小规模之痛：农村教学点发展困境与应对政策——当地教师的声音与"规模效益"实践取向批判[J].四川师范大学学报（社会科学版），2019，46（2）：116-124.

④　蒲大勇，帅旭.当前乡村教学点发展困境与改进建议——基于四川省 N 市的实证调查[J].中小学管理，2019（10）：40-43.

低于大规模学校，其中音乐、美术、综合实践活动等课程，也经常被语文、数学等主科课程挤占；课程教学方法仍然以传统的教师为中心的讲授式为主，混合式教学、分组教学等以学生为中心的教学方法的使用比例远远低于大规模学校①。张金龙和秦玉友（2019）的调查也显示，"音乐、美术、体育、科学等课程是教学点教师们最头疼的课程，因为教师们普遍没有接受过专门的训练"，教学点的条件不足以支持教师通过其他途径弥补自身能力的不足②。

在教育管理方面，农村教学点在管理制度、管理方式等方面与其他学校存在较大差距。如，赵丹等（2019）的调查显示，农村教学点对教师的管理简单照搬所属中心校对教师的管理方式，没有考虑到教学点教师工作与中心校教师工作的巨大差异，缺乏对教学点教师实际工作的考量，对教师的工作积极性产生了消极影响；相比大规模学校，包括教学点在内的小规模学校的教师、学生和家长更少参与学校事务的管理；因教师数量有限，教学、后勤、财务、教学、卫生、学生生活等各种事务往往由少数几个人甚至一个人完成，存在管理上随意性、不规范的问题③。

2. 农村教学点问题的成因

我国农村教学点发展困境的原因主要有：一是城乡二元经济结构导致优势资源集中在城市，农村学校教育资源配置不足。地方政府在财政投入和师资配置上以规模效益为导向，将优质资源集中在城镇学校，包括教学点在内的农村学校资源配置不足。另外，城乡教育二元结构加剧了农村人口向城镇流动的速度，导致农村教学点办学规模日益萎缩，资源配置进一步缩减，形成恶性循环④。二是财政投入和师资配置政策未能照顾到教学点实际情况，导致财政到账和师资配置不理想。在财政投入方面，国务院办公厅《关于进一步调整优化结构提高教育经费使用效益的意见》指出：对农村不足100人的小规模学校按100人拨付公用经费⑤。但教学点隶属于中心校，财政由中心校统筹管理，中心校截留、挤占、挪用、克扣教学点公用经费的现象大量存在，导致教学点的日常运转和维护捉襟见肘。在师资配置方面，2014年《中央编办 教育部 财政部关于统一城乡中小学教职工编制标准的通知》中，将小学教师编制标准确定为师生比1∶19。但实际上，大多数教学点都是小规模学校，包班上课甚至包点上课的现象普遍存在，按照生师比来算，大约在1∶10到1∶3之间，处于超编状态。但班师比多数在1.5∶1左右，看似超编实则缺编。中心校从教学点抽调优秀教师的现象也比较普遍，导致教学点发展举步维艰⑥。

3. 促进农村教学点发展的对策

概括而言，学术界针对农村教学点困境的对策包括两种类型的文献，一种是围绕经费投

---

① 蒲大勇，帅旭. 当前乡村教学点发展困境与改进建议——基于四川省 N 市的实证调查[J]. 中小学管理，2019（10）：40-43.

② 张金龙，秦玉友. 小规模之痛：农村教学点发展困境与应对政策——当地教师的声音与"规模效益"实践取向批判[J]. 四川师范大学学报（社会科学版），2019，46（2）：116-124.

③ 蒲大勇，帅旭. 当前乡村教学点发展困境与改进建议——基于四川省 N 市的实证调查[J]. 中小学管理，2019（10）：40-43.

④ 赵丹，陈遇春，赵阔. 优质均衡视角下乡村小规模学校教育质量困境与对策[J]. 华中师范大学学报（人文社会科学版），2019，58（2）：157-167.

⑤ 国办发[2018]82 号文件. 国务院办公厅关于进一步调整优化结构提高教育经费使用效益的意见[Z]. 2018-8-27.

⑥ 赵丹，陈遇春，赵阔. 优质均衡视角下乡村小规模学校教育质量困境与对策[J]. 华中师范大学学报（人文社会科学版），2019，58（2）：157-167.

入、师资资源配置、课程教学等提出政策建议；另一种是从技术的角度提出信息技术促进教学点发展的解决方案。在政策建议方面，学术界的共同观点是：提高教学点的办学地位，从机制和体制上保障教学点经费投入、师资配置、设施供给，采取帮扶、指导或者联盟的方式帮助教学点提高教学质量。如，蒲大勇和帅旭(2019)提出将教学点的人事、财政等部分管理权上移到县级教育部门，依据乡村教学点的具体规模制定办学经费投入标准，在教学点的备课、上课、辅导、测试和评价方面发挥中心校的指导和服务作用，对乡村教学点作出明确的要求①。又如，赵丹等(2019)提出把小规模学校作为独立办学主体，财政上为其设立公用经费专项独立账户，剥离中心校对乡村小规模学校的人事和财务控制权，仅保留其教育教学业务指导权；根据生师比、班师比、教师标准工作量等指标设定小规模学校教师编制标准；将地方优秀传统文化、生态环境等资源融入科学、美术、音乐等课程教学；组建小规模学校横向和纵向联盟，在教学改革、教师交流、课程开设、设备使用等方面进行合作和共享，以优质学校带动联盟学校整体教育教学质量提升②。在信息技术方面，学术界主张通过网络实现优质数字化资源共享，帮助教学点解决音乐、美术等课程开设问题，让教学点教师在优秀教师的帮助下实现发展，从而提升教学点教育教学质量。在教学方面，王继新等(2016)在湖北咸安开展了教学实验，采用专递课堂的方式解决农村教学点音乐、美术等课程开不齐开不好的问题③。在教师方面，付卫东等(2021)研究了专递课堂中作为辅助教师的教学点教师受到的影响，研究发现，教学点教师参与到专递课堂实践中，在长期跟听主讲教师课程教学的情况下，其在教学理念、教学方法、教学策略等方面发生了显著变化，表明其受到优秀教师影响，专业素质和能力得到了提升④。又如，张晓娟和吕立杰(2020)构建了 SPOC 网络课程支持的农村教学点教师远程培训模式，认为利用 SPOC 这种网络课程的方式能够更好地开展针对农村教学点教师的培训，提升其能力和素质⑤；吴秀圆和王继新(2016)提出采用同步课堂支持的、由中心校和农村教学点教师组成的教师实践共同体的方式促进农村教学点的专业发展，使教学点教师在中心校教师的帮助下，在共同的教学实践过程中实现专业成长⑥。

2.2.2 国外关于小规模学校的相关研究

国外研究文献中，与教学点较为接近的概念是"小规模学校"。学者们围绕小规模学校产生和存在的价值、面临的困境及发展的对策开展了相关研究。

1. 小规模学校的价值

小规模学校大多地处地广人稀、交通不便的偏远山区，或者远离大陆的海岛，学校规模

---

① 蒲大勇，帅旭.当前乡村教学点发展困境与改进建议——基于四川省 N 市的实证调查[J].中小学管理，2019(10)：40-43.

② 赵丹，陈遇春，赵阔.优质均衡视角下乡村小规模学校教育质量困境与对策[J].华中师范大学学报（人文社会科学版），2019，58(2)：157-167.

③ 王继新，施枫，吴秀圆."互联网+"教学点：新城镇化进程中的义务教育均衡发展实践[J].中国电化教育，2016(1)：86-94.

④ 付卫东，张伟平，李伟.专递课堂对教学点教师教学实践的影响——基于隐性知识共享视角的分析[J].现代远距离教育，2021(6)：56-64.

⑤ 张晓娟，吕立杰.精准扶贫背景下教学点教师远程培训路径探索——以 SPOC 引领式培训模式为支持[J].中国电化教育，2020(2)：58-66.

⑥ 吴秀圆，王继新.同步课堂背景下城乡教师专业发展的路径探索——基于实践共同体的视角[J].现代教育技术，2018，28(8)：92-97.

小，教师和学生人数少。但正因为如此，小规模学校的教学组织、教学方式更加灵活多样，师生之间、生生之间的关系更加融洽。如，佩特南（Peltonen，2002）对比了大规模学校和小规模学校的教育质量，发现小规模学校的学生在认知能力、学习成绩等方面的表现优于大规模学校[①]；又如，英国学校督察局在一份报告中称，小型学校，尤其是那些有51~100名在册学生的学校，已经开始"取得比大型学校更高的平均分数"[②]。同时，小规模学校通常被当作当地文化和教育的中心，承担着维护稳定、传承文化、凝聚人心的作用[③]。

　　2. 小规模学校面临的困境

　　小规模学校通常因规模效益，面临经费投入不足、师资配置不足、教学质量不高等困境，但最大的困境是可能会被关闭。如，哈格里夫斯（Hargreaves，2009）发现英国20世纪80年代到2006年，不足100人的小规模学校数量由4000所减少到了2586所，减幅接近40%，1997年之前，平均每年关闭30所小规模学校[④]。

　　3. 解决小规模学校困境的对策

　　国外学术界主要从财政投入、课程设置、教师培训、利用信息技术实现资源共享等几个方面提出解决小规模学校困境的对策。如，Blum等（2007）对印度小规模学校的建议是：增加财政投入，采取措施改变其弱势地位，设置本土化的课程等[⑤]；又如，Hilli（2020）在爱尔兰3所小型学校的4名教师的课程教学中，用网络的方式进行同步授课，解决这些学校因教师少而存在课程开设困难的问题。4名教师分别承担不同的学科教学，当某位教师主讲其承担的课程时，教学现场将通过网络同步到其他教师所在的小规模学校，学校现场则由本地老师负责组织教学活动[⑥]。

2.3　信息技术支持教育治理现代化研究

2.3.1　信息技术对教育治理现代化的价值

　　2014年，全国教育工作会议提出"加快推进教育治理体系和治理能力现代化"，"教育治理"的地位也正式由国家意志加以确立[⑦]。教育部在2016年发布的《教育信息化"十三五"规划》中提出要推进管理信息化，"全面提升教育治理能力"[⑧]。以教育信息化支持和推进教育

　　① Peltonen T. Development of pre-education in small schools-from the primary school of the old times to pre-school [D]. Oulu: University of Oulu, 2002: 55-57.

　　② Hargreaves L M. Respect and responsibility: Review of research on small rural schools in England[J]. International journal of educational research, 2009, 48(2): 117-128.

　　③ White-Davison P A M. Rural views: Schooling in small rural remote communitites[D]. Grisbane: Griffith University, 1999.

　　④ Hargreaves L M. Respect and responsibility: Review of research on small rural schools in England[J]. International journal of educational research, 2009, 48(2): 117-128.

　　⑤ Blum N, Diwan. Small, multigrade schools and increasing access to primary education in india: national context and NGO initiatives [R]. Create pathways to access Research Monograph No 17, 2007: 43-45.

　　⑥ Hilli C. Distance teaching in small rural primary schools: a participatory action research project[J]. Educational Action Research, 2020, 28(1): 38-52.

　　⑦ 任友群. 教育治理的信息化之路[J]. 中国教育网络, 2015(1): 14.

　　⑧ 教育部教技〔2016〕2号文件. 教育信息化"十三五"规划[Z]. 2016-06-07.

治理体系和治理能力现代化成为国家教育政策中的重要内容。学术界的研究表明，教育信息化能够在支持教育的科学决策、促进政府职能转变方面发挥积极的作用。

1. 信息技术为教育的科学和"智慧"决策提供支持

教育决策是政府部门或者教育管理部门为促进教育事业发展而制定的教育法律法规、教育政策、教育规划等①，体现了国家决策部门对社会教育需求、教育发展过程中出现的矛盾和问题所作出的回应。随着我国社会经济的快速发展，教育领域面临的挑战越来越多，教育决策也受到越来越广泛的关注。受技术条件的限制，传统的教育决策依赖于决策者的经验，存在由信息不足、决策者主观因素干扰造成的"拍脑袋"现象，导致教育决策与教育实际需求存在偏差，甚至出现错误的决策。

学术界的研究表明，互联网、人工智能、大数据等信息技术的发展为教育决策由依赖经验向基于证据的循证转变提供了技术支持。一是实现了教育决策从"基于有限数据"向"基于全面数据"的转变。对教育数据信息进行挖掘、重构，并转化为有意义的"知识"甚至"智慧"，推动教育决策从经验型、粗放型向精细化、科学化转变②。二是支持教育多元主体参与教育决策。教育的多元主体参与是教育治理的根本要求，在传统技术条件下，学校、学生家长、学生本人、社会教育组织和机构等多元主体很难在教育决策制定过程中发挥作用。网络技术让教育多元主体能够参与教育决策，充分表达教育的利益诉求，促使教育决策由集中型向民主型转变。人工智能和大数据技术能通过汇总利益群体的情感诉求，挖掘并呈现多元主体的立场。人工智能技术利用人工神经网络能够处理复杂多维非线性问题，根据环境条件变化自主决定最优方案，模拟和辅助人们的决策行为③。大数据技术通过分析和挖掘教育管理、教育教学和学习的过程数据，探寻其内含的基本规律④，从而为教育决策提供依据。三是将教育决策建立在更为宏大的背景中。传统的教育决策往往局限于教育内部，局限于较短的时期，容易忽视教育在不同地区、不同教育类别中的不平衡状态，忽视教育与社会经济发展之间的高度关联性⑤。信息技术支持的教育决策系统能够打破这种局限，实现教育的历史数据和现阶段数据的融合、教育数据与其他产业行业数据的融合、不同地区教育数据的融合、国内和国际教育数据的融合，从而将教育决策置于历史的、社会的和国际比较的宏大背景之中。

2015 年 5 月，我国国家级层面的教育决策支持核心平台"国家教育科学决策服务系统"正式启动实施，该系统以互联网、大数据技术为基础，建立了教育与经济、科技、人口、产业以及国际比较的系统框架，集成了中华人民共和国成立以来全国各级各类教育数据，在支撑国家宏观科学决策、省级政府科学决策、教育行政部门依法治教、国家智库建设、教育科研、教育与经济科研等方面发挥了重要的作用⑥。

2. 信息技术促进教育行政管理部门职能转变

我国传统的政治体制是一种自上而下的"治民"活动，政府依靠强制性的命令推行各项政

① 王加祥.基于大数据的教育宏观决策信息化智库构建研究[J].智库理论与实践，2021，6(5)：86-94.
② 王加祥.基于大数据的教育宏观决策信息化智库构建研究[J].智库理论与实践，2021，6(5)：86-94.
③ 侯浩翔，钟婉娟.人工智能视阈下教育治理的技术功用与困境突破[J].电化教育研究，2019，40(4)：37-43，58.
④ 王永颜.大数据时代教育治理能力现代化构建与路径选择[J].电化教育研究，2017，38(8)：44-49.
⑤ 李伟涛.决策支持视角下的国家教育决策系统功能分析——基于证据整合的教育决策支持[J].教育发展研究，2018，38(5)：61-67.
⑥ 罗志刚.国家教育科学决策服务系统正式启动实施[J].中国教育信息化，2015(6)：90.

策。转变政府职能，"优化服务改革"，"推进政务服务标准化、规范化、便利化，深化政务公开"，实现政府职能由管制型向服务型的转变，"建设人民满意的服务型政府"是我国当前的国策①。大力推进政务信息化，提高政府服务水平是实现政府职能转变的手段，同时也是我国政府顺应时代发展需要作出的重要决策。2018年6月，李克强总理在"全国深化'放管服'改革，转变政府职能"电视电话会议上的讲话中，明确指出要打造全国一体化政务服务平台，实现一网通办，推进"互联网+"监管和信用监管，积极发展互联网+医疗、互联网+教育等新模式②。

学术界的研究表明，政务信息化能够降低政府行政管理过程中政务信息上传下达中的人力和物质成本，打破信息传递的时空限制，提高信息传播的效率，在实现政府职能由"管制型"向"服务型"转变方面发挥着积极的作用。政务信息化有助于消除传统管理方式下由于分工造成的条块分割和官僚主义，克服政府和民众因信息掌握程度不同造成的"信息不对称"现象，使得信息在民众中的分配和流动更加合理，从而起到优化社会资源配置、提高社会经济质量和效益的作用③。

教育行政管理作为政府管理在教育领域中的体现，是教育活动正常开展不可或缺的重要环节。在教育管理部门中推进信息化建设，能够从服务、管理和消费三个方面促进其职能转变④。从服务的角度而言，教育信息化能为教育政务公开提供便捷有效的载体，实现教育信息共享，降低教育行政成本，利于教育管理部门勤政廉政建设，从而起到改善教育管理部门公共服务质量的作用。从管理的角度而言，教育信息化通过实现网上办公系统，建立教育管理数据库，对教育财务、教育资产、教育人事、教务，以及招生、就业等方面的信息和数据进行管理，实现教育管理的信息化。从消费的角度而言，教育信息化为教育部门提供了平台，招标、采购、售后服务都可通过网络完成，且能够实现跨地区、国际性的采购，起到提高工作效率、降低交易成本、实现教育采购公开和透明化的作用。

2.3.2　信息技术支持教育治理现代化的实施路径

如何以信息化手段推进教育治理现代化，学术界的主要观点是：做好顶层设计，推进机制体制建设，充分利用大数据为教育管理和教学活动提供服务。

（1）做好教育信息化建设的顶层设计，为教育治理现代化提供技术支持。在2014年全国教育工作会议提出"加快推进教育治理体系和治理能力现代化"后，有学者（任友群，2014）认为，教育信息化是我国教育体系运作方式和管理模式由"管理"向"治理"转变的必要条件，教育信息化建设须从建设、应用、服务和保障四个方面进行顶层设计，以更好地推进教育治理现代化⑤。在建设方面，建成全国统一的、覆盖各类教育机构和管理部门的教育管理信息化体系。2018年，教育部发布的《教育信息化2.0行动计划》中明确提出建成"互联网+教育"大

---

①　肖捷.加快转变政府职能［N］.人民日报，2020-12-03（1）.
②　中国政府网.以加快政务信息化建设 支撑"放管服"改革向纵深推进［EB/OL］.（2018-07-24）［2022-02-15］. http://www.gov.cn/zhengce/2018-07/24/content_5308747.htm.
③　张德平.论电子政府建设对中国政府改革的影响［J］.中国软科学，2002（4）：66-70，85.
④　杨莉，段兴利，权丽华.信息化在促进甘肃省政府职能转变中的作用［J］.科技管理研究，2007，27（1）：190-192.
⑤　任友群.教育治理视角下的教育管理信息化顶层设计［J］.中国教育信息化，2014（18）：21-25.

平台①，学术界的研究在政策层面得到了回应。在应用方面，实现教育基础数据的"伴随式收集"，实现教育数据的全国互通共享，教育行政部门利用信息系统和数据开展业务管理、决策支持、监测监管、评估评价和公共服务等五个方面的实际应用。在服务方面，利用教育管理信息系统和基础数据服务于学校各项事务的管理以及课堂教学。在保障方面，明确各级教育行政部门和学校在教育信息化建设中的权责、义务和分工。

（2）做好基层教育信息化机制体制建设，为教育治理现代化提供制度保障。学术界从教育治理视角对教育信息化机制体制展开的研究，主要涉及省级、地市级和校级层面。省级层面，李小军和曾固叶（2017）梳理了安徽省各地市级和县级教育主管部门微信公众号的现状和问题，提出多主体共同参与管理、协同处置教育事务的多元开放教育治理体系等建议②。市级层面，张宝君等（2019）运用案例法，分析了天津市教育信息化建设情况，并就教育治理现代化提出建议：建立网络空间推进机制、信息化应用评价机制，发挥多元主体参与教育治理的积极性，实现优质高效的教育格局③。赵卫兵（2019）以昆山市中小学招生入学管理服务为例，阐述了大数据时代如何开展区域义务教育阶段招生入学管理④。校级层面，吴筱萌等（2019）对北京市某教育大区 6 所基础教育学校的教育信息化建设进行了调研，从教育治理的角度总结了三种学校信息化建设治理模式，提出设立有效机制推进教育治理现代化的建议，这些机制包括不同主体之间的权责机制，政府与学校之间的沟通机制、协调机制、监督机制，学校与学校之间的交流机制、竞争机制、均衡机制⑤。

（3）充分利用人工智能和大数据等信息技术为教育管理和教学活动提供服务，将技术应用落实到教育治理行动中。此方面的研究主要针对教育治理的现实困境，提出如何将人工智能、大数据等信息技术应用到实践中，解决教育治理现代化所面临的问题。如，有学者（侯浩翔和钟婉娟，2019）认为，从人工智能的角度看，教育治理面临的主要问题包括多元治理主体"功能性"缺位、治理思维认知与行动方式的"阻滞性"、治理制度"规制性"及伦理"规范性"缺失⑥。田贤鹏（2020）从大数据应用的角度分析了教育数据治理面临的困境：一是隐私保护机制缺失，教育数据面临着泄露的风险；二是数据的开放获取程度不够，导致教育应用受限，如"数据孤岛"现象在人工智能时代依然存在，超级数据机构对数据的垄断造成数据共享上的困难，学校对技术表现出不信任等；三是教育数据的隐私保护和共享之间存在难以调和的矛盾，教育数据治理面临两难选择⑦。

研究者对于人工智能和大数据在教育治理中应用困境的对策集中在两方面。一是完善法律、政策和制度，保障人工智能和大数据在教育治理中的应用。如，侯浩翔和钟婉娟（2019）提出需要建立健全人工智能技术使用的法律法规和伦理道德框架，明确技术开发方和使用方的责任、权利和义务，保护师生数据隐私，重构法律监督机制。田贤鹏（2020）从制度伦理规

---

① 教育部教技〔2018〕6 号文件. 教育信息化 2.0 行动计划［Z］. 2018-04-18.
② 李小军，曾固叶."互联网+"背景下的教育治理——安徽省教育政务微信现状及建设探索［J］. 新闻世界，2017，（9）：65-71.
③ 张宝君，邢西深，杨辰，等. 迈向 2.0 时代的天津市基础教育信息化调查研究［J］. 中国电化教育，2019，（7）：127-133.
④ 赵卫兵. 大数据时代的区域招生入学管理研究［J］. 中国教育信息化，2019（22）：18-21.
⑤ 吴筱萌，魏戈，徐月，等. 教育治理视角下的学校信息化建设研究［J］. 中国电化教育，2019（8）：50-56，71.
⑥ 侯浩翔，钟婉娟. 人工智能视阈下教育治理的技术功用与困境突破［J］. 电化教育研究，2019，40（4）：37-43，58.
⑦ 田贤鹏. 隐私保护与开放共享：人工智能时代的教育数据治理变革［J］. 电化教育研究，2020，41（5）：33-38.

范的角度提出保护师生数据隐私的原则：保障师生对数据采集和使用的知情权，不得将师生数据用于商业营利目的，严禁捏造、篡改师生数据，建立数据安全问责机制等。二是加快技术的创新和教育应用，推动教育治理方式的变革。如，田贤鹏（2020）提出加强区块链技术在教育数据治理领域的应用，用区块链技术解决开放教育资源运营成本高、版权保护弱、资源共享难和资源质量低等问题；侯浩翔和钟婉娟（2019）提出加快智能化教育科技成果的商业应用，以最新人工智能技术平台推动产学研协同育人。

2.3.3　信息技术支持教育治理现代化的实践

1. 我国上海市在信息技术支持教育治理现代化中的实践

一是推进市、区、校三级教育信息化管理系统的建设与应用。市级层面主要有覆盖全市的基础教育学籍管理系统和义务教育阶段招生入学系统，利用互联网、大数据构建统一的互联网平台，解决了数据重复收集、难以共享互通的"数据孤岛"问题，为教育教学管理、教育决策提供了技术支持。2012年，上海市着手建立全市统一的基础教育学生学籍管理系统和学籍数据中心，实现了统一系统、统一数据、统一版本、统一运维和功能定制的基本要求，为全市教育部门提供了基础教育阶段学生的学籍管理、电子学生征集毕业证管理、普通高中学生综合素质评价、义务教育入学报名、中考及高中学生水平考试报名、特殊教育信息通报、中小学专题教育、学生成长信息记录、学生体质健康监测、学生帮困助学、教育经费保障、日常管理和政策决策等服务。2014年，上海市教育委员会启动了上海市义务教育入学报名系统。该系统包括招生准备、信息登记、民办报名、入学报名验证分配、公办分配或统筹、统计分析等功能，涵盖了义务教育阶段招生的所有环节，为招生入学提供了服务，为教育行政部门的教育决策提供了依据①。

二是利用互联网打造共治共享、多元主体参与的教育治理环境。上海市采用学区化、集团化的办学模式，突破校际壁垒，将同一区域或跨区学校组成办学联合体，促进学校之间的优势互补，发挥优质学校的辐射作用，带动偏远、基础薄弱学校的发展，促进教育质量的整体提升。2015年，上海市发布《上海市教育委员会关于促进优质教育均衡发展推进学区化集团化办学的实施意见》，至2017年，全市建立125个教育集团、54个学区，覆盖全市各区学校，实现了"家门口上好学校"的目标。为了推动数据和资源的融合共享，上海构建了"一网两平台三中心"的教育资源公共服务体系，建设了上海教育城域网、大规模智慧学习平台、上海教育综合管理决策平台、上海教育数据中心、上海教育资源中心和上海教育认证中心。上海教育资源中心汇集了公共投入、机构合作、市场及个人等各种形式下产生的优质数字化教育资源，支持视频、图书、网络课程、动画、文档等不同类型的资源，以线上线下相结合的方式提供以应用机构为单位的资源配送共享服务，按需提供资源服务。大规模智慧学习平台（简称"微校"）包括面向学习者的各种教育资源与工具、多种模式的微校课堂、伴随学习者一生的个人学习记录档案、面向教师的课堂教学应用工具等。

三是在搭建环境的基础上，上海市积极探索以扁平化机制激发多元主体参与的方式。上海市以互联网为媒介，推动政府、学校与社会多元主体参与教育事务，搭建共享共建优质教

---

① 上海市电化教育馆.深度学习与智能治理——2018上海基础教育信息化发展蓝皮书[M].上海：上海教育出版社，2018：11-13.

育资源平台，建立政府宏观调控、学校自主办学、社会(企业、家长及社会组织)积极参与的教育治理格局。如，静安区在推进"素质教育实践项目"专项支持计划的过程中，改进传统的家校联系制度，组建了区域性的家庭教育指导中心和早教指导中心，深度介入学生家庭教育环节，强化对家长的直接引导和支持；又如，在推进中小学生多元智能测评项目的过程中，校长、教师、学生和区域人员与专业咨询机构、家长共同参与测试评价和分析反馈。

　　2.美国信息技术支持的教育治理实践

　　王正青和但金凤(2019)对美国肯塔基州、华盛顿州与马里兰州将大数据技术应用于教育治理中的实践作了介绍，认为美国的经验对我国开展数据治理具有借鉴意义。以肯塔基州为例，美国数据治理的经验总结如下。

　　一是有完备的教育大数据治理机构。2012 年，肯塔基州成立了"肯塔基州教育和劳动力统计中心"，负责评估肯塔基州的教育数据需求，并解决数据安全、数据访问等问题。

　　二是有完备的问责机制。肯塔基州教育局对教育数据治理的关键角色和责任进行了详细界定，明确了首席数据官、首席安全官、数据治理委员会等人员和机构的职责。

　　三是有清晰规范的教育数据治理目标。肯塔基州致力于大力收集有效数据，扩展数据访问和数据使用的范围，评估全州教育和劳动力状况，衡量州外教育和劳动力迁移的影响力。该州颁布的《数据治理0001》详述了肯塔基州教育大数据治理的关键角色、指导原则、决策权限、责任和沟通办法。

　　四是在数据治理过程中，注重数据的规范性、完整性和安全性。肯塔基州在数据收集过程中比较关注教育研究和社会发展需求，并能及时创建新的数据标准，以确保数据收集的时效性。在数据收集之前，有关机构需填写并提交肯塔基教育局颁发的数据收集请求表，包括支持主体，教育数据收集范围、理由、实施日期、相关法律规定，以及数据收集的风险分析。为保障数据质量和安全，肯塔基州建立了学生信息系统数据标准和安全标准，要求各学校根据数据标准收集学生的测试分数、人口信息变动、行为表现等数据，并及时删除一些明显的标识符，如姓名、出生日期、社会保险账号等，只建立唯一的标识符来保护个人和机构的相关数据信息，从而降低教育数据记录暴露的风险，增强数据安全。对于数据共享，肯塔基州规定：任何个体若想获得教育数据资源，需与"肯塔基州教育和劳动力统计中心"建立数据授权用户协议，授权后在遵循相关法规的前提下方可使用相关数据①。

2.4　信息技术促进教师专业发展研究

2.4.1　信息技术对于促进教师专业发展的价值

　　教师专业发展指的是教师专业实践的改善(崔允漷和王少非，2014)②，是教师内在专业结构不断更新、演进和丰富的过程(叶澜等，2001)③。《国家中长期教育改革和发展规划纲要(2010—2020 年)》中明确提出"信息技术教育具有革命性影响"，要求"教师要从教育观念、

---

　　①　王正青，但金凤.大数据时代教育大数据治理架构与关键领域——以美国肯塔基州、华盛顿州与马里兰州为例[J].现代教育技术，2019，29(2)：5-11.

　　②　崔允漷，王少非.教师专业发展即专业实践的改善[J].教育研究，2014，35(9)：77-82.

　　③　叶澜，等.教师角色与教师发展新探[M].北京：教育科学出版社，2001：266.

教育内容、教育方法等方面进行更新，不断提升信息技术应用于教育教学中的能力，并借助信息技术实现专业发展"。概括而言，学术界对于信息技术在促进教师专业发展价值的认识主要体现在以下几个方面。

1. 信息技术能够提升教师工作效率

信息技术支持的办公自动化应用于教师的教学、管理和教研工作中，能够提高教师工作的效率。如，计算机支持的文字处理系统、演示文稿系统、电子报表系统等，能够帮助教师处理大量重复性工作。这也就意味着，教师可以将更多的时间用于专业发展（郑小军，2010）①，用于指导学生学习。

2. 信息技术能够帮助教师进行知识管理

信息技术尤其是互联网能为教师提供知识获取、知识保存、知识共享、知识利用和知识评价等多种类型的知识管理工具，能为教师进行知识管理提供技术支持，进而为教师提高知识能力奠定基础。如，网络搜索引擎、网络期刊文献、知识博客、网络论坛等网络工具能够为教师获取知识、保存知识提供支持，即时通信软件能为教师与业内专家、同行进行交流和沟通，进而共享知识提供支持。

3. 信息技术能够帮助教师提升专业能力

信息技术应用能够带动教师信息化教学能力、信息化管理能力、信息化教学评价与监控能力、信息化教研能力和教学反思能力的提高（郑小军，2010）②。教师可以从网络期刊文献、博客等处获取文字资源，从网络平台中获取视频、图片、音频等多种类型的多媒体资源，这些资源可以用于课堂教学，起到提高课堂教学效率、优化教学过程的作用；也可以用于教师研修、教研活动，起到促进教师专业发展的作用。随着人工智能、大数据等新兴信息技术逐渐进入教育领域，这些技术在促进教师专业发展方面的价值也引起了学者们的注意。人工智能能够为教师的专业发展赋能，不仅可以替代教师完成某些工作，还可以辅助教师进行学情分析和判断，帮助教师进行科学判断和教学决策（王宇和汪琼，2022）③。大数据能够在帮助教师对学生学习情况进行精准画像，从而实现精准施策，在满足多元化的发展需求方面发挥积极的作用（蒋宇瑛等，2022）④。

2.4.2　信息技术促进教师专业发展的理论诠释

在此方面的研究中，学者们从不同的理论视角对信息技术促进教师专业发展的情况进行了诠释，主要涉及的理论有：知识管理理论和学习共同体理论。

1. 知识管理理论

知识管理理论将知识按照是否显性表达分为显性知识和隐性知识。显性知识可以通过语言、图表、公式等符号外显出来，易于交流和传播。隐性知识是拥有者经过实践获得的无形知识，具有很强的默会性，难以交流和传播。隐性知识分为技能型和知识型两类，技能型包括个人的技能、技巧、经验和诀窍方式等，知识型包括知觉、感悟、价值观、心智模式、组织

① 郑小军.信息技术支持的教师专业发展：从应然走向实然[J].现代教育技术，2010，20(7)：58-61.
② 郑小军.信息技术支持的教师专业发展：从应然走向实然[J].现代教育技术，2010，20(7)：58-61.
③ 王宇，汪琼.人工智能助推教师专业发展的若干思考[J].中国远程教育，2022(1)：12-19，92.
④ 蒋宇瑛，谢玉晓，张燕明.基于教育大数据的教师专业发展策略研究[J].教育科学论坛，2022(1)：63-66.

文化等①。有研究者以知识管理理论为基础，对专递课堂促进教师专业发展进行了研究（付卫东等，2021）。专递课堂是教育部 2020 年发布的《关于加强"三个课堂"应用的指导意见》中所提及的三个课堂之一，主要采用优秀教师互联网同步上课的方式帮助农村薄弱学校解决课程开设问题。付卫东等（2021）基于调查问卷数据和访谈材料研究了教学点老师参与专递课堂后在教学实践上的变化，并从隐性知识共享的角度对其原因进行了分析。研究发现，相比未参与的教师，参与专递课堂的教师在教育理念、情感态度、教学策略、教学方法等几个方面都有显著变化②。研究者认为，在专递课堂中，主讲教师所具有的隐性知识包括教学理念、教学经验等，其通过教学活动得到了展示和表达。薄弱学校的教师通过长期跟随式的听课，在教育理念、情感态度、教学策略、教学方法等方面受到潜移默化的影响，在实现隐性知识的共享的同时，其专业能力也得到了提升。

2. 学习共同体理论

"学习共同体"的概念最早是由博耶尔提出的，他认为学习共同体是指：拥有共同愿景的学习者，遵循人人平等的原则，在一定纪律规则约束下，通过沟通、交流、分享各种学习资源，共同完成一定的学习任务③。随后，探究共同体、知识构建共同体、实践共同体等类似的概念相继被提出。对于信息技术促进教师专业发展，学术界一般认为信息技术，尤其是网络技术为教师构建共同体提供了技术支持。海量的资源，基于互联网的跨时空沟通工具让成员之间的交流、沟通、资源共享更加便捷和通畅。如，吴秀圆和王继新（2018）阐述了实践共同体对城乡教师发展的意义，分析了在同步课堂中创建实践共同体的过程、方法和路径④；王继新等（2018）就如何促进农村薄弱学校及教学点教师的专业发展和学生的全面健康成长，通过引入共同体的观点构建了区域基础教育均衡发展共同体的框架⑤。

2.4.3　信息技术促进教师专业发展的途径及效果

1. 基于网络共同体的知识共享

"学习共同体"是指学习者围绕同一目标组成的学习团体，团体成员在学习过程中进行交流沟通和资源分享，实现共同进步（郭永志，2011）⑥。以互联网为代表的信息技术为学习共同体成员实现跨越时空的交流、更好地分享资源提供了技术支持。网络学习共同体正是利用网络技术提供的互联互通功能，为教师提供了一个良好的交流协作平台，对于加强教师间的协作、实现教师之间实践性知识的传播、提升教师的专业素养具有积极意义。教师通过共同体平台上的工具资源和反思活动，撰写教学反思日记，上传经验资料，将隐性知识显性化，

---

①　Huie C P, Cassaberry T, Rivera A K. The impact of tacit knowledge sharing on job performance[J]. International Journal on Social and Education Sciences, 2020, 2(1)：34-40.

②　付卫东, 张伟平, 李伟. 专递课堂对教学点教师教学实践的影响——基于隐性知识共享视角的分析[J]. 现代远距离教育, 2021(6)：56-64.

③　吴南中, 彭飞霞. 促进幼儿教师专业发展的知识分享研究——基于学习共同体理论的思考[J]. 四川文理学院学报, 2011, 21(3)：99-102.

④　吴秀圆, 王继新. 同步课堂背景下城乡教师专业发展的路径探索——基于实践共同体的视角[J]. 现代教育技术, 2018, 28(8)：92-97.

⑤　王继新, 吴秀圆, 翟亚娟. 共同体视域下的区域基础教育均衡发展模式研究[J]. 电化教育研究, 2018, 39(3)：12-17.

⑥　郭永志. 基于学习共同体理论的网络学习模式研究[J]. 中国电化教育, 2011(8)：55-59.

实现实践性知识的外化传播、集体分享和内化吸收（胡小勇，2009）[①]。学术界的研究表明，教师可以利用互联网组建学习者共同体，通过开展网络教研、网络集体备课等方式实现专业发展。如，肖正德（2007）的研究表明，教师利用网络开展的教研活动，通过专家引领、网络课程、课题在线研究、学术沙龙等形式，能为教师开展共同学习提供支持[②]。付卫东等（2021）通过研究"专递课堂"中主讲教师的教学活动对教学点辅助教师的影响发现，主讲教师的教学理念和实践通过隐性知识的共享对教学点教师产生了影响[③]。这表明参与"专递课堂"的主讲教师和教学点教师实质上组成了一个共同体，主讲教师通过自己的教学实践活动以及与教学点教师的交流实现了知识的共享。正是网络将不同空间的主讲教师和教学点教师联系起来，让他们组成共同体，以教学实践活动为中介实现了知识的共享。Nelimarkka（2021）对 Facebook 上一个由两万名教师组成的非正式的、自组织的教师小组八年的活动记录进行分析后发现，在这两万名教师中，约有 10% 的成员在小组中比较活跃，会对遇到困难和感到疑惑的教师提供帮助[④]。

2. 信息技术支持的教师教研

教研是教师专业发展的有效途径[⑤]。近年来，以信息技术赋能教师教研受到政府部门和社会各界的重视。2019 年，教育部在《关于加强和改进新时代基础教育教研工作的意见》中提倡教师采用"区域教研、网络教研"等方式开展教研活动[⑥]。学术界也围绕信息技术支持的教师教研的理论与实践开展了研究，主要包括信息技术支持教师教研形态的发展历程、信息技术应用方式和实践模式等方面的内容。

（1）在发展历程方面，胡小勇等（2020）认为，信息化支持的教师教研形态有三种类型：信息化教研、社群教研、"互联网+教研"[⑦]。信息化教研出现在信息技术应用于教研的早期阶段，教师教研活动以文本交互的方式为主，即教师通过获取、加工文本的方式开展教研活动。如，黎加厚（2004）就教师应用电子博客进行教育叙事研究的案例进行了分析，认为信息技术赋予了教育叙事新的内涵，电子博客让教师进行叙事研究可以不受时间、空间的限制，突破了个人的小圈子，能够通过网络与更加广泛的社会群体进行交互[⑧]。社群教研是指教师通过网络组成社群，共享信息和资源，形成学习共同体。赵艳等（2016）通过对采用了 Moodle 网络学习平台的中小学教师在线学习社区的研究发现，在网络学习平台中，共同体成员围绕教育教学实践进行交流和探讨，能够提升教师在线学习效果，促进教师的在线自主学习[⑨]。随着互联网技术、人工智能和大数据技术的广泛应用，以及"互联网+"思维的持续影响，"互联网

① 胡小勇.促进教师专业发展的网络学习共同体创建研究[J].开放教育研究，2009，15(2)：87-91.

② 肖正德.网络教研：一种促进教师专业发展的新型教研模式[J].现代远距离教育，2007(1)：34-36.

③ 付卫东，张伟平，李伟.专递课堂对教学点教师教学实践的影响——基于隐性知识共享视角的分析[J].现代远距离教育，2021(6)：56-64.

④ Nelimarkka M, Leinonen T, Durall E, et al. Facebook is not a silver bullet for teachers' professional development: Anatomy of an eight-year-old social-media community[J]. Computers & Education, 2021, 173: 104269.

⑤ 胡小勇，曾祥翊，徐欢云，等.信息化教研赋能教师集群化高质量发展的创新与实践[J].电化教育研究，2022，43(2)：5-10，18.

⑥ 教育部.教育部关于加强和改进新时代基础教育教研工作的意见[Z].教基〔2019〕14号，2019-11-25.

⑦ 胡小勇，徐欢云."互联网+教研"形态研究：内涵、特征与趋势[J].电化教育研究，2020，41(2)：10-16.

⑧ 黎加厚.信息时代的教育叙事与教师主体意识的觉醒[J].中国电化教育，2004(10)：40-44.

⑨ 赵艳，赵蔚，姜强，等.学习分析视域下教师在线学习社区实时社会网络分析研究——以《英语教学理论与实践》课程为例[J].现代远距离教育，2016(1)：37-43.

+教研"也引起了学术界的关注。胡小勇等(2020)认为,"互联网+教研"以互联网思维关注教师的教研活动,使得教师在互联网、大数据和智能技术支持的环境中开展教研活动①。阮志红等(2019)分析了网络教研存在的困境,认为网络教研中更多的是专家的"话语特权",作为教研主体的教师处于被动的局面,主体意识不强;而"互联网+教研"有望改变这种局面,促使教师发挥主动性和能动性,成为教研活动真正的主角②。

(2)在信息技术应用方式方面,研究者围绕某种类型的信息技术在支持教师专业发展方面的作用展开了研究,揭示了信息技术支持教师专业发展的方式和效果。如,郑小军等(2010)追踪研究了一个利用博客促进师生共同发展的案例,分析了信息技术促进教师专业发展的必要条件③。又如,Wang 等(2014)研究了使用社交网站作为认知工具对教师课堂实践的影响,结果发现,教师在课堂实践中产生了积极的变化,更加突出以学生为中心的教学方法,更加强调学生读写能力的提高,而不是自己使用技术来呈现信息④。

(3)在实践模式方面,研究者根据不同的理论构建了信息技术,尤其是互联网支持的教师教研模式,试图揭示在不同理念支持下如何利用信息技术更好地开展教研活动,从而实现教师的专业发展。如,郭绍青等(2020)以共同体学习理论为基础,构建了由师范生、普通教师、理论导师和实践导师四类角色组成的"五位一体"协同教研模式,模式中的共同体成员具有一致的理念,围绕教学和反思形成的问题,借助交流工具、资源网站、互动平台进行研修活动⑤;刘清堂等(2021)以活动理论为基础,构建了"1+2"结对异校同侪研修模式,描述了"互联网+教育"生态中,同一个区域内的结对学校,或者中心校和教学点的教师,通过建立同侪互助研修共同体开展教研活动的机制⑥。

3.信息技术支持的教师教育和培训

随着以互联网为代表的信息技术在我国教育中的深入应用,在教师教育和培训中采用信息技术也越来越广泛,为更好地开展教师教育和培训提供了便利。如,胡小勇和徐旭辉(2010)对广州市采用网络课程进行教师培训的状况进行了调查,发现受训学员对采用网络课程的方式有较高的接受度,55.1%的教师认同网络课程培训方式,另外有23.6%的学员认同"网络课程为主,面授为辅"的方式⑦。采用网络课程的方式开展教师培训,能够采取的学习方式比较多样化,包括自主式学习、案例探讨、主题讨论等。又如,Wang 和 Wiesemes(2012)针对视频会议在职前教师教育中应用的效果进行了调查。受训教师以小组的方式,借助视频会议系统实时远程观察中小学课堂的教学,且能够在多个课堂之间进行切换,在观察完课堂教学后,小组成员围绕课堂教学中存在的问题进行探讨。研究者认为,受训职前教师借助视

---

① 胡小勇,徐欢云."互联网+教研"形态研究:内涵、特征与趋势[J].电化教育研究,2020,41(2):10-16.

② 阮志红,朱毅,朱串串.实然困境与应然向度:从网络教研到"互联网+教研"[J].数字教育,2019,5(3):52-56.

③ 郑小军,杨满福,林雯,等.基于博客的教师专业发展个案研究及启示[J].中国电化教育,2010(7):100-103.

④ Wang S K, Hsu H Y, Reeves T C, et al. Professional development to enhance teachers' practices in using information and communication technologies (ICTs) as cognitive tools: Lessons learned from a design-based research study[J]. Computers & Education, 2014, 79: 101-115.

⑤ 郭绍青,沈俊汝,张进良,等."互联网+"条件下"五位一体"协同教研模式研究[J].电化教育研究,2020,41(12):35-42.

⑥ 刘清堂,卢国庆,张妮,等.活动理论支持的区域同侪研修模式构建及实践探索[J].中国电化教育,2021(1):118-127.

⑦ 胡小勇,徐旭辉.中小学教师远程培训网络课程的调研与分析[J].中国电化教育,2010(4):62-66.

频会议远程观察课堂教学有着现场观察难以比拟的优势：远程观察能够为受训教师提供更广泛的真实课堂环境，并为他们将来的工作实习做好准备；它允许小组观察，并能通过搭建安全和结构化的环境进行公开讨论，让受训教师更好地从课堂观察中受益[①]。

　　随着人工智能、大数据等新兴信息技术在教育中越来越广泛的应用，学术界围绕这些技术与教师教育和培训展开了研究，从人工智能、大数据等信息技术在教师教育或者培训中应用的理论、模式等方面进行了探索。如，曾海等(2019)以智慧教育理念、成人教育理论、建构主义理论和关联主义理论为基础，提出了"智慧师训"的概念、特征和测评模式[②]；梁文鑫(2017)提出了基于大数据的教师移动培训课程的设计与开发模式："关键问题—针对性解决方案—生成性案例类培训课程"，为教师培训课程开发提供了参考[③]；李运福和杨晓宏(2016)构建了由信息层、知识层、策略层、行为层组成的基于大数据分析的教师培训模式，为利用大数据开展教师培训提供了借鉴[④]。

2.5　信息技术支持教学和学习研究

2.5.1　信息技术支持教师课堂教学

　　学术界对于信息技术支持教师课堂教学的研究主要围绕辅助教师开展课堂教学活动和变革传统教学模式等方面展开。辅助教师开展课堂教学活动主要是指在不改变教师原有教学模式的前提下，为教师教学活动提供支持。变革传统教学模式则是指帮助教师采取区别于传统讲授——接受式模式的多样化教学模式开展教学。

　　1. 辅助教师课堂教学

　　学术界针对不同类型的信息技术课堂教学应用展开研究，探寻信息技术的应用方式和效果。综合而言，大部分研究支持信息技术的使用能够起到提高教学效率的作用。如，Zou 等(2012)基于能力动机理论开发了一个面向小学生乒乓球学习的 Moodle 课程，为学生提供乒乓球世界冠军练习乒乓球的动作视频。研究者评估了该课程对学生知识、感知能力和兴趣的影响，发现学生通过参加 Moodle 课程获得了显著的学习收益，并且表现出了统计上显著的、更高的感知能力[⑤]。Lai(2016)对一个使用在线视频同侪评估系统帮助护理专业学生增强沟通技能的实践效果进行了检验，研究中，学生们与模拟患者进行治疗咨询，这一过程被录制并上传到 Youtube 平台，被用作同侪评价的对象。学生通过 Youtube 平台观看、评价视频中学生们的表现，同时进行交流和沟通。在经过两轮测试后，研究者发现同侪评价的方式对增

　　① Wang R, Wiesemes R. Enabling and supporting remote classroom teaching observation: Live video conferencing uses in initial teacher education[J]. Technology Pedagogy & Education, 2012, 21(3), 351-360.

　　② 曾海，李娇儿，邱崇光.智慧师训——基于新一代信息技术的教师专业发展新生态[J].中国电化教育，2019(12)：116-122.

　　③ 梁文鑫.基于大数据的教师移动培训课程设计[J].中国电化教育，2017(6)：120-123.

　　④ 李运福，杨晓宏.基于大数据分析的 O2O 教师培训模式研究——对"互联网+"教师培训的初步思考[J].中国电化教育，2016(12)：113-120.

　　⑤ Zou J H, Liu Q T, Yang Z K. Development of a Moodle course for schoolchildren's table tennis learning based on Competence Motivation Theory: Its effectiveness in comparison to traditional training method[J]. Computers & Education, 2012, 59(2)：294-303.

强学生的沟通技能起到了积极的作用①。Castillo-Manzano 等(2016)对观众反应系统 Audience Response System(ARS)在大学课堂教学中应用方面的实证研究进行了综述,总结了 ARS 的使用在有效提高学生学习成绩的证据。ARS 是"一种互动电子工具,用于调查观众对特定问题的回答",将其用于课堂教学,主要是用来收集学生对教师提问的反应②。Castillo-Manzano 等(2016)的综述表明,ARS 对学业成绩的影响存在差异,即:在大学和中小学学生中的效果存在差异,在纯软科学(如人类学、社会学、心理学等)和应用硬科学(主要是医学和工程)中的应用也存在差异。但如果使用不当,信息技术也会起到一定的反作用。如,Fried(2008)对教室中使用笔记本电脑的教学效果进行了研究,发现在课堂上使用笔记本电脑的学生花了相当多的时间处理多个任务,笔记本电脑的使用对用户和同学都造成了极大的干扰,因为学生将主要精力花在了使用设备上,而非仔细听教师授课以及与老师和同学交流上③。

2. 变革传统教学模式

传统教学模式是以教师为中心的教育理论为基础,主张教学过程以教师为中心,强调学生通过教师授课进行学习的教学模式,以"讲授—接受""授导式"等模式为主。如赫尔巴特的"三中心论"强调教学以教师、教材和课堂为中心,主张教学在课堂中的教师的组织下,围绕教材内容展开。长期以来,教师为中心的教学理论在学校教学中占据主导地位,这与传统教育教学技术以黑板、粉笔、纸质书籍为主有一定的关系。在这些技术条件下,学生获取知识的渠道主要来自教师和教材,教学活动的开展以教师、教材和课堂为中心,有利于知识的快速传播,学生能够在较短时间内系统学习专业知识。随着互联网等信息技术的逐渐普及,学生获取知识的途径不再限于教师和教材,而是可以通过互联网获取图片、视音频、动画、学术文献、网络课程、电子书籍等多种类型的资源。互联网在教育领域的深入应用给传统的教师角色和地位带来了挑战。

20 世纪 90 年代后,随着建构主义理论的兴起,教师在教学中的角色被重新定位,由传统的知识传播者逐渐转化为学习活动的组织者和学生学习的促进者。研究者以此为理论基础,探索了多种在信息技术,尤其是互联网支持下的新型教学模式。这些模式突出学生在学习中的主体地位,学习过程是在教师的帮助下,借助一定的工具和资源实现的主动知识建构。比较典型的模式有:基于探究式学习的教学模式、WebQuest 教学模式、基于网络协作学习的教学模式、情境化教学模式、基于项目的教学模式、翻转课堂教学模式等④。学术界一般认为,正是信息技术,尤其是网络技术为以学生为中心的教学模式的出现和推行提供了技术条件。如,起源于 2007 年的翻转课堂教学模式,学生在课前借助教师利用提前录制的教学视频进行学习,课堂时间用来完成作业,或者与教师和其他学习者进行交流,或者完成拓展、提高型的学习任务,加深对所学知识的理解⑤。

学术界对信息技术变革传统教学模式的研究,主要围绕理论和模式的构建、效果检验等

① Lai C Y. Training nursing students' communication skills with online video peer assessment[J]. Computers & Education, 2016, 97: 21-30.

② Castillo-Manzano J I, Castro-Nuño M, López-Valpuesta L, et al. Measuring the effect of ARS on academic performance: A global meta-analysis[J]. Computers & Education, 2016, 96: 109-121.

③ Fried C B. In-class laptop use and its effects on student learning[J]. Computers & Education, 2008, 50(3): 906-914.

④ 钟志贤. 信息化教学模式[M]. 北京: 北京师范大学出版社, 2006.

⑤ 张萍, Ding Lin, 张文硕. 翻转课堂的理念、演变与有效性研究[J]. 教育学报, 2017, 13(1): 46-55.

方面展开。如，Lu 等（2010）在数字语言实验室中，采取交际教学法开展大学英语教学，研究者对这种以学习者为中心的教学效果进行了检验。该数字实验室提供同步口语交流、随机分组和语音记录等功能，老师可以通过网络观察学生的表现，参与他们的演讲活动。交际教学法遵循以学生为中心的原则，让学生在技术的支持下通过交际活动实现知识建构。研究结果表明，98.37%的受试者承认该课程有助于提高他们的听说能力，超过97%的受试者承认教师设计的交际活动和口头陈述有助于提高他们的听说能力[1]。又如，Yang（2014）探索了使用WebQuest 模式在小学数学中教授"比例"的概念，并了解该模式对学生学习成绩的影响，发现使用 WebQuest 模式学习的学生比使用传统教学模式的学生有更好的成绩，且表现出更高的学习满意度[2]。

2.5.2　信息技术支持学生学习活动

学术界对于信息技术支持学习活动方面的研究，主要围绕激发学习兴趣和动机、支持学习过程等方面展开。

1. 激发学习兴趣和动机

信息技术在激发学生学习兴趣和动机方面有着传统技术不可比拟的优势。一是信息技术能够提供更加丰富的媒体资源，如文本、图片、图形、动画、视频、音频、交互媒体等多种形式的媒体，能够对人的听觉、视觉、触觉产生全方位刺激。二是信息技术提供的资源获取更加便捷，如以数字形式在互联网上传播的期刊文献、网络课程等资源，相比传统纸质教材和书籍，能够以更加低廉的价格被学习者获取。三是信息技术为学习者提供了丰富的交互功能，包括人机交互和人际交互。人机交互是学习者与软硬件系统之间的交互，人际交互则是指学习者之间、学习者与教师之间、教师与教师之间的沟通和交流。人机交互和人际交互不受时空限制，使得信息和资源的共享更加便捷。学术界的研究充分证明了信息技术在激发学习兴趣和动机方面具有积极的作用。如，Yang（2014）针对使用了网站作为课程资源的WebQuest 模式[3]、张屹等（2016）对使用移动技术的小学数学课堂教学[4]、Korakakis 等（2009）针对三维动画在中小学科学课程教学中的应用[5]、Moos 和 Azevedo（2008）针对超媒体在大学医学教学中的应用[6]、钟洪蕊和周卓慧（2012）针对游戏教学在小学信息技术课程中的应用[7]、

---

① Lu Z Z, Hou L J, Huang X H. A research on a student-centred teaching model in an ICT-based English audio-video speaking class[J]. International Journal of Education and Development using ICT, 2010, 6(3), 101–123.

② Yang K H. The WebQuest model effects on mathematics curriculum learning in elementary school students[J]. Computers & Education, 2014, 72: 158–166.

③ Yang K H. The WebQuest model effects on mathematics curriculum learning in elementary school students[J]. Computers & Education, 2014, 72: 158–166.

④ 张屹, 白清玉, 李晓艳, 等. 基于 APT 教学模型的移动学习对学生学习兴趣与成绩的影响研究——以小学数学"扇形统计图"为例[J]. 中国电化教育, 2016(1): 26–33.

⑤ Korakakis G, Pavlatou E A, Palyvos J A, et al. 3D visualization types in multimedia applications for science learning: A case study for 8th grade students in Greece[J]. Computers & Education, 2009, 52(2): 390–401.

⑥ Moos D C, Azevedo R. Exploring the fluctuation of motivation and use of self-regulatory processes during learning with hypermedia[J]. Instructional Science, 2008, 36(3), 203–231.

⑦ 钟洪蕊, 周卓慧. 游戏化学习对学生学习兴趣影响的行动研究[J]. 现代教育技术, 2012, 22(3): 91–94.

苏宝华(2009)针对网络资源在留学生对外汉语教学中的应用①等的研究都证明了这一点,学生们普遍对信息技术的应用有一定的好奇心。

2.支持学习过程

信息技术对学习过程的支持主要表现在三个方面:数字化的学习资源作为学习知识的来源、计算机软件工具支持学习活动的开展、互联网社交工具助力与教师和其他学习者的交流。如,Jou 等(2016)在大学机械制图课程中,依据补救媒体理论,将电子书作为纸质教材媒体的补救解决方案,让学生通过电子书学习机械制图原理,同时让学生使用机械制图程序创建机械设计图,进行机械制图的实践学习②。在 Jou 等的课程中,信息技术为学习过程提供了资源和工具两方面的支持,为学习理论和实践两方面的知识提供了帮助。又如,信息技术可以为教师和学生之间跨越时空限制的交互提供渠道。21 世纪后,为推进欧洲教育一体化,在相关政策的影响下,欧洲多国在大学推行基于 ICT(information communication technology, ICT)的网络外语教育模式,在大学外语教育领域取得了显著的成效,成为欧洲教育一体化的典范。基于 ICT 的网络外语教育模式强调交互在学习过程中的作用,学生要与教师和小组成员中的其他学生进行在线交流和探讨,教师要参与学生在线小组的交互和探讨。通过交互,用各种可能的信息技术手段建立网络化协作学习情境,激发学生的学习状态,让学生在交互中协作解决学习中遇到的问题,在交互中实现语言技能和交际技能的提高(赵硕,2018)③。

2.5.3 信息技术支持教学评价开展

教学评价是教学过程中的重要环节,具有诊断教学效果、激励学习动机、调节教学过程、增进学生知识和技能等多方面的作用。我国政府高度重视信息技术对于教学评价的价值和作用。2020 年,中共中央印发的《深化新时代教育评价改革总体方案》明确提出,"充分利用信息技术,提高教育评价的科学性、专业性、客观性"。学术界对于信息技术应用于教学评价的研究主要包括以下几个方面。

1.信息技术应用于教学评价的价值

杨宗凯(2020)认为,信息技术可用于跟踪和监测教学的全过程,可采取线上和线下相结合的方式建立学生学习和活动的成长档案,记录和跟踪学生的成长轨迹。通过信息技术支持的数据采集,对教学和学习过程中的数据进行分析,从发展性角度评估学生的努力程度、学习成绩等,关注学生在原基础上的进步程度,为教师、家长、同伴、学生自己等多元主体参与评价提供支持,且可以采用基于智能技术的试题测试、实践操作、面试答辩等不同方法进行综合评价④。

2.信息技术应用于教学评价的方式

从文献看,目前信息技术应用于教学评价的方式主要有两种:在线作业和电子考试。在线作业指的是以网络在线的方式为学生提供练习题,学生完成后,作业系统对完成情况进行

① 苏宝华.信息技术环境下激发学习兴趣的有效策略研究——以汉语课堂为例[J].现代教育技术,2009,19(3):54-57,53.

② Jou M, Tennyson R D, Wang J Y, et al. A study on the usability of E-books and APP in engineering courses:A case study on mechanical drawing[J]. Computers & Education, 2016, 92/93:181-193.

③ 赵硕.基于信息交互技术(ICT)的西班牙大学网络外语教育模式[J].中国外语,2018,15(5):85-92.

④ 杨宗凯.利用信息技术促进教育教学评价改革创新[J].人民教育,2020(21):30-32.

评价。有学者对传统纸质作业和在线作业系统的效果进行了对比，发现在线作业系统比纸质作业更能提高学习成绩，因为在线学习系统能给学生更及时的反馈和提示[1]，允许学习者多次尝试，而且保留了学习者的信息，能够让其反复查看和学习，还能向教师提供关于学生作业的信息[2]。电子考试则是指学生利用信息技术提供的电子考卷进行考试，改卷评分由计算机系统完成。如，Fluck(2019)考察了德国莱比锡学院学生在使用电子考试后态度的变化，发现学生对使用电子方式的考试有较高的兴趣，使用者比不使用者有更好的自我效能感，并认为基于网络的形成性评估在时间、人员和资金方面是可行的。一旦建立，内容可以很容易地修改，以便在其他课程中使用[3]。

2.6　信息技术促进教育公平研究

公平是人类的普世价值观之一，教育公平也是世界各国追求的共同目标。我们党和政府对教育公平给予了高度重视。党的二十大报告明确指出，"加快建设高质量教育体系，发展素质教育，促进教育公平"。以信息技术促进教育公平发展是我国当前在推进教育公平方面的重要手段。2015 年，习近平总书记在致国际教育信息化大会的贺信中指出："通过教育信息化，逐步缩小区域、城乡数字差距，大力促进教育公平。"学术界关于信息技术促进教育公平的研究，主要围绕信息技术在促进教育公平中的两面性、信息技术促进教育公平的途径等方面展开。

2.6.1　信息技术促进教育公平的途径

包括互联网在内的信息技术对教育公平的影响主要体现在信息技术能够实现优质教育资源共享[4]，让贫困地区薄弱学校的学生和弱势群体能够获取传统技术条件下难以获得的资源，在保障教育起点公平、过程公平上具有积极的意义。概括而言，学术界相关研究包括以下几个方面。

1. 信息技术促进教育优质均衡发展的理论探讨

此方面的研究从理论视角探讨如何更好地利用信息技术促进义务教育均衡发展，包括提出利用信息技术促进义务均衡发展的框架或者机制。如，郑旭东等(2021)在分析"三个课堂"在促进义务教育优质均衡方面的战略价值的基础上，提出了如何更好地利用"三个课堂"构建义务教育优质均衡发展的框架[5]。

2. 优质教育资源支持薄弱学校教学质量提升

张伟平和王继新(2018)总结了信息化助力农村教育发展的模式：共同体模式、"双师"模式和数字资源模式。这三种模式的共同特点是，通过优质教育资源的共享，帮助农村薄弱学

①　Arora M，Rho Y J，Masson C. Longitudinal study of online statics homework as a method to improve learning[J]. Journal of STEM Education：Innovations and Research，2013，14(1)：36-44.

②　Burch K J，Kuo Y. Traditional vs. online homework in college algebra[J]. Mathematics and Computer Education. 2010，44：53-63.

③　Fluck A E. An international review of eExam technologies and impact[J]. Computers & Education，2019，132：1-15.

④　徐继存."互联网+"时代教育公平的推进[J].教育研究，2016，37(6)：10-12.

⑤　郑旭东，饶景阳，贾洋洋."三个课堂"促进义务教育优质均衡发展：演进历史、战略价值、关系解析与概念框架[J].现代教育技术，2021，31(6)：14-22.

校实现教学质量提升。共同体模式是指将地理位置上相近的 1 个中心校和 1~2 个教学点组成共同体，由中心校的教师通过线上线下相结合的方式帮助教学点上课，解决课程开不齐、开不好的问题，同时帮助教学点教师提高专业素养及教学水平的一种实践模式；"双师"模式则是指由本地教师和教学视频里的教师共同完成课堂教学的一种实践模式，本地教师通过反复观看教学视频，学习优秀教师的教学方法，在课堂上利用视频进行教学；数字资源模式指的是利用除教学视频之外的数字化辅助材料、工具等数字教育资源开展教学的一种实践模式，教师利用从网络或者其他渠道获取的电子教案、电子课件、电子图书、电子试题等资源开展教学①。

有研究表明，共同体中优秀教师的授课作为一种优质资源，能够帮助教学点的学生实现成长，并缩小同其他学校学生在认知、心理和知识能力方面的差距②，也能够起到帮助农村教学点教师提高教学水平和能力素养的作用，从而帮助其实现专业发展③。"双师"模式同样能够起到帮助薄弱学校提高教学质量，促进教师专业发展的作用，如，李爽等（2009）对采用了"双师"模式的成都网校的效果进行了检验，结果发现：远端学生学习成绩和整体素质得到提升，教师专业能力得以全面发展④。优质教育资源在帮助弱势群体更好地开展学习、提升学习质量方面能够发挥积极的作用。如，吉巴克和古迪娜（Gyabak 和 Godina，2011）在不丹开展了利用数字故事机为贫困学生讲故事的实验，发现这种方式对于激发这些贫困地区学生的学习兴趣，增广他们的视野，扩大其知识面具有积极效果⑤。

3. 信息技术支持特定群体学习活动的开展

学术界对信息技术在帮助听障儿童、自闭症儿童、低收入家庭子女等某类特定群体学习方面的作用进行了研究，结果证明，信息技术能够帮助这些群体开展学习，提高学习效率。如，Araya 等（2015）报道了智利贫困地区 11 所公立学校实施了三年的信息技术支持的教学实验的结果，项目涉及这 11 所学校的 43 个四年级班级和 1355 名学生。项目中，学生采用计算机网络支持的同伴协作方式学习。研究发现，参加实验的学生数学考试成绩、标准化语言测试成绩等都有了显著提高⑥。Sankardas 和 Rajanahally（2017）对于一种运行在 iPad 上的声音工具在帮助自闭症儿童参与交流上的效果进行了检验，发现这种工具能够增强他们与其他人交流的动机⑦。又如，Yang 和 Lay（2005）研发了一套计算机辅助普通话音素训练系统，用来训练听力受损者的普通话发音。研究者在被诊断为听力障碍的高中生中进行的实验表明，该

---

① 张伟平，王继新.信息化助力农村地区义务教育均衡发展：问题、模式及建议——基于全国 8 省 20 县（区）的调查[J].开放教育研究，2018，24（1）：103-111.

② 王继新，陈文竹.信息化助力农村教学点学生发展的观测与评价——以咸安教学实验区为例[J].中国电化教育，2018（3）：31-40.

③ 付卫东，张伟平，李伟.专递课堂对教学点教师教学实践的影响——基于隐性知识共享视角的分析[J].现代远距离教育，2021（6）：56-64.

④ 李爽，王磊，白滨.基于卫星的远程直播教学模式评价研究——以成都七中网校为例[J].开放教育研究，2009，15（4），86-92.

⑤ Gyabak K, Godina H. Digital storytelling in Bhutan: A qualitative examination of new media tools used to bridge the digital divide in a rural community school[J]. Computers & Education, 2011, 57(4): 2236-2243.

⑥ Araya R, Gormaz R, Bahamondez M, et al. ICT supported learning rises math achievement in low socio economic status schools[C]//European Conference on Technology Enhanced Learning. Cham: Springer, 2015: 383-388.

⑦ Sankardas S A, Rajanahally J. iPad: Efficacy of electronic devices to help children with autism spectrum disorder to communicate in the classroom[J]. Support for Learning, 2017, 32(2): 144-157.

系统可以帮助听力受损学生改善普通话的发音①。

2.6.2　信息技术在促进教育公平中的两面性

此类研究围绕信息技术对教育公平作用的价值、意义以及存在的局限开展研究。一般认为，信息技术在促进教育公平中具有两面性：一方面，信息技术为更多的人，尤其是低收入家庭子女、贫困地区青少年，提供了接受教育的机会；另一方面，信息技术对教育公平的影响也存在一定的局限性，会加大原有的社会不公，或者并不能缩小原有的差距。

（1）信息技术能够起到促进教育公平的作用。这类观点认为，信息技术成本低、传播效率高、可复制，能够让更多的人以较低的成本获取更多的教育资源，促进教育过程参与和机会公平，从而保障教育的起点、过程和结果公平。如，以 MOOC 为代表的网络课程降低了接受教育的门槛，让更多的人，尤其是低收入家庭子女获得了原本不能或者难以获得的教育机会以及优质的教育资源②。又如，王美等（2014）以教育部自 2012 年启动的"教学点数字教育资源全覆盖"为例，说明了信息技术在促进教育起点公平方面的作用："教学点数字教育资源全覆盖"项目利用信息技术将数字教育资源传送到农村教学点，以大大低于传统方式的成本，让全国数百万农村教学点学生能够同其他学校学生一样，使用优质的数字教育资源，在一定程度上保障了教育的起点公平。同时，他们以"成都七中网校"为例，说明了信息技术在促进教育过程公平方面的作用：贫困地区薄弱学校的学生通过网络可以和成都七中这样的优质学校学生同步上课、同步作业、同步备考③。再如，胡小勇等（2020）在分析了"三通两平台""教学点数字教育资源全覆盖""专递课堂"等 18 种信息技术应用方式在教育起点公平、过程公平和结果公平方面的作用后认为，这些方式分别从基础设施、资源匹配、教学模式与方法、教育管理与评估、师资队伍和学生素养等方面，对促进教育起点公平、过程公平和结果公平发挥了重要的作用④。

（2）信息技术在促进教育公平方面的局限性。这类观点以"新数字鸿沟"理论为代表。"数字鸿沟"通常指的是信息技术硬件设施建设的差距，也被称为"物理鸿沟"。"新数字鸿沟"则是指"技能鸿沟"和"使用鸿沟"。"技能鸿沟"是指信息技术使用技能和水平上的差距。"使用鸿沟"是指人们在使用数字技术方面存在的差异，包括使用时间和频率、使用的创造性等。学术界的研究表明，相比较而言，在信息技术使用方面，来自低收入家庭的孩子将更多的时间用于观看视频、打游戏等娱乐化应用，而来自富裕家庭的孩子则将更多的时间用于学习、资源共享、社会参与等方面，更好地利用信息技术实现自身发展。如，陈纯槿和顾小清（2017）通过对 PISA 上海市 2012 年的数据进行分析后发现，家庭经济社会地位越好的学生使用互联网的偏好越以"为功课浏览网页""使用电脑做作业"等方式为主，而家庭经济社会地位越低的学生使用互联网的偏好则越倾向于"游戏"等娱乐型的方式，因此她们得出结论：家

①　Yang H J, Lay Y L. Implementation and evaluation of computer-aided Mandarin phonemes training system for hearing-impaired students[J]. British Journal of Educational Technology, 2005, 36(3): 537-551.

②　卢新伟.慕课有限实现教育公平的拟剧论解读[J].教育发展研究, 2019, 39(17): 46-51, 84.

③　王美, 徐光涛, 任友群.信息技术促进教育公平：一剂良药抑或一把双刃剑[J].全球教育展望, 2014, 43(2): 39-49.

④　胡小勇, 许婷, 曹宇星, 等.信息化促进新时代基础教育公平理论研究：内涵、路径与策略[J].电化教育研究, 2020, 41(9): 34-40.

庭经济社会文化地位是扩大教育结果不平等的最主要因素[①]。

又如，MOOC 以网络课程的方式向所有学习者开放，学习者以较低的成本就可以获取优质的教育资源用于学习，提升自身素质和能力。但不同学习者所处的环境和接触到的线下资源有着巨大的差异，比如学习环境、学习的仪器设备等。与不在校学习的学习者相比，在校接受教育的学生在 MOOC 学习过程中更具有优势，这延续了原来的教育资源享有者和不享有者之间的差距，MOOC 的使用并没有缩小原本存在的差距，也就是并没有从过程上有效保障教育公平，教育的结果公平自然也难以得到保障[②]。

2.7　对国内外研究的评述

综上，对于教学点相关的研究，国内外文献大致形成了教学点（小规模学校）发展困境、价值、困境解决对策等几个方面的研究范畴，在理论和实践等方面都取得了丰硕的成果，对于深刻、全面理解教学点问题，以及利用信息技术促进教学点发展发挥了很好的指导作用。对信息技术促进教育发展方面的研究大致形成了信息技术支持教育治理现代化、教师专业发展、教学和学习、信息技术促进教育公平等几个主要的研究领域，从理论建构到实践效果检验等都取得了丰硕的成果，对于深刻理解信息技术在促进教育发展、教育变革等方面的作用起到了很好的效果。

但从总体上看，学术界相关研究还存在某些局限。对于信息技术推进农村教学点发展方面的研究在文献数量和类型上尚有进一步探讨的空间。现有研究中实证研究偏少，大部分以调查、问题分析、对策建议类型为主，较少采用实践研究。而且，大部分研究集中在解决农村教学点"开不齐课、开不好课"的教学问题时，没有从农村教学点整体发展的角度挖掘教学点存在的问题。

鉴于此，本书将从校园文化建设、教师专业发展、课程开设、学生阅读素养等方面揭示农村教学点存在的问题，探索适合农村教学点校园文化建设和学生阅读素养提高的教育信息化实践模式；围绕策略、实践模式、路径和保障机制设计教育信息化支持农村教学点发展的实验方案、实施方案，并对实施效果进行测评。

---

① 陈纯槿，顾小清. 互联网是否扩大了教育结果不平等——基于 PISA 上海数据的实证研究 [J]. 北京大学教育评论，2017，15（1）：140-153.

② 卢新伟. 慕课有限实现教育公平的拟剧论解读 [J]. 教育发展研究，2019，39（17）：46-51，84.

第 3 章

农村教学点现状及存在的问题

3.1　对我国教学点的调查

3.1.1　调查方法

本书运用问卷调查和访谈相结合的方法开展研究。通过设计、发放、回收调查问卷获取数据，再运用计量统计方法对数据进行统计和分析，掌握农村教学点现状。通过与其他非教学点学校数据的对比，分析教学点与其他学校之间的差距，从校园文化建设、教师专业发展、课程开设和学生阅读素养方面梳理农村教学点存在的问题。问卷调查适合从宏观层面把握事物的基本特征，但缺乏微观层面的观察。为此，本书采用访谈方法获取信息，弥补调查问卷方式的不足。

3.1.2　调查工具的设计

为全面了解我国农村教学点现状，课题组针对学校、教师和学生分别设计了调查问卷和访谈提纲，从校园文化建设、教师专业发展、课程开设和学生阅读素养等四个方面设计问卷题项和访谈提纲。

1. 学校调查问卷的设计

学校调查问卷详见附录 A。学校调查问卷包括三个方面的题项，一是了解学校基本情况的题项，如学校类型（是否是教学点）、教师数、学生数、班级数、教师学历分布、教师年龄分布等信息。二是了解校园文化建设情况的题项。根据向帮华和姚佳胜（2013）对校园文化建设的定义，本问卷从物质文化建设、精神文化建设和制度文化建设三个方面了解学校校园文化建设的基本情况①，制度文化和精神文化主要从教师卷和学生卷了解，因此学校卷只设置物质文化方面的题项，主要包括校园卫生、校园周边环境、基础设施建设、校园文化设施建设等。其中，校园周边环境题项，用于了解校园环境是否嘈杂；基础设施题项，用于了解厨

---

① 　向帮华，姚佳胜. 受教育权视角下民族地区校园文化建设研究[J]. 中国人口·资源与环境，2013，23（S2）：492-495.

房、图书室、实验室、舞蹈室或音乐室、美术室、心理辅导室等设施建设的基本情况，包括是否建设有这些教室，教室是否宽敞等；校园文化设施建设题项，用于了解校园里文化壁画、文化挂图、文化雕塑、文化展板、学生文化作品等设施的建设情况。三是课程开设情况方面的题项，包括音乐、美术和体育课程是否有专业出身的教师，以及音乐、美术、体育课程是如何开展教学的。

2. 教师调查问卷的设计

教师调查问卷详见附录 B。教师调查问卷包括三个方面的题项：基本信息、教师专业发展和校园文化建设。

（1）基本信息方面的题项。此类题项用于了解教师的基本情况，包括性别、学历、年龄、教授科目、教授年级等。

（2）教师专业发展方面的题项。此类题项参考了经济合作与发展组织（Organization for Economic Cooperation and Development，OECD）开展的教师教学国际调查（Teaching and Learning International Survey，TALIS）项目中关于教师专业发展的问卷设计，从参加教师专业发展活动、获得的教学反馈、教学实践等方面调查教师专业发展的基本情况[1]。①参加教师专业发展活动的题项，用于考察教师参加与专业发展的相关活动的基本情况，包括三个方面的内容：一是询问在过去 12 个月中，是否参加了与教学和课程相关的研讨会、学术研讨会、学习资格认证课程、参观访问、促进教师专业发展的团体，是否进行教育科研活动、指导或观察同行教学活动、阅读专业文献、与同事就教学改革进行对话等，并了解教师受这些活动影响的大小；二是询问参加教师专业发展活动的需求，包括提高自己的学习方法、提升自己的学科教学技能、改善自己的学生评价方法、提升课堂管理能力、提高信息技术教学技能、拓展学科知识、拓展课程方面的知识、提高跨学科教学能力、提升教学和教务等方面的管理能力、提升针对特殊学生的教学能力（如留守儿童）等内容；三是询问阻碍教师参加专业发展活动的因素，包括与工作时间冲突、缺乏激励、因家庭负担没有时间、缺乏机会、领导不支持、价格昂贵等选项。②获得的教学反馈题项，用于考察教师收到教学反馈的频次及对教师的影响。包括两个题目：一是从校领导、教师同事、教学督导、学生家长等处收到的教学反馈次数的多少；二是在过去 12 个月内收到的教学反馈对教师在教学观念、对所教的科目知识的理解、教学能力、教学方法、课堂管理等方面的影响。③教学实践的题项，用于了解教师教学实践活动的开展情况，揭示教师教育教学活动的专业化程度。包括 13 道题目：让学生相信他们能在学业上取得好成绩、帮助学生重视学习、为学生精心设计问题、控制课堂上的破坏性行为、激励学习兴趣低的学生、明确对学生行为的期望、注重培养学生的批判性思维、让学生遵守课堂规则、使捣乱或吵闹的学生平静下来、使用多种评估策略评价学生的学习、能为学生感到困惑的内容提供另一种解释、注重使用不同的教学策略、注重利用信息技术（如计算机、智能手机、互联网等）支持学生学习。

（3）校园文化建设方面题项。该类题项作为教师问卷的补充，用于了解学校校园文化建设的情况，包括所在学校物质文化建设、制度文化建设和精神文化建设等。物质文化建设方面的题项，用于询问教师对校园环境的整体感受、觉得校园环境良好的原因、觉得校园环境

---

① 陈纯槿. 国际比较视域下的教师教学效能感——基于 TALIS 调查数据的实证研究［J］. 全球教育展望，2017，46（4）：11—22，128.

不好的原因、对学校教学设施是否齐全的感受；制度文化建设方面的题项，包括对学校制度是否满意、对学校制度觉得满意的原因、对学校制度觉得不满意的原因、认为本校师生在遵循制度方面的表现；精神文化方面的题项，包括对学校校风的感知、对本校领导组织的满意程度、对本校领导组织满意的原因、对学校领导不满意的原因、学校周边村风和民风对学校的影响感知、对本校学生遵守学校纪律的感知等。

3.学生调查问卷的设计

学生调查问卷详见附录C。学生调查问卷包括四个方面的题项：基本信息、阅读素养、音体美课程学习情况和校园文化建设。第一，基本信息题项，包括学校类型、性别、年级、家庭经济情况、父母学历等。其中学校类型选项有：农村中心校或农村完小、教学点、镇或县城学校、城市学校；家庭经济情况的选项有：很贫困、比较贫困、一般般、比较富有、很富有；父母学历选项有：没上过学、小学、初中、中专或职业中学、高中或职高、大专、大学本科、研究生及以上。第二，阅读素养题项，用于了解小学生的阅读素养。本部分题项依据陈宝铝主编的《小学生阅读素养测试一本通（四年级升级版）》中的测试材料编写而成，包括一篇西班牙作家希梅内斯的作品《自由》以及4道选择题，分别测试学生的信息提取、直接推论、解释文本、反思与评价四个方面的阅读素养①。第三，音体美课程学习情况题项，用于了解音乐、美术和体育课程的教学情况，包括9道题项，分别询问学生音乐、美术和体育课程的开设情况和上课情况，是否觉得自己在这些课程上有收获。第四，校园文化建设题项，从学生角度了解他们对学校校园文化建设的感知，包括物质文化、制度文化、精神文化三个方面的题项。物质文化方面的题项，用于了解学生对校园文化环境及各类设施的满意程度、对校园环境和各类设施满意的原因、对校园环境和各类设施不满意的原因。制度文化方面的题项，用于了解学生对学校管理制度是否满意、对学校制度不满意的原因、对学校管理制度满意的原因、对本校师生在遵循制度方面表现的感知。精神文化方面的题项，包括校风、教风和学风。校风方面的题项，包括对校风整体情况的感知、对学校人际关系整体情况的感知、放学后的主要活动、节假日班级举办文体活动的情况、学生参加各类文体比赛的情况等。教风方面的题项，主要是调查学生对教学风气的感知，其中涉及学生对教师责任心、辅导答疑、对厌学学生的态度、关爱学生、与学生交流沟通、受学生喜爱的程度、讲课是否有激情、与学生互动、课堂氛围、教学方法、对学生的影响程度等方面的感知。学风方面的题项，用于了解学生对班级学习风气的感知，包括学生完成作业情况、遵守纪律的情况、听讲情况、学习氛围、参加校园活动的情况、参加交流讨论的情况等题项。

4.访谈提纲的设计

访谈提纲详见附录D。课题组设计了针对教师和学生的访谈提纲。针对教师的访谈提纲围绕教师基本信息、学校办学基本情况、办学中存在的问题、学校周边情况、学校校园文化建设的基本情况、教学中遇到的困难、学生学习基本情况、教师专业发展、对学生基本情况的感知等方面设置问题。针对学生的访谈提纲从学生基本信息、家庭情况、学习情况、对校园文化方面的感受等方面设置问题。

---

① 陈宝铝.小学生阅读素养测试一本通（四年级升级版）[M].福州：福建科学技术出版社，2021：14-15.

3.1.3　调查范围与对象

课题组于 2017—2019 年期间，通过现场调查和网络调查相结合的方式，采用问卷法和访谈法对湖北、吉林、云南、湖南、四川、重庆等 6 个省（市）的 11 个县（市、区）进行调查，从校园文化建设、教师专业发展、课程开设、学生阅读素养等维度了解这些地区的教学点的基本情况，分析存在的问题。调查基本情况，包括调查县（市、区）、调查方式、调查时间、回收问卷数量等信息，如表 3-1 所示。

表 3-1　课题组于 2017—2019 年在全国各地的调查基本情况

省（市、自治区）	县（市、区）	调查时间/年月	学校问卷数/个	教学点问卷数/个	学生问卷数/个	教学点学生问卷数/个	教师问卷数/个	教学点教师问卷数/个
湖北省	咸安区	2017-5	10	5	354	45	43	12
	崇阳区	2017-1	27	10	524	60	86	34
	恩施市	2019-5	12	5	356	25	46	13
吉林省	长白县	2018-6	8	4	120	12	8	8
云南省	武定县	2017-7	10	4	562	46	55	7
	牟定县	2017-6	12	3	625	18	54	5
	富宁县	2017-6	1	1	62	62	3	2
湖南省	湘乡市	2018-5	5	2	152	32	26	5
四川省	昭觉县	2019-3	15	3	556	62	108	5
	冕宁县	2019-3	10	7	240	84	32	12
重庆市	彭水县	2017-6	2	1	53	16	5	2
总计			112	45	3604	462	466	105

3.2　调查结果分析

3.2.1　农村教学点校园文化建设状况

从物质文化建设、制度文化建设、精神文化建设三个方面对农村教学点校园文化建设进行调查。概括而言，相比农村中心校和城镇学校，农村教学点校园物质文化建设在不断改善，但仍然存在不小的差距。

1. 农村教学点物质文化建设与其他学校相比存在一定的差距

（1）在校园文化设施建设方面，教学点与非教学点存在差距，具体数据如表 3-2 所示。调查表明，教学点在食堂、舞蹈室或音乐室、美术室、心理辅导室、计算机房、多媒体网络教室、文化雕塑等硬件基础设施建设方面均低于非教学点学校。心理辅导室、计算机房等设施建设为 0，实验室建设的比例不足 5%，均远远低于非教学点学校。文化壁画、文化挂图、文化展板的比例较高，但仍然低于非教学点学校。问卷数据与课题组于 2017—2019 年对重庆彭水县、湖北咸安区、湖北崇阳区等地教学点的实地调查的感受结果一致，这些教学点绝大多数只有教师办公室、教室、卫生间等基础设施，文化设施欠缺，大多数只在校园和教室的墙壁上绘制有文化宣传图片或者图画。图 3-1 为课题组于 2017 年在重庆市彭水县某教学点调研期间在校园中拍摄的宣传图画。

表 3-2　农村教学点与其他学校在基础设施和文化设施上的对比　　　　单位：%

项目	具体设施名称	农村教学点建设比例	非教学点学校建设比例
基础设施	①食堂	13.3	98.5
	②图书室	44.4	100
	③实验室	4.4	94
	④舞蹈室或音乐室	13.3	95.5
	⑤美术室	13.3	89.5
	⑥心理辅导室	0	17.9
	⑦计算机房	0	89.5
	⑧多媒体网络教室	77.8	100
文化设施	①文化壁画	88.8	100
	②文化挂图	93.3	100
	③文化雕塑	8.9	92.5
	④文化展板	77.8	100

注：教学点数 45 个，非教学点学校数 67 个。

图 3-1　重庆市彭水县某教学点校园文化壁画

（2）在对校园环境的满意度方面，教学点与非教学点存在差距。对教师的调查显示，与非教学点教师相比，教学点教师对校园环境的满意度相对较低，而不满意的程度则较高。

表 3-3 以及表 3-4 所示为农村教学点与其他学校教师对校园环境满意情况的对比。在 105 份农村教学点教师问卷中，对校园环境满意的人数为 68 人，占比 64.76%，不满意的人

数为 27 人，占比 25.71%。而在 466 份农村中心校和城镇学校教师问卷中，选择满意和不满意的人数分别为 386 人和 68 人，占比分别为 82.83% 和 14.59%。

表 3-3　农村教学点与其他学校教师对校园环境满意情况对比　　单位：%

满意的理由	教学点教师（68 人满意）	非教学点教师（386 人满意）
①布局合理	64.76	82.83
②干净整洁	59.04	82.83
③环境幽雅	64.76	74.03
④基础设施齐全	23.81	76.39
⑤空间宽敞	22.86	68.67
⑥人文气息浓厚	20.00	66.52

注：教学教师 105 人，非教学点教师 361 人。该题目 3 个选项（满意、不确定、不满意），未计入统计表中的教师选择了"不确定"。

表 3-4 所示为农村教学点与其他学校教师对校园环境不满意情况的对比。调查数据显示，教学点教师对校园环境不满意的原因主要集中在校园基础设施不齐全、校园空间不够宽敞、校园杂乱、校园人文气息不足等方面。

表 3-4　农村教学点与其他学校教师对校园环境不满意情况对比　　单位：%

不满意的理由	教学点教师（27 人不满意）	非教学点教师（68 人不满意）
①布局和设施没有体现农村特色	19.04	14.59
②校园杂乱	25.71	14.59
③校园周边环境影响不好	11.43	13.52
④基础设施不齐全	25.71	13.30
⑤空间不够宽敞	25.71	12.45
⑥人文气息不足	23.81	9.66

注：教学点教师 105 人，非教学点教师 361 人。该题目 3 个选项（满意、不确定、不满意），未计入统计表中的教师选择了"不确定"。

表 3-5 和表 3-6 所示为学生对校园环境满意和不满意情况的调查。数据表明，农村教学点学生对校园环境的满意程度要低于非教学点学校学生。在 462 份农村教学点学生问卷中，对校园环境满意的人数为 330 人，占比 71.43%，不满意的人数为 27 人，占比 5.84%。而在 3142 份农村中心校和城镇学校学生问卷中，选择满意和不满意的人数分别为 2890 人和 150 人，占比分别为 91.98% 和 4.77%。从表 3-5 的数据可以看出，教学点学生对校园的建筑设施布局、校园干净整洁、环境幽雅、基础设施齐全等方面的满意程度要低于非教学点学生，尤其是基础设施齐全方面的满意度，不足 3%。而学生对校园环境不满意的原因也主要集中在校园杂乱、基础设施和设备陈旧等方面。

表 3-5　农村教学点与其他学校学生对校园环境满意情况对比　　　　单位：%

满意的理由	教学点学生（330 人满意）	非教学点学生（2890 人满意）
①校园建筑和设施布局合理	68.18	91.98
②校园干净整洁	69.26	91.98
③校园环境幽雅	71.43	89.40
④各种基础设施齐全（食堂、厕所、运动场、舞蹈室、音乐室、计算机房）	2.81	86.60

注：教学点学生 462 人，非教学点学生 3142 人。该题目 3 个选项（满意、不确定、不满意），未计入统计表中的学生选择了"不确定"（表 3-6 同）。

表 3-6　农村教学点与其他学校学生对校园环境不满意情况对比　　　　单位：%

不满意的理由	教学点学生（27 人不满意）	非教学点学生（150 人不满意）
①教室太拥挤	0.65	4.77
②校园杂乱，卫生较差	5.84	4.77
③校园建筑和各种设备陈旧	5.84	4.46
④体育场地和器材不够用	4.33	4.39
⑤音乐教室和器材不够用	5.84	4.71
总体	5.84	4.77

2. 农村教学点制度文化建设与其他学校相比存在差距

对制度文化建设的调查包括教师数据和学生数据。对教师的调查数据表明，农村教学点教师对学校制度文化的满意程度要低于非教学点教师。如表 3-7 所示，42.86%的教学点教师认为"学校制度比较人性化、合情合理"，远低于非教学点对应的 70.91%的比例；53.33%的教学点教师认为"学校制度比较规范、齐全"，远低于非教学点对应的 79.22%的比例；40.00%的教学点教师认为学校"制度被严格、公正地执行"，也远低于非教学点对应的 79.22%的比例。

表 3-8 为农村教学点与其他学校教师对学校制度不满意情况的对比，数据显示：36.19%的教学点教师认为"学校制度缺乏人性化、形式主义严重"，高于非教学点对应的 18.83%的比例；30.48%的教师认为"管理制度自相矛盾"，也要高于非教学点对应的 18.01%的比例；22.86%的教师认为"管理制度老化，不适合当前形势"，高于非教学点对应的 9.97%的比例；36.19%的教师认为"制度没有被很好地执行，领导说了算"，高于非教学点学校对应的 18.56%的比例。

表 3-7　农村教学点与其他学校教师对学校制度满意情况对比　　　　单位：%

满意的理由	教学点老师 105 人（56 人满意）	非教学点学校老师 361 人（286 人满意）
①制度比较人性化、合情合理	42.86	70.91
②制度比较规范、齐全	53.33	79.22
③学校制度被严格、公正地执行	40.00	67.31
总体	53.33	79.22

表 3-8　农村教学点与其他学校教师对学校制度不满意情况对比　　　　单位：%

不满意的理由	教学点老师 105 人 （38 人不满意）	非教学点学校老师 361 人 （68 人不满意）
①制度缺乏人性化、形式主义严重	36.19	18.83
②管理制度自相矛盾	30.48	18.01
③管理制度老化，不适合当前形势	22.86	9.97
④制度没有被很好地执行，领导说了算	36.19	18.56
总体	36.19	18.83

学生对学校制度满意和不满意情况的调查如表 3-9 和 3-10 所示。与教师数据不同，农村教学点学生对学校满意情况的数据与非教学点学生比较接近，但仍然低于非教学点学生。如教学点学生对"制度比较人性化、合情合理"的满意比例为 80.74%，低于非教学点对应的 82.11% 的比例；教学点学生认为"制度比较规范、齐全"的比例为 60.17%，低于非教学点对应的 85.61% 的比例；教学点学生认为"学校制度被严格、公正地执行"的比例为 67.53%，低于非教学点对应的 80.84% 的比例。学生对学校制度不满意方面，认为学校"制度缺乏人性化、形式主义严重"的学生比例为 17.10，高于非教学点对应的 12.16% 的比例；认为"管理制度自相矛盾"的比例为 14.07%，高于非教学点对应的 7.64% 的比例；认为"制度没有被很好地执行，老师说了算"的比例为 17.10%，高于非教学点对应的 12.16% 的比例。但教学点学生认为"管理制度老化，不适合当前形势"的比例为 7.58%，低于非教学点对应的 11.14% 的比例。这可能与教学点学生接触外界信息比较少，对制度是否适合当前形势难以作出判断有一定的关系。

表 3-9　农村教学点与其他学校学生对学校制度满意情况对比　　　　单位：%

满意的理由	教学点学生 462 人 （373 人满意）	非教学点学校学生 3142 人 （2690 人满意）
①制度比较人性化、合情合理	80.74	82.11
②制度比较规范、齐全	60.17	85.61
③学校制度被严格、公正地执行	67.53	80.84
总体	80.74	85.61

表 3-10　农村教学点与其他学校学生对学校制度不满意情况对比　　　　单位：%

不满意的理由	教学点学生 462 人 （79 人不满意）	非教学点学校学生 3142 人 （382 人不满意）
①制度缺乏人性化、形式主义严重	17.10	12.16
②管理制度自相矛盾	14.07	7.64
③管理制度老化，不适合当前的形势	7.58	11.14
④制度没有很好地执行，老师说了算	17.10	12.16
总体	17.10	12.16

3. 农村教学点精神文化建设与其他学校相比存在差异

精神文化建设方面的调查主要围绕教师和学生对校风、教风和学风的感知展开。

（1）教师对校风的感知。

教师对校风的感知调查包括两方面的题项，一是教师对校风的感知，二是教师对学校领导组织满意和不满意情况的调查。

对校风的感知调查结果如表 3-11 所示，农村教学点校风整体上好于非教学点学校。农村教学点教师认为学校校风总体较好的比例为 87.62%，高于非教学点对应的 82.55% 的比例。而农村教学点教师认为校风总体"不太好"和"一般般"的比例分别为 2.86% 和 9.52%，两者都低于非教学点对应 3.60% 和 13.85% 的比例。这可能是因为农村教学点一般是 1~4 年级，学生年龄都较小，且学生相对比较单纯。但教学点教师认为学校周边村风、民风对学校"产生了不利的影响"的比例为 9.53%，高于非教学点对应的 6.93% 的比例；而认为"产生了好的影响"的比例为 37.14%，也要高于非教学点对应的 36.29% 的比例，这表明农村教学点与其所在村庄的接触更多，好的风气和不良的风气对教学点都会有更大的影响。农村教学点教师认为本校学生遵守纪律的情况要好于非教学点，认为"所有同学都能遵守学校纪律"的比例为 23.81%，高于非教学点对应的 19.94% 的比例，认为大部分同学不遵守纪律，少部分遵守的比例为 3.81%，与非教学点对应的 3.60% 的比例大致相当。

表 3-11　农村教学点与其他学校教师对校风感知情况对比　　　　单位：%

题项	选项	教学点老师 105 人	非教学点学校老师 361 人
校风总体情况	①不太好	2.86	3.60
	②一般般	9.52	13.85
	③比较好	87.62	82.55
您觉得学校周边的村风、民风对学校的影响如何	①产生了不利的影响	9.53	6.93
	②没有影响	53.33	56.79
	③产生了好的影响	37.14	36.29
您觉得本校学生遵守学校纪律的总体情况是	①所有同学都能遵守学校纪律	23.81	19.94
	②大部分同学都能遵守学校纪律，少部分同学不遵守	72.38	76.45
	③大部分同学不遵守学校纪律，少部分同学遵守	3.81	3.60
	④所有同学都不遵守纪律	0	0

对学校领导组织满意情况的调查结果如表 3-12 所示，总体上，农村教学点教师对学校领导组织的满意程度低于非教学点教师，这表明农村教学点在学校领导组织建设方面与非教学点存在一定的差距。如，65.71% 的教师认为学校"比较团结"，低于非教学点对应的 74.52% 的比例；65.71% 的教师认为学校领导组"一心为公"，也低于非教学点对应的 73.13% 的比例；40.00% 的教师认为学校领导组"能干、有效率"，也低于非教学点对应的 70.91% 的比例；61.90% 的教师认为学校"氛围和谐"，同样低于非教学点对应的 70.36% 的比例。

　　与满意情况调查相对应的不满意情况的调查结果如表 3-13 所示,农村教学点教师对学校和组织满意的比例,在各项数据上均低于非教学点教师的数据。如,认为学校组织"不团结"的比例为 15.24%,高于非教学点对应的 12.47% 的比例;认为学校领导组织"存在以权谋私现象"的比例为 14.29%,高于非教学点对应的 12.47% 的比例;认为学校领导组织"领导力不足"的比例为 15.24%,高于非教学点对应的 11.08% 的比例;认为"领导独断专行"的比例为 15.24%,高于非教学点对应的 12.47% 的比例。教学点方面仅在教师认为"外行领导内行"这一项上的比例低于非教学点,4.76% 的教学点教师认为学校是"外行领导内行",而非教学点对应的比例是 7.76%。

表 3-12　农村教学点与其他学校教师对学校领导组织满意情况对比　　单位:%

满意的理由	教学点老师 105 人(69 人满意)	非教学点学校老师 361 人(269 人满意)
①比较团结	65.71	74.52
②一心为公	65.71	73.13
③能干、有效率	40.00	70.91
④氛围和谐	61.90	70.36
总体	65.71	74.52

表 3-13　农村教学点与其他学校教师对学校领导组织不满意情况对比　　单位:%

不满意的理由	教学点老师 105 人(16 人不满意)	非教学点学校老师 361 人(45 人不满意)
①不团结	15.24	12.47
②存在以权谋私的现象	14.29	12.47
③领导力不足	15.24	11.08
④外行领导内行	4.76	7.76
⑤领导独断专行	15.24	12.47
总体	15.24	12.47

　　(2)学生对校风的感知。

　　学生对校风的感知调查结果如表 3-14 所示,题项包括学生对校风和人际关系的感知、课后活动情况、参加文艺活动的情况。学生对校风总体情况的感知在教学点和非教学点两类对象中的差别并不大,教学点校风略好于非教学点校风。认为"校风较好"的教学点学生比例是 81.4%,略高于非教学点对应的 78.9% 的比例;认为"校风不太好"的教学点学生比例为 1.7%,略低于非教学点对应的 3.2% 的比例。教学点和非教学点学生认为"学校人际关系比较好"的比例分别为 79.2% 和 80.1%,两项数据相差无几;教学点和非教学点学生认为"学校关系不太好"的比例分别为 1.3% 和 3.2%,教学点的数据低于非教学点,但相差并不大。教学点和非教学点学生参加课后活动和校外参加文艺活动的情况则有较大差异,教学点学生在艺术、体育、阅读、科技等方面的活动比例明显小于非教学点学生。如,教学点和非教学点学生课后参加音乐美术类活动的比例分别为 33.8% 和 71.7%,参加体育活动的比例分别为

45.5%和76.4%，参加读书活动的比例分别为31.6%和62.0%，参加科技活动的比例分别为1.1%和4.8%；教学点和非教学点学生所在班级或学校在举办文体活动方面也存在差距。在举办文体活动方面，教学点和非教学点学生选择"从不"的比例分别为2.6%和0.8%，选择"很少"的比例分别为39.4%和26.2%，选择"有时"的比例分别为50.9%和38.3%，这表明教学点学校在举办文体活动方面相比非教学点学校要少。在学校或者班级举办的文体活动类型方面，教学点和非教学点学生选择"朗诵"的比例分别为97.4%和87.7%，选择"体育运动"的比例均为100%，选择"合唱"的比例分别为32.5%和87.3%，选择"演讲"的比例分别为8.6%和79.5%，选择"书画比赛"的比例均为100%，选择"文艺演出"的比例分别为77.7%和95.9%，选择"主持"的比例分别为68.6%和89.9%。总体而言，教学点文体活动的类型相对单一，丰富和多样化程度不如非教学点学校。但教学点学生在帮助家里干活上的比例则要高于非教学点学生，教学点和非教学点学生在此项上的比例分别是87.0%和79.6%。教学点和非教学点学校学生在课后回家做作业和自由玩耍上的比例相同或者接近，做作业的比例都达到了100%，自由玩耍的比例则分别是96.5%和95.6%。学生参加各种才艺比赛，如朗诵、音乐、舞蹈比赛方面，教学点和非教学点学生从未参加的比例分别为38.5%和11.3%，很少参加的比例分别为20.1%和20.1%，经常参加的比例分别为12.8%和29.3%，参加次数很多的比例分别为2.2%和6.1%。显然，教学点学生在参加这些比赛方面的比例远低于非教学点学生。

表3-14　教学点和非教学点学生对校风感知情况调查　　　　单位：%

题项	选项	教学点学生	非教学点学生
校风总体情况(单选)	①不太好	1.7	3.2
	②一般	16.9	17.9
	③比较好	81.4	78.9
你认为学校人际关系整体情况如何(单选)	①不太好	1.3	3.2
	②一般	19.5	16.7
	③比较好	79.2	80.1
每天放学后，你通常有哪些活动(多选)	①音乐美术类活动	33.8	71.7
	②体育活动	45.5	76.4
	③读书活动	31.6	62.0
	④科技活动	1.1	4.8
	⑤帮家里干活	87.0	79.6
	⑥自由玩耍	96.5	95.6
	⑦做作业	100	100
你所在班级或学校是否经常举行文体活动(单选)	①从不	2.6	0.8
	②很少	39.4	26.2
	③有时	50.9	38.3
	④经常	7.1	34.8

续表3-14

题项	选项	教学点学生	非教学点学生
学校或者班级举办的文体活动，类型有哪些(多选)	①朗诵	97.4	87.7
	②体育运动	100	100
	③合唱	32.5	87.3
	④演讲	8.6	79.5
	⑤书画比赛	100	100
	⑥文艺演出	77.7	95.9
	⑦主持	68.6	89.9
你是否经常参加各种才艺比赛，如朗诵、音乐、舞蹈比赛(单选)	①从来没参加过	38.5	11.3
	②很少	20.1	20.1
	③一般	26.4	33.2
	④经常	12.8	29.3
	⑤很多	2.2	6.1

（3）学生对教风的感知。

学生对教风的感知调查题项主要围绕学生对教师教学责任心、对学生辅导和答疑、对学生的关爱等方面的感知展开，具体如表3-15所示。数据表明，教学点学生在教师对教学的责任心、教师在关爱学生方面的表现、教师与学生交流沟通方面的表现、教师受学生喜欢的程度、课堂氛围、教师对学生的影响程度等几个题项上选择"好"的比例要高于非教学点学生。国外有研究表明，班级人数少更容易形成良好的氛围，教师和学生之间的交流更多，更有利于提升学生认知水平[①]。教学点通常学生人数较少，学生有更多的机会和教师交流，更能够感受到老师对自己的关心，受教师的影响更大。但教学点学生在教师对学生辅导和答疑、教师的讲课激情、教师和学生课堂互动的情况、教师的教学方法等选项上选择"好"的比例要低于非教学点学生，这说明教学点教师在教学方法、课堂上与学生的互动方面与非教学点教师存在一定差距。

表 3-15　教学点和非教学点学生对教风感知情况调查　　　单位：%

题项(单选)	教学点学生				非教学点学生			
	好	较好	一般	差	好	较好	一般	差
教师对教学的责任心	29.4	39.6	21.2	9.7	27.1	36.8	25.1	11.0
教师对学生的答疑、辅导	24.5	32.0	33.5	10.0	26.8	38.6	24.3	10.3
教师在关爱学生方面的表现	39.4	39.6	14.1	6.9	29.8	40.6	21.3	8.3

---

① Aikman S, EL Haj H. EFA for pastoralists in North Sudan: a mobile multigrade model of schooling [M] //Education for all and multigrade teaching. Dordrecht: Springer, 2006: 193-213.

续表3-15

题项（单选）	教学点学生				非教学点学生			
	好	较好	一般	差	好	较好	一般	差
教师在与学生交流沟通方面的表现	41.1	37.9	16.0	5.0	28.7	41.4	22.7	7.2
教师受学生喜欢的程度	41.1	37.9	16.0	5.0	28.7	41.4	22.7	7.2
教师的讲课激情	24.9	30.1	27.3	17.7	26.2	37.8	24.8	11.2
教师和学生课堂互动的情况	26.2	34.0	29.0	10.8	31.0	34.2	24.6	10.2
课堂氛围	31.8	35.5	18.2	14.5	27.2	36.1	27.5	9.2
教师的教学方法	19.3	26.4	42.2	12.1	25.3	33.2	27.8	13.7
教师对学生的影响程度	33.8	35.7	22.7	7.8	31.7	40.9	24.2	3.1

（4）学生对学风的感知。

学生对学风的感知调查结果如表3-16所示。从数据结果看，教学点学生认为本班学生在遵守上课纪律、上课听讲、班上的学习氛围等方面"表现好"的比例要高于非教学点学生，在作业完成情况上也与非教学点学生相当。但教学点学生认为自己在参与校园活动、参与交流讨论方面"表现好"和"较好"的比例要低于非教学点学生。这说明教学点学生更倾向于遵守课堂纪律、好好听老师讲课，在积极参与交流讨论和校园活动方面则比非教学点学生更加保守。

表3-16　教学点和非教学点学生对教风感知情况调查　　　　　单位：%

题项（单选）	教学点学生				非教学点学生			
	好	较好	一般	差	好	较好	一般	差
学生完成作业的情况	33.1	36.8	21.9	8.2	33.2	38.8	23.1	4.9
学生上课遵守纪律的情况	41.8	39.0	13.2	6.1	36.8	34.3	25.5	3.4
学生上课听讲的情况	46.8	41.6	6.7	5.0	36.5	34.9	25.0	3.6
班上的学习氛围	45.0	40.9	10.6	3.5	36.8	32.5	27.2	3.5
学生参加校园活动的情况	37.9	31.4	16.9	13.8	43.5	35.1	17.7	3.7
学生参加交流讨论的情况	23.4	26.0	34.2	16.5	39.6	34.9	13.5	12.1

综上，教学点在精神文化建设方面与其他学校相比存在差异，整体上教学点并不比非教学点落后，但在不同维度上表现各异。特殊的环境导致教学点更容易受周边村庄风气的影响，教学点在管理者能力、教师的教学方法等方面与其他学校存在差距，但教师和学生之间的交流和沟通更加频繁，学习风气并不比非教学点差，但学生更倾向于保守，在参加各类文体活动方面的机会要少于非教学点学生，这在一定程度上限制了教学点学生综合素质的全面提高。

3.2.2　农村教学点音体美课程开设情况

1.农村教学点音乐课程开设情况。

对音乐课程开设情况的调查如表 3-17 所示。主要题项包括学生对音乐课程是否正常上课的感知、音乐课程上课内容的感知、上音乐课是否有收获的感知等。总体而言，农村教学点音乐课程在正常上课程度、上课内容的丰富性、学生上课收获方面的感知情况不如非教学点学校。

在音乐课程是否正常上课方面，调查结果显示，教学点在音乐课程开设方面的情况不如非教学点。有 2.6% 的教学点学生选择"没有开设音乐课"，高于非教学点对应的 0.3% 的比例；有 33.8% 的教学点学生选择"音乐课经常被其他课程占用"，也高于非教学点对应的 22.4% 的比例；有 37.7% 的教学点学生认为"音乐课偶尔被其他课占用"，低于非教学点对应的 37.9% 的比例；有 26% 的教学点学生选择"音乐课完全按照课表正常上课"，低于非教学点对应的 37.9% 的比例。

在对音乐课上课内容的感知方面，调查结果显示，教学点在上课的专业性以及课程内容的丰富性方面要弱于非教学点学校。教学点学生选择"没有上过音乐课"的比例为 2.6%，高于非教学点对应的 0.3% 的比例；选择"跟着老师学习乐理、乐器、唱歌"的教学点学生有 72.9%，低于非教学点对应的 88.3% 的比例，而选择"只跟着电脑播放歌曲学唱歌"的教学点学生有 18.6%，高于非教学点对应的 9.1% 的比例。这说明教学点在音乐课教学中，教师播放电脑音乐而非教学生学习乐理、乐器和唱歌的比例要比非教学点高，这显然与教学点音乐专业出身的教师比例较小有直接的关系。

在学生上音乐的收获感知方面，教学点学生认为"什么也没有学到"的比例为 3.0%，要高于非教学点对应的 1.1% 的比例；"学会了唱歌"的比例为 92.0%，低于非教学点对应的 97.9% 的比例；"学会了乐理知识"的比例为 65.8%，低于非教学点对应的 81.6% 的比例；"学会了使用某种乐器"的比例是 47.6%，低于非教学点对应的 74.5% 的比例。这说明教学点在音乐教学效果方面要弱于非教学点学校。

表 3-17　教学点和非教学点音乐课程开设情况的调查　　　　　单位：%

题项	选项	教学点学生	非教学点学生
音乐课开设情况如何(单选)	①没有开设	2.6	0.3
	②经常被其他课程占用	33.8	22.4
	③偶尔被其他课占用	37.7	39.4
	④完全按照课表正常上课	26.0	37.9
音乐课是如何上的(单选)	①没有上过音乐课	2.6	0.3
	②跟着老师学习乐理、乐器、唱歌等	72.9	88.3
	③只跟着电脑播放的歌曲学习唱歌	18.6	9.1
	④只看电影、文艺节目	5.8	2.2
上音乐课有什么收获(多选题)	①什么也没学会	3.0	1.1
	②学会了唱歌	92.0	97.9
	③学会了乐理知识(节拍、简谱等)	65.8	81.6
	④学会了使用某种乐器	47.6	74.5

2. 农村教学点美术课程开设情况

对美术课程开设情况的调查如表 3-18 所示。主要题项包括学生对美术课程是否正常上课的感知、美术课程上课内容的感知、上美术课是否有收获的感知等。总体而言，农村教学点美术课程在正常上课程度、上课内容的丰富性、学生上课收获方面的感知情况不如非教学点学校。

在美术课是否正常上课方面，选择"没有开设"的教学点和非教学点学生的比例分别为 1.9% 和 0.3%，教学点没有正常开设的比例高于非教学点；教学点学生选择"经常被其他课程占用"和"偶尔被其他课程占用"的比例分别为 30.3% 和 37.0%，两者之和高于非教学点对应的 22.1% 和 42.8% 的比例之和，但相差不大；教学点"完全按照课表正常上课"的比例为 30.7%，低于非教学点对应的 34.8% 的比例。

在美术课上课内容方面，教学点在内容的专业性以及课程内容的丰富性上与非教学点学校存在一定的差距。教学点和非教学点学生选择"没有上过美术课"的比例分别为 1.9% 和 0.3%，教学点的比例高于非教学点；选择"跟着老师学习水彩画、配色、素描、构图、手工等内容"的比例分别为 54.8% 和 88.3%，教学点的比例远低于非教学点；选择"对照实物和卡片画画"的比例分别为 41.8% 和 9.5%，教学点的比例远高于非教学点；选择"看电影和文艺节目"的比例分别为 1.5% 和 2.0%，教学点的比例低于非教学点。

在学生上美术课的收获感知方面，教学点学生认为"什么也没有学到"的比例为 2.8%，高于非教学点学生对应的 1.1% 的比例；在"学会了画简单物体、学会了水彩画、学会了素描画、学会了配色、学会了构图、学会了做手工"等选项上，教学点学生认为学会了的比例均低于非教学点学生。这表明在美术课程的教学质量方面，教学点要落后于非教学点。

表 3-18　教学点和非教学点美术课程开设情况调查　　　　　单位：%

题项	选项	教学点学生	非教学点学生
美术课开设情况如何（单选）	①没有开设	1.9	0.3
	②经常被其他课程占用	30.3	22.1
	③偶尔被其他课占用	37.0	42.8
	④完全按照课表正常上课	30.7	34.8
美术课是如何上的（单选）	①没有上过美术课	1.9	0.3
	②跟着老师学习水彩画、配色、素描、构图、手工等	54.8	88.3
	③对照实物和卡片画画	41.8	9.5
	④看电影、文艺节目	1.5	2.0
美术课有什么收获（多选题）	①什么也没有学到	2.8	1.1
	②学会了画简单的物体	86.1	96.7
	③学会了水彩画	51.1	81.6
	④学会了素描画	18.4	42.6
	⑤学会了配色	8.4	11.3
	⑥学会了构图	6.7	7.2
	⑦学会了做手工	77.1	81.5

3. 农村教学点体育课程开设情况

对体育课程开设情况的调查如表 3–19 所示。主要题项包括学生对体育课程是否正常上课的感知、体育课程上课内容的感知、上体育课是否有收获的感知等。总体而言，农村教学点体育课程在正常上课程度、上课内容的丰富性、学生上课收获方面的感知情况不如非教学点学校。

在体育课是否正常上课方面，选择"没有开设"的教学点和非教学点学生比例均为 0%；教学点学生选择"体育课程经常被其他课程占用"和"偶尔被其他课程占用"的比例分别为 34.2 和 19.9，两者之和高于非教学点学生对应的 19.9% 和 23.0% 的比例之和；教学点"完全按照课表正常上课"的比例为 27.7%，低于非教学点对应的 57.1% 的比例。

在体育课上课内容方面，教学点在内容的专业性以及课程内容的丰富性上与非教学点学校存在一定的差距。教学点和非教学点学生选择"没有上过体育课"的比例均为 0，与没有开设题项调查的结果一致；选择"跟着老师学习球类、武术、跳绳、广播体操等运动"的比例分别为 86.8% 和 94.7%，教学点的比例低于非教学点；选择"自己拿着体育器材玩"的比例分别为 13.3% 和 5.3%，教学点的比例高于非教学点。

在学生上体育课的收获感知方面，教学点学生认为"什么也没有学到"的比例为 0，与非教学点数据一致；教学点学生认为"学会了打乒乓球、学会了打羽毛球、学会了打篮球、学会了踢足球、学会了跳绳、锻炼了身体、锻炼了意志力"等方面的数据均低于非教学点学生。这表明在体育课程的教学质量方面，教学点要落后于非教学点。值得注意的是，教学点学生认为"学会了跳绳"的比例达到 93.3%，远高于其他类型的体育活动。这可能是因为跳绳使用的器材以及运动技术相对比较简单，容易为学生所掌握。

表 3–19　教学点和非教学点体育课程开设情况调查　　　　单位：%

题项	选项	教学点学生	非教学点学生
体育课开设情况如何（单选）	①没有开设	0.0	0.0
	②经常被其他课程占用	34.2	19.9
	③偶尔被其他课占用	38.1	23.0
	④完全按照课表正常上课	27.7	57.1
体育课是如何上的（单选）	A. 没有上过体育课	0	0
	B. 跟着老师学习球类、武术、跳绳、广播体操等运动	86.8	94.7
	C. 学生自己拿着体育器材玩	13.2	5.3
体育课有什么收获（多选题）	A. 什么也没有学到	0.0	0.0
	B. 学会了打乒乓球	55.8	61.6
	C. 学会了打羽毛球	57.6	60.1
	D. 学会了打篮球	59.5	63.2
	E. 学会了踢足球	56.1	69.7
	F. 学会了跳绳	93.3	97.4
	F. 锻炼了身体	83.5	87.4
	G. 锻炼了意志力	62.6	92.1

3.2.3　农村教学点教师专业发展状况

对农村教学点教师专业发展状况的调查，从五个方面展开，并将教学点教师的数据与非教学点教师进行对比，以更好地揭示农村教学点教师专业发展的状况。

1. 农村教学点教师参加教师专业发展活动的情况

对教师参加专业发展活动的调查情况如表 3-20 所示，调查的题项主要围绕过去一年参加促进教师专业发展的活动情况以及受到的影响，比如，与教学和课程相关的研讨会、学术研究会、学习资格认证课程以及参加这些活动受到的影响。总体而言，农村教学点在参加影响其专业发展的活动方面的比例比非教学点教师要低，受到的影响总体上也弱于非教学点教师。这表明农村教学点教师受学校环境的影响，在实现专业发展方面受到比非教学点教师更大的限制。

参加活动方面的调查结果显示，农村教学点教师在大部分促进教师专业发展活动的参与方面均远远少于非教学点教师。①教学点教师在过去 1 年参加与教学和课程相关的研讨会的比例为 26.7%，低于非教学点教师对应的 34.1% 的比例；②教学点教师在过去 1 年参加教育教学方面的学术研讨会的比例为 0%，低于非教学点教师对应的 3.3% 的比例；③教学点教师在过去 1 年对其他学校进行观察访问的比例为 11.4%，低于非教学点教师对应的 15.5% 的比例；④教学点教师在过去 1 年参加名师工作室之类的教师团体的比例为 13.3%，低于非教学点教师对应的 21.6% 的比例；⑤教学点教师过去 1 年就专业感兴趣的教育主题进行研究的比例为 9.5%，低于非教学点教师对应的 13.3% 的比例；⑥教学点教师在过去 1 年指导或观察同行教学活动的比例为 53.3%，低于非教学点教师对应的 83.7% 的比例；⑦教学点教师在过去 1 年与同事就如何改进教学进行对话的比例为 71.4%，低于非教学点教师对应的 79.2% 的比例。但教学点教师在两项数据上高于非教学点教师，一项是过去 1 年是否参加学习资格认证课程，另一项是过去 1 年是否阅读专业文献。课题组通过对教育局的访谈和对教师的访谈了解到，部分地区(如湖北咸安)为解决农村教学点师资配置问题，会优先将新入职的年轻教师派往教学点，而其中有一部分年轻教师正在就读硕士研究生，这提高了教学点教师在这两项上的比例。

同样，在所参加的教师专业发展活动对教师的影响方面，教学点教师在上述大部分活动中受到的影响也要小于非教学点教师。①过去 1 年参加与教学和课程相关的研讨会这一项上，教学点教师选择"没有影响"和"影响较小"的比例分别为 73.3% 和 9.5%，两者之和高于非教学点教师对应的 65.9% 和 15.5% 的比例之和；②过去 1 年对其他学校进行观察访问这一项上，教学点教师选择"没有受到影响"的比例为 88.6%，高于非教学点教师对应的 84.5% 的比例，而教学点教师选择"影响较大"和"有一定影响"的比例分别为 2.9% 和 1.9%，两项之和为 4.8%，低于非教学点教师对应的两项之和(5.8%)；③过去 1 年参与旨在促进教师专业发展的教师团体这一项上，教学点教师选择"没有影响"的比例为 86.7%，高于非教学点教师对应的 78.4%，而教学点教师选择"有一定影响"和"影响较大"的比例分别为 2.9% 和 8.6%，两项数据分别低于非教学点教师对应的 6.9% 和 11.4%；④过去 1 年就您专业感兴趣的教育主题进行研究这一选项上，教学点教师选择"没有受到影响"的比例为 90.5%，高于非教学点教师对应的 86.7%，选择"有一定影响"和"没有影响"的教学点教师比例分别为 2.9% 和 5.7%，分别低于非教学点教师对应的 4.2% 和 6.4%。⑤过去 1 年中指导或观察同行的教学活动这一选项上，教学点教师选择"没有影响"的比例为 53.3%，远高于非教学点教师对应的 18.8%，而教学点教师选择"有一定影响"和"影响较大"的比例分别为 19.0% 和 5.7%，分别低于非教学点教师对应的 26.3% 和 30.2%。

但教学点教师在三项数据上与非教学点教师的数据比较接近甚至更高：一是在过去 1 年参加学习资格认证课程方面受到的影响与非教学点教师比较接近，78.1% 和 12.4% 的教学点教师分别选择"没有影响"和"影响较小"，与非教学点教师对应的数据 78.7% 和 10.5% 接近，而教学点教师选择"有一定的影响"和"影响较大"的比例分别为 3.8% 和 5.7%，稍低于非教学点教师对应的比例 4.2% 和 6.6%。二是过去 1 年中阅读专业文献受到的影响方面，教学点教师选择"没有影响"和"影响较小"的比例分别为 76.2% 和 11.4%，与非教学点教师对应的比例 77.6% 和 8.9% 接近；教学点教师选择"有一定的影响"和"影响较大"的比例分别为 7.6% 和 4.8%，两者之和与非教学点教师 11.6% 和 1.9% 的比例之和也比较接近。三是过去 1 年中是否与同事就如何改进教学进行对话对教师的影响，有 49.5% 和 30.5% 的教学点教师分别选择"没有影响"和"影响较小"，与非教学点教师对应的数据 48.5% 和 31.3% 接近；教学点教师选择"有一定的影响"和"没有影响"的比例分别为 14.3% 和 5.7%，也与非教学点教师对应的数据 15.5% 和 4.7% 接近。

表 3-20　教学点和非教学点教师参加专业发展活动情况的调查　　　　单位：%

题项	教师类型	是否参加		受到的影响			
		是	否	没有影响	影响较小	有一定的影响	影响较大
过去 1 年是否参加与教学和课程相关的研讨会	教学点教师	26.7	73.3	73.3	9.5	15.2	1.9
	非教学点教师	34.1	65.9	65.9	15.5	16.6	1.9
过去 1 年是否参加教育教学方面的学术研讨会	教学点教师	0	100	10	0	0	0
	非教学点教师	3.3	96.7	73.3	73.3	73.3	73.3
过去 1 年是否参加学习资格认证课程(如学位课程)	教学点教师	21.9	78.1	78.1	12.4	3.8	5.7
	非教学点教师	18.3	81.7	78.7	10.5	4.2	6.6
过去 1 年是否对其他学校进行观察访问	教学点教师	11.4	88.6	88.6	6.7	2.9	1.9
	非教学点教师	15.5	84.5	84.5	9.7	3.3	2.5
过去 1 年是否参与旨在促进教师专业发展的教师团体, 如名师工作室	教学点教师	13.3	86.7	86.7	1.9	2.9	8.6
	非教学点教师	21.6	78.4	78.4	3.3	6.9	11.4
过去 1 年是否就您专业感兴趣的教育主题进行研究	教学点教师	9.5	90.5	90.5	1.0	2.9	5.7
	非教学点教师	13.3	86.7	86.7	2.8	4.2	6.4

续表3-20

题项	教师类型	是否参加		受到的影响			
		是	否	没有影响	影响较小	有一定的影响	影响较大
过去1年是否指导或观察同行的教学活动	教学点教师	53.3	46.7	53.3	21.9	19.0	5.7
	非教学点教师	83.7	16.3	18.8	24.7	26.3	30.2
过去1年是否阅读专业文献(如期刊、学位论文、调查报告)	教学点教师	27.6	72.4	76.2	11.4	7.6	4.8
	非教学点教师	24.1	75.9	77.6	8.9	11.6	1.9
过去1年是否与同事就如何改进教学进行对话	教学点教师	71.4	28.6	49.5	30.5	14.3	5.7
	非教学点教师	79.2	20.8	48.5	31.3	15.5	4.7

2. 农村教学点教师专业发展需求方面的情况

对农村教学点教师专业发展需求方面的调查,主要围绕教师在提高学习方法、提升学科教学技能、提高课堂管理能力、提高信息技术教学技能、改善学生评价方法等方面的情况展开,具体如表3-21所示。总体而言,教学点教师和非教学点教师在专业发展方面的需求大致相当,但在某些方面表现出一定的差异性,且这种差异的比较能够反映两者工作上的差异。

教学点教师和非教学点教师在提高学习方法、提升学科教学技能、改善学生评价方法、提高课堂管理能力、提高信息技术教学技能等方面的需求是比较接近的。①在提高学习方法方面,教学点教师选择"中等程度的需要"和"高度需要"的比例分别是31.4%和44.8%,与非教学点教师对应的数据31.0%和43.5%接近,甚至稍高于非教学点教师;②在提升学科教学技能方面,教学点教师选择"中等程度的需要"和"高度需要"的比例分别为36.2%和32.4%,两项之和略低于非教学点教师对应的两项数据32.7%和40.7%之和,但比较接近;③在改善学生评价方法方面,教学点教师在"中等程度的需要"和"高度需要"两个选项上的数据分别为34.3%和39.0%,均略高于非教学点教师对应的数据34.6%和38.8%,但也比较接近;④在提升课堂管理能力方面,教学点教师在"中等程度的需要"和"高度需要"两项上的数据分别为37.1%和36.2%,也与非教学点教师对应的数据37.4%和37.1%接近;⑤在提高信息技术教学技能方面,教学点教师认为"没有必要"和"低度需要"的比例分别为5.7%和21.0%,与非教学点教师对应的数据6.1%和19.4%比较接近;教学点教师有"中等程度的需要"和"高度需要"的比例分别为32.4%和41.0%,也与非教学点教师对应的数据37.4%和37.1%接近。

但教学点教师在跨学科教学能力、教学教务管理能力和针对特殊学生的教学能力等方面的需求比非教学点教师更强烈。①在提高跨学科教学能力方面,教学点教师选择"中等程度的需要"和"高度需要"的比例分别为30.5%和38.1%,远高于非教学点教师对应的15.5%和13.0%的比例;②在提高教学、教务等方面的管理能力方面,教学点教师选择"中等程度的需要"和"高度需要"的比例分别为36.2%和34.3%,也要高于非教学点教师对应的数据34.9%和28.8%;③在提升针对特殊学生的教学能力方面,教学点教师选择"中等程度的需要"和"高度需要"的比例分别为37.1%和42.9%,高于非教学点教师对应的数据29.1%和26.0%。

在这三项数据上,教学点教师的需求要高于非教学点教师,主要原因在于教学点教师跨学科授课的比例比较高,而且许多教师要从事教学之外的教务教学管理方面的工作,且教学点特殊儿童(如非正常智力儿童、留守儿童)的比例较高。课题组于 2019 年在对湖北崇阳教学点进行调研时发现,农村学校智障儿童的比例比较高,这从某种程度上验证了调查数据的合理性。

表 3-21　教学点和非教学点教师专业发展需求方面的调查　　单位:%

题项	教师类型	选项			
		没必要	需求水平低	中等程度的需要	高度需要
提高学习方法	教学点教师	11.4	12.4	31.4	44.8
	非教学点教师	8.9	16.6	31.0	43.5
提升学科教学技能	教学点教师	9.5	21.9	36.2	32.4
	非教学点教师	8.3	18.3	32.7	40.7
改善学生评价方法	教学点教师	8.6	18.1	34.3	39.0
	非教学点教师	7.8	18.8	34.6	38.8
提升课堂管理能力	教学点教师	7.6	19.0	37.1	36.2
	非教学点教师	6.1	19.4	37.4	37.1
提高信息技术教学技能	教学点教师	5.7	21.0	32.4	41.0
	非教学点教师	6.1	19.4	37.4	37.1
拓展学科知识	教学点教师	42.9	34.3	14.3	8.6
	非教学点教师	43.2	36.0	15.5	15.3
提高跨学科教学能力	教学点教师	8.6	22.9	30.5	38.1
	非教学点教师	35.5	36.0	15.5	13.0
提升教学、教务等方面的管理能力	教学点教师	4.8	24.8	36.2	34.3
	非教学点教师	7.2	29.1	34.9	28.8
提升针对特殊学生的教学能力(如留守儿童等)	教学点教师	5.7	14.3	37.1	42.9
	非教学点教师	10.0	34.9	29.1	26.0

3.影响农村教学点教师专业发展的因素

对农村教学点和非教学点教师专业发展因素的调查结果如表 3-22 所示,与工作时间冲突、缺乏激励、因家庭负担没有时间、缺乏机会、领导不支持等因素对教师的专业发展产生了影响,且这些因素对教学点和非教学点教师具有不同的影响。

一是教学点教师在工作时间冲突、缺乏激励、缺乏机会等因素上受到的影响比非教学点教师更大。①与工作时间冲突这一因素方面,49.5%的教学点教师选择对其专业发展具有较大的影响,1.9%和11.4%的教师分别选择"没有影响"或者"影响较小",而非教学点教师对应的比例分别是 42.4%、4.2%和15.5%。对教学点教师的访谈结果显示,不少教学点教师是包班上课，或者身兼数职，除了课堂教学外，还需要承担教学管理、教务管理等教学之外的任务，时间因素对其专业发展具有更大的影响。②在缺乏激励这一因素方面，41.9%、4.8%和13.3%的教学点教师选择"影响较大""没有影响"和"影响较小"，而非教学点教师对应的比例是37.7%、6.4%和18.0%，这表明教学点在采取措施激励教师参与教师专业发展活动方面与非教学点学校存在一定的差距。③在缺乏机会这一因素方面，44.8%的教学点教师选择"影响较大"，而非教学点教师对应的比例为38.2%，这表明教学点教师获得参与教师专业发展活动的机会要少于非教学点教师。

二是教学点教师在因家庭负担没有时间、领导不支持两项因素上面与非教学点教师比较接近。①在因家庭负担没有时间方面，教学点教师选择"影响较大"的比例为28.6%，略高于非教学教师对应的26.0%的比例，但两项数据比较接近，且教学点教师选择"没有影响"和"影响较小"的比例为17.1%和21.0%，与非教学教师对应的16.1%和21.3%的比例也比较接近。②在领导不支持方面，教学点教师选择"影响较大"的比例为41.9%，选择"没有影响"和"影响较小"的比例是7.6%和13.3%，而非教学点教师这三项数据上对应的比例是41.8%、6.6%和12.7%，与教学点的数据比较接近。

表 3-22　教学点和非教学点教师专业发展影响因素的调查　　单位：%

题项	教师类型	受到的影响			
		没有影响	影响较小	有一定的影响	影响较大
与工作时间冲突	教学点教师	1.9	11.4	37.1	49.5
	非教学点教师	4.2	15.5	38	42.4
缺乏激励	教学点教师	4.8	13.3	40.0	41.9
	非教学点教师	6.4	18.0	38.0	37.7
因家庭负担没有时间	教学点教师	17.1	21.0	33.3	28.6
	非教学点教师	16.1	21.3	36.6	26.0
缺乏机会	教学点教师	3.8	15.2	36.2	44.8
	非教学点教师	4.7	17.7	39.3	38.2
领导不支持	教学点教师	7.6	13.3	37.1	41.9
	非教学点教师	6.6	12.7	38.8	41.8
价格昂贵	教学点教师	41.0	28.6	20.0	10.5
	非教学点教师	33.2	12.7	38.8	15.2

4.农村教学点教师获得教学反馈的情况

对农村教学点教师获得教学反馈情况的调查结果如表3-23所示。数据显示，与非教学点教师相比，农村教学点教师获得来自校领导、教师同事、教学督导以及学生家长的教学反馈的比例更低。如，来自校领导的反馈方面，教学点教师选择"比较多"的比例为7.6%，远低于非教学点教师对应的18.3%的比例，而教学点教师选择"从不"的比例为29.5%，高于非教学点教师对应的23.8%的比例。这可能与教学点的环境有一定的关系，教学点的环境相对封闭，教师与其他人接触的机会相对较少，这就导致其获得的教学反馈相比非教学点教师要少。

表 3-23　教学点和非教学点教师获得教学反馈情况的调查　　　单位：%

题项	教师类型	获得教学反馈			
		从不	很少	有时	比较多
1) 校领导	教学点教师	29.5	28.6	34.3	7.6
	非教学点教师	23.8	24.7	33.2	18.3
2) 教师同事	教学点教师	14.3	27.6	36.2	21.9
	非教学点教师	13.3	21.6	32.4	32.7
3) 教学督导	教学点教师	5.7	14.3	61.9	18.1
	非教学点教师	2.8	11.6	64.3	21.3
4) 学生家长	教学点教师	90.5	6.7	2.9	0
	非教学点教师	13.3	13.3	13.3	13.3

5. 农村教学点教师教学实践情况

对农村教学点教师教学实践情况的调查结果如表 3-24 所示。该项调查包括 13 个题项，通过了解教师在帮助学生学习、改善课堂教学管理、利用信息技术提高教学质量等方面的需求，了解教师在教学组织、学生管理、信息技术教学等方面的能力。

这些数据可以分为两种类型，一种类型的数据是反映教师的教学理念、教学能力。这方面的数据表明，教学点教师在大多数方面的需求比非教学点教师要低，可以理解为教学点教师在教学理念、教学能力方面与非教学点教师存在一定的差距。①在让学生相信能在学业上取得好成绩方面，教学点教师选择"中等程度的需要"和"高度需要"的比例为 33.3% 和 21.0%，低于非教学点教师对应的 37.4% 和 38.8% 的比例。②在帮助学生重视学习方面，教学点教师选择"中等程度的需要"和"高度需要"的比例为 35.2% 和 34.3%，低于非教学点教师对应的 37.7% 和 39.9% 的比例。③在为学生精心设计问题方面，教学点教师选择"中等程度的需要"和"高度需要"的比例为 34.3% 和 30.5%，低于非教学点教师对应的 39.6% 和 34.9% 的比例。④在激励学习兴趣低的学生方面，教学点教师选择"中等程度的需要"和"高度需求"的比例为 35.2% 和 33.3%，低于非教学点教师对应的 38.5% 和 35.7% 的比例。⑤在注重培养学生的批判性思考方面，教学点教师选择"中等程度的需要"和"高度需要"方面的比例为 33.3% 和 34.3%，低于非教学点教师对应的 38.5% 和 35.2% 的比例。⑥在使用多种策略评估学生学习方面，教学点教师选择"中等程度的需要"和"高度需要"的比例分别为 40.0% 和 23.8%，低于非教学点教师对应的 43.5% 和 28.5% 的比例。⑦在"当学生对所学内容感到困惑时提供另一种解释"的题项中，教学点教师选择"具有中等程度的需要"和"高度需要"的比例分别为 33.3% 和 43.8%，低于非教学点教师对应的 39.9% 和 46.0% 的比例。⑧在注重使用不同的教学策略方面，教学点教师选择"中等程度的需要"和"高度需要"的比例分别为 34.3% 和 49.5%，低于非教学点教师对应的比例 43.2% 和 44.9%。⑨在注重利用信息技术支持学生学习方面，教学点教师选择"中等程度的需要"和"高度需要"的比例为 2.9%

和0，低于非教学点教师对应的5.0%和1.9%的比例。

另一种类型的数据是反映教师课堂管理方面的需求，主要包括：①在控制课堂上的破坏性行为方面，教学点教师选择"中等程度的需要"和"高度需要"的比例为22.9%和20.0%，非教学点教师对应的比例为39.6%和26.6%，教学点教师在此方面的需求低于非教学点教师。这可能是因为教学点学生相对单纯，且一般教学点年级为1~4年级，学生年龄较小，课堂不守纪律的行为相对较少。②在让学生遵守课堂规则方面，教学点教师选择"中等程度的需要"和"高度需要"的比例都为42.9%，两者之和低于非教学点教师对应的41.3%和56.0%的比例之和。③在使捣乱或吵闹的学生平静下来方面，教学点教师选择"中等程度的需要"和"高度需要"的比例分别为45.7%和38.1%，两者之和低于非教学点教师对应的43.2%和51.8%的比例之和。教学点教师在这些方面的需求低于非教学点教师，可能是因为教学点一般都是低年级(1~4年级)，相比城镇学生要单纯些，课堂上违反纪律的行为相对要少。

表3-24　教学点和非教学点教师教学实践情况的调查　　单位：%

题项	教师类型	选项			
		没必要	需求水平低	中等程度的需要	高度需要
1)让学生相信能在学业上取得好成绩	教学点教师	11.4	34.3	33.3	21.0
	非教学点教师	5.0	18.8	37.4	38.8
2)帮助学生重视学习	教学点教师	5.7	24.8	35.2	34.3
	非教学点教师	2.5	19.9	37.7	39.9
3)为学生精心设计问题	教学点教师	15.2	20.0	34.3	30.5
	非教学点教师	10.5	15.0	39.6	34.9
4)控制课堂上的破坏性行为	教学点教师	26.7	30.5	22.9	20.0
	非教学点教师	18.8	15.0	39.6	26.6
5)激励学习兴趣低的学生	教学点教师	13.3	18.1	35.2	33.3
	非教学点教师	9.7	16.1	38.5	35.7
6)明确我对学生行为的期望	教学点教师	2.9	5.7	37.1	54.3
	非教学点教师	3.3	6.4	43.2	47.1
7)注重培养学生的批判性思考	教学点教师	13.3	19.0	33.3	34.3
	非教学点教师	10.0	16.3	38.5	35.2
8)让学生遵守课堂规则	教学点教师	2.9	11.4	42.9	42.9
	非教学点教师	0.6	2.2	41.3	56.0
9)使捣乱或吵闹的学生平静下来	教学点教师	3.8	12.4	45.7	38.1
	非教学点教师	1.7	3.3	43.2	51.8

续表3-24

题项	教师类型	选项			
		没必要	需求 水平低	中等程度 的需要	高度 需要
10)使用多种策略评估学生学习	教学点教师	14.3	21.9	40.0	23.8
	非教学点教师	10.0	18.0	43.5	28.5
11)当学生对所学内容感到困惑时，提供 另一种解释	教学点教师	8.6	14.3	33.3	43.8
	非教学点教师	5.5	8.6	39.9	46.0
12)注重使用不同的教学策略	教学点教师	4.8	11.4	34.3	49.5
	非教学点教师	3.9	8.0	43.2	44.9
13)注重利用信息技术支持学生学习	教学点教师	81.9	15.2	2.9	0
	非教学点教师	78.9	14.1	5.0	1.9

3.2.4 农村教学点学生阅读素养状况

对学生阅读素养状况的调查数据如表 3-25 所示。由于阅读素养素材选自陈宝铝的《小学生阅读素养测试一本通(升级版)四年级》，为准确了解教学点学生阅读素养的状况，课题组在调研数据中选择了教学点四年级两个班共 89 人的样本，并从非教学点四年级学生的样本中随机选择了 200 个样本，对两个群体样本的数据进行分析。

表 3-25 教学点和非教学点学生阅读情况的调查　　　　单位：%

题项	题干	选项	学生 类型	A	B	C	D
信息 提取	我的"狂热"在文中指的是 (答案 C)	A. 我对孩子安网捕鸟的行为很气愤 B. 我用双腿催促柏拉特罗快步进入小松树林，很粗暴 C. 我很起劲地拍掌，大叫大唱 D. 我让柏拉特罗粗暴地一次又一次地嘶叫	教学点	25.8	24.7	25.8	23.6
			非教 学点	51.0	13.5	18.0	17.5
直接 推论	"不远处愤怒的孩子们在咒骂"，他们"咒骂"的内容是 (答案 C)	A. 捕到的鸟儿不该分给某某人 B. 捕到的鸟儿太少了，不够分 C. 我们的叫声把他们要捉的鸟惊飞了 D. 他们的鸟网被我们路过时扯坏了	教学点	12.4	5.6	74.2	7.9
			非教 学点	12.0	9.0	68	11.0
解释 文本	第③自然段作者运用了哪些方法让故事情节更加生动具体(答案 B)	A. 语言描写 B. 动作描写 C. 外貌描写 D. 心理活动描写	教学点	12.0	70.0	5.5	12.5
			非教 学点	9.0	80.9	1.1	9.0

续表3-25

题项	题干	选项	学生类型	A	B	C	D
反思与评价	对这个故事理解错误的是哪一项（答案A）	A. 不能嘲笑朋友 B. 大自然中的小动物很可爱 C. 人类应该爱护大自然，包括大自然中的动物 D. 捕捉鸟是不对的事情	教学点	60.7	9.0	22.5	7.9
			非教学点	69	13.0	11.5	6.5

　　该部分内容是学生阅读一段文字材料，然后填写四个选择题。这四个选择题分别考查学生的信息提取能力、直接推论能力、解释文本能力和反思与评价能力。调查结果显示，教学点学生在三个题目上的得分低于非教学点学生，这表明教学点学生在阅读素养方面与非教学点学生存在一定的差距。在信息提取方面，教学点学生的正确率是25.8%，非教学点学生的正确率是18.0%，教学点学生的正确率高于非教学点学生。在直接推论方面，教学点和非教学点学生的正确率分别是74.2%和68%，教学点学生略高于非教学点学生。在解释文本方面，教学点学生和非教学点学生的正确率分别是70.0%和80.9%，教学点学生的正确率低于非教学点学生。在反思与评价方面，教学点学生和非教学点学生的正确率分别是60.7%和69%，教学点学生的正确率仍然低于非教学点学生。

　　这表明教学点学生的阅读素养总体上要低于非教学点学生，特别是在阅读过程中根据文字进行逻辑推论的能力、解释文本的能力，以及根据阅读材料进行反思和评价的能力有待提高。

第 4 章

教育信息化支持教学点发展实践

　　为更好地利用信息技术促进教学点教育质量全面提升，课题组围绕利用信息技术解决教学点课程开设、教师专业发展、校园文化建设、学生阅读素养等问题设计了教育信息化实践方案。并于 2019—2022 年通过网络先后征集了来自湖北、辽宁、湖南、福建等地区的 9 所城镇学校、2 所农村中心校、15 所农村完小/教学点的 53 名教师参加本项目教学实践。这些教师采用课题组设计的方案开展教育信息化教学实践 1~2 个学期后，课题组采用问卷调查和访谈的方式对实验点的实践效果进行了调查，从课程开设、教师专业发展、校园文化建设、学生阅读素养等方面了解教育信息化实践的效果。

4.1　教育信息化支持农村教学点发展实践方案

　　实践方案包括教育信息化实践策略、实践模式、实践路径和保障机制等几个方面的内容。实践策略从整体上揭示农村教学点教育信息化实践的思路，实践模式总结农村教学点教育信息化实践的核心要素，实践路径展示如何具体开展教育信息化实践，保障机制为农村教学点教育信息化实践提供保障。

4.1.1　农村教学点教育信息化实践策略

1. 关于实践策略的考量

　　本书将农村教学点教育信息化实践策略确定为"利用数字教育资源帮助教师更好地开展课堂教学"。这主要是基于以下几点考量：

　　（1）课堂教学是学校教育的主阵地，在课堂教学中合理使用信息技术，能够更好地利用信息技术促进教育教学质量的提升。

　　当前，我国学校教学的基本组织形式是班级授课制，即将学生按照年龄和知识学习的程度编成班级，按照固定的教学时间进行集体授课[①]。自提出班级授课制以来，对其缺陷和不足的批评从未间断。有人认为班级授课制难以照顾到学生的差异和个性化需求，难以发挥学生的积极主动性，学生在被动地进行接受式的学习[②]。柳夕浪（2021）认为班级授课制有两个

---

①　邱兰君. 从班级授课制中透视夸美纽斯的教育思想[J]. 大学教育, 2013, 2(20)：148-149.
②　熊川武. 教学通论[M]. 北京：人民教育出版社, 2010：355-356.

难以克服的基本矛盾：一是同步教学与因材施教的矛盾，对班级中所有人采用同样的教育方法难以照顾到学生个别化的需求；二是学科世界与生活世界的矛盾，班级授课制的课堂教学难以让学生理解来自生活、生产实践的科学知识，人为割裂了学科世界与生活世界的联系①。尽管如此，班级授课制仍然是我国当前各级各类学校普遍采用的基本教学组织形式。对小学生而言，他们在学校中的大部分时间也是在课堂上度过的。在班级的课堂教学中，合理地利用信息技术，能够最大限度地发挥其优势，更好地服务于教育教学。

班级授课制同步授课，"采用同样的方法"教育学生，照顾到了学生的共性，能够较好地发挥教师的主导作用，引导学生朝着同一个目标开展学习。相比中学生和大学生，小学生的自控能力不强，在学习中更需要教师的引导。信息技术的使用如不加引导就容易产生过度沉迷游戏、网络的不良影响，不利于身心健康。因此，对于信息技术的使用更需要教师引导，在使用方式、时长等方面加以把控，如此方能发挥信息技术的正面作用，杜绝负面影响。

（2）教师是课堂教学的主导，让教师利用好信息化资源能够更好地发挥其在课堂教学中的主导作用。

确定将教学点教师作为课堂教学的主导是充分借鉴了前人的实践经验。2015 年，国务院参事汤敏提出利用慕课帮助农村学校提高课堂教学质量的"双师教学"模式。该模式借助信息技术由发达地区向落后地区提供优秀教师的教学视频，实现发达地区与落后地区优质教师资源的共享。"双师"指的是教学视频中的优秀教师和课堂本地的教师，前者称为"优师"，后者称为"本师"。"优师"向"本师"提供教学视频，帮助其提高教学质量，解决课程开设的问题②。"双师教学"模式的具体操作过程是："优师"和"本师"结成教学共同体，通过线上线下相结合的方式进行交流和沟通；"优师"录制教学视频给"本师"，"本师"课前观看视频，熟悉教学过程和教学方法，根据需要裁剪视频；"本师"利用视频进行课堂教学。课堂上"优师"负责讲解、演示教学内容，"本师"负责指导学生，通过控制视频进行课堂教学；课后"优师"和"本师"通过网络就课程教学进行沟通、探讨③。"双师教学"模式最大的特点是能够充分发挥本地教师的积极主动性，让其在充分消化和理解优秀教师教学理念、教学方法的基础上开展教学，既能够起到提高教学质量的作用，又能够发挥本地教师的主导作用。

根据"双师教学"官网，2021 年全国已有 31 个省、自治区、直辖市（不含港澳台）的四千余所中小学校加盟，采用"双师教学"模式开展教学，实名注册的教师和学生人数近百万。课题组于 2017 年对采用"双师教学"模式开展教学的重庆彭水县进行调查，采用了该模式的教师纷纷表示自己所带班级的学生成绩有了大幅提升；而且本地教师在长期使用教学视频后，受其影响，教学理念、教学方法、教学实践都发生了一定程度的变化，实现了教学能力的提高④。

实际上"双师教学"模式在实践之初，并非由本地教师利用优质教师授课视频开展教学，而是将优秀教师的授课现场与农村学校联通，即采用同步授课的方式开展教学。但实践证明，这种方式（也被称为"双师双生课堂"）很难起到预期的效果。主讲教师对远端农村学生的学习基础、学习实际情况很难做到准确把握，其教学方案的设计和教学活动的开展，是以

---

① 柳夕浪.超越班级授课制？——教学改革热点问题透视之一[J].人民教育，2021(21)：43-45.
② 汤敏.慕课革命：互联网如何变革教育？[M].北京：中信出版社，2015.
③ 王继新，张伟平.信息化助力县域内教育优质均衡发展研究[J].中国电化教育，2018(2)：1-7.
④ 以上材料依据 2017 年 6 月课题组对重庆彭水县的实地调查。

主讲教师所在地学生为出发点的。这些学生与远端农村学生在学习基础上存在较大差异，教师很难兼顾两端学生的需求。而且，主讲教师端学生加上远端农村学校学生，人数大大超过了一般课堂的学生人数，教师很难和两端的学生都形成有效互动。主讲教师和农村学生隔着屏幕，交互效果也会大打折扣。缺乏互动的课堂教学必然导致教师不能准确把握学生的学习情况，学生有疑问也很难从教师那里得到有针对性的指导和帮助。在"双师教学"模式推进过程中，有农村学校教师发现可以先把教师授课过程录制成视频，自己琢磨视频中教师的讲解，学习其先进的教学理念和教学方法，并在自己的课堂中进行应用。教学视频中教师对知识内容的讲解，也可以直接用到课堂教学中。学生有疑问，本地教师也可以有针对性地进行指导。正是农村教师的这一创举，给了"双师教学"创立者灵感，改变了网络同步课堂的做法，开始采用录制优秀教师授课视频给其他教师使用的"双师教学"模式①。

（3）信息技术对课堂教学最大的支持作用体现在资源的类型丰富性、共享便利性方面。数字化形态的媒体不仅包括传统的文字、图片，也包括视频、音频、动画等形式的多媒体，还包括交互型媒体，媒体的形态更加多样化。一方面，随着自媒体的兴起，网络中与教育教学相关的媒体更加丰富，能够更好地帮助教师开展教学活动。另一方面，网络为教师之间、教师与社会其他人士之间的沟通和联系提供了便利。教师利用网络，能够随时随地与他人交流，共享教育资源，分享教育教学的经验。例如，有学者提出构建线上线下相结合的教师实践共同体，以更好地促进城乡教师的交流，营造共享的实践文化②。教师实践共同体的构建有赖于网络技术提供的便捷信息交流功能，能让共同体成员的交流跨越时空限制进行教育教学方面的信息共享，让农村教学点教师及时获取信息，从而服务于课堂教学和自身教学能力的提升。

基于此，课题组确定"利用数字化教育资源帮助教师更好地开展课堂教学"的策略。该策略充分突出本地教师在课堂教学中的主导地位，让数字化教育资源在支持教学点教师开展教学，帮助农村教学点解决课程开设问题，促进教师专业发展，促进校园文化建设，带动学生阅读素养的提升。

2. 策略的具体内容

（1）注重利用网络实现资源共享，帮助农村教学点解决课程开设问题。

学术界之前的研究主要聚焦于利用"专递课堂"将农村教学点与优质学校的课堂连接，或者让专业的美术、音乐教师通过网络给教学点授课，以此解决教学点因师资力量不足导致的美术、音乐等课程开设困难问题。如，湖北咸安和崇阳分别采取了"双师双生"模式和"双师一生"模式开展教学，帮助解决教学点音乐、美术等课程开不齐、开不好的问题。其中，湖北咸安采用"专递课堂"的方式，让 1 个中心校和 2~3 个教学点组成教学共同体，将中心校的美术和音乐课堂通过网络直播到教学点，并由教学点老师负责教学组织和答疑③。中心校的美术、音乐教师一般都是美术或者音乐专业出身，能够胜任课程的教学。这种"专递课堂"中有两位教师和分处网络两端的学生，也被称为"双师双生"课堂。不同于湖北咸安，湖北崇阳采

---

①　以上材料依据 2017 年 6 月课题组与汤敏老师的对话。

②　吴秀圆，王继新.同步课堂背景下城乡教师专业发展的路径探索——基于实践共同体的视角[J].现代教育技术，2018，28（8）：92-97.

③　王继新，施枫，吴秀圆."互联网+"教学点：新城镇化进程中的义务教育均衡发展实践[J].中国电化教育，2016（1）：86-94.

用了"双师一生"方式的"专递课堂"，即主讲教师端没有学生，教师通过网络给远端教学点学生授课。崇阳县教育局成立了"联校网教"专门组织负责运营，从全县抽调十余名音乐、美术出身的专业教师成立教研组，在崇阳县实验小学设置了十多个"联校网教"教室，由教研组专门负责在教室中通过网络给农村教学点直播授课。这种模式下，由于教室中只有主讲教师，教师可以专心授课，更好地与远端教学点学生形成互动，因此取得了较好的教学效果①。

无论是"双师双生"还是"双师一生"，都存在固有的矛盾，即"教师的发展空间被挤压"。在"专递课堂"中，教学点教师的职责是组织课堂教学，维护课堂纪律，辅助主讲教师开展教学，力所能及地回答学生的疑问。但对于那些希望提升教学能力、培养专业素养的教学点教师，由于不需要主讲课程，他们没有机会进行教学实践，实现自己的目标。

正如前文所述，"双师教学"模式在此方面可以弥补"专递课堂"的弊端。本书拟借鉴"双师教学"模式的做法，将优秀教师的授课视频提供给农村教学点教师使用，让他们利用这些视频组织和开展课堂教学，在知识和技能讲授环节播放视频，在互动和答疑环节，则由本地教师亲自负责。这样，一方面，既能有效解决因教学点教师非专业出身、专业技能不足而导致的音乐、美术等课程教学效果不佳的难题，又能够充分发挥教学点教师的主导作用；另一方面，相比于崇阳和咸安的做法，"双师教学"模式不需要成立专门的组织机构，也不需要建设专用的直播教室，只需要利用教学点已有网络和多媒体计算机设备开展教学即可。

（2）注重优秀教师的隐性知识共享，促进农村教学点教师专业发展。

波兰尼（Polanyi）将人类的知识按照是否能够显性表达分为显性知识和隐性知识②。隐性知识包括个人的技能、技巧、经验和诀窍方式等技能型知识，以及知觉、感悟、价值观、心智模式、组织文化等知识型知识③。隐性知识是拥有者经过实践获得的无形知识，具有很强的默会性、主观性，很难进行交流和传播。隐性知识的共享被认为是促进教师专业发展的重要途径④，教师可以通过经验丰富的教师和专家型教师的经验分享、现场演示等方式，学习、感受和领悟隐含在其中的知识，从而转变教育教学理念，学习教学方法，掌握教学技能。

本书确定将"利用数字教育资源帮助教师更好地开展课堂教学"作为农村教学点教育信息化实践的策略。从隐性知识共享的理论角度看，优秀教师授课视频作为一种资源，隐含了优秀教师丰富的隐性知识。优秀教师的教学理念、教学方法、教学技能隐含在该教师的授课过程之中。这些资源若能被其他老师加以利用，不仅有助于解决课程开设问题，还能够在一定程度上帮助教师更新教育理念，改进教育方法，增进教学技能，帮助其实现专业成长。

（3）注重数字教育资源共享，改善学风、校风和教风，促进校园文化建设。

校园文化建设包括物质文化、精神文化和制度文化三方面的内容，其中精神文化建设是核心和主导。在精神文化中，又以教风、校风和学风为主，即"三风"。在"三风"中，学风是关键，端正的学习态度、良好的学习习惯和学习品质，能让每个学生终身受益⑤；校风则是学校整体

---

① 吕依驰. 农村教学点网校"同步课堂"与"专递课堂"比较分析——以湖北省保康县和崇阳县为例[J]. 软件导刊·教育技术, 2019, 18(8): 14-16.

② Jiang G Y, Xu Y. Tacit knowledge sharing in IT R&D teams: Nonlinear evolutionary theoretical perspective[J]. Information & Management, 2020, 57(4): 103211.

③ 马秀峰, 周洋. 促进教师隐性知识共享的策略研究[J]. 电化教育研究, 2008, 29(7): 35-39.

④ 马秀峰, 周洋. 促进教师隐性知识共享的策略研究[J]. 电化教育研究, 2008, 29(7): 35-39.

⑤ 张武松. 加强学校"三风"建设 促进学校内涵发展[J]. 学校党建与思想教育(中), 2012(7): 82-83.

的精神风貌，是学校办学目标、精神和质量的集中体现[1]；教风是主导，教师作为学校教育的主要实施者，在"三风"建设中发挥着关键的作用。教师的精神风貌、生活和教学态度、治学风格、学识涵养会对学生产生潜移默化的影响。而优良的教风能够培育和形成优良的学风。教师先进的教育理念、端正的品行、高超的教学能力、对学生的关爱能够对学生产生正面的、积极的影响[2]，起到激发学生的兴趣、拓展其视野、丰富其知识的作用[3]。教风同样会对校风产生一定程度的影响，教师的教学理念、精神风貌和教学质量是学校良好校风的保障。

如前所述，课题组的调查显示，与城镇学校、中心校、村小等非教学点相比，教学点的校风、教风和学风存在一定的差距。而教学点教师与外界接触少，专业素质与其他学校相比也较低，教学任务繁重，教风受教师主观因素影响更大。教学点学生同样与外界接触少，知识视野、学习习惯与其他学校学生存在差距。课题组确定将"利用数字教育资源帮助教师更好地开展课堂教学"作为农村教学点教育信息化实践的策略，就是希望将信息化资源，尤其是能够影响教风、学风的信息化资源提供给教学点教师使用。以课堂教学为主阵地，让教师和学生通过接触蕴含优秀传统文化，能够激发人勤奋向学元素的视音频故事、宣传片等信息化资源，一方面，能够影响教师专业素质，改善教风，让优良的教风影响学风和校风；另一方面，也能影响学风，让学生多接触正面的、积极的信息化资源，受到潜移默化的影响，改善学习态度，形成良好的学习习惯，从而影响学习风气，进而对学校的校风产生积极影响。

（4）注重利用有声图书拓展视野，提升学生阅读素养。

国际学生评估项目（programme for international student assessment，PISA）认为，阅读素养不仅仅是对文字材料的字面理解能力，而且是理解、运用和反思书面材料的能力[4]。阅读者和书面材料之间是一种交互的关系，通过阅读增长知识，开发潜能，帮助其参与社会活动。阅读素养不仅关系到学生对文字材料的理解能力、语文知识的运用能力和语言表达能力，也影响着学生在各阶段的学业发展和思维养成，对于开阔视野、培育品格，贯彻立德树人的教育目的具有重要的价值。阅读素养的提升可以通过泛读和精读相结合的方式，在广泛阅读文学作品的基础上，对经典的作品进行精读，让学生加深对阅读材料的理解，培养学生的阅读兴趣。

基于此，本书针对教学点学生阅读素养的提升，采用听"有声图书"的方式，根据学生的认知特点，选择教育部指定的"2020 年中小学课外阅读推荐目录有声书籍"提供给教学点教师使用，并结合一定的教学方法，帮助提升学生阅读素养。具体包括教师在课堂上播放与教材内容相关的有声图书，让学生加深对教材内容的理解，同时培养学生的阅读兴趣，鼓励学生阅读与有声图书有关的纸质书籍。

4.1.2　农村教学点教育信息化实践模式

1.构建思路
（1）充分利用互联网中丰富的资源服务于教学。

---

①　杨国英，王贵龙.高职高专校风教风学风调查研究——以丽江师范高等专科学校为例[J].淮南职业技术学院学报，2015，15（4）：19-23.

②　张武松.加强学校"三风"建设 促进学校内涵发展[J].学校党建与思想教育（中），2012（7）：82-83.

③　刘天信.坚持三风建设 推动学校内涵发展[J].西安文理学院学报（社会科学版），2015，18（1）：97-99.

④　王蕾.学生阅读素养的评价——解读 PISA[J].中学语文教学，2008（1）：58-62.

　　互联网的发展，尤其是自媒体的兴起，极大地丰富了资源的类型和数量。自2020年上半年新冠疫情暴发以来，互联网在线内容的消费群体呈爆发式增长，教学视频、有声图书等资源，以及媒体制作人、有声阅读从业者数量都呈现快速增长的趋势[①]。这些资源若能加以合理利用，都可以服务于课堂教学，提高课堂教学质量，帮助教师实现专业发展。

　　自媒体技术允许个人以现代化、数字化手段传播信息和资源，如，微博、微信朋友圈、贴吧论坛、博客等社交网络平台呈现以文字和图片为主要形式的资源；抖音、B站、西瓜视频等呈现以视频为主要形式的资源；喜马拉雅、蜻蜓FM等平台呈现以音频为主要形式的信息。在这些平台发布的资源中，不少是针对中小学教学的，也有许多可以用作教育教学的素材。如，各科目优秀教师的授课视频可以帮助教学点教师备课、授课，教学点教师可从中学习教学方法，以及组织教学活动的方法和流程，也可当作课程教学中的多媒体素材加以使用；简笔画和手工制作短视频可以用于小学美术课程的教学；与中小学音乐课程相关的音乐视频、歌曲或者乐器演奏视音频可用于音乐课程的教学；宣传中国文化、讲解汉字的视频可用于语文课程、道德与法治课程的教学；有声图书等可用于语文课程、道德与法治课程的教学，也可用来帮助孩子开阔视野，提升阅读能力等。这些资源若能加以合理利用，能够帮助农村教学点更好地开展课堂教学，激发学生的学习兴趣，提升教学质量，也能够帮助教师提升专业素养，改善教学方法。

　　（2）专家筛选和收集资源提供给教师使用。

　　互联网中蕴含着各种类型的丰富的教育资源，但正因为其丰富性，对于普通教师而言，很难搜集到与自己课程教学相适应的资源，并且有效地将这些资源用于课堂教学。难点主要表现在以下几个方面：一是教学点教师很难有机会接触到这些资源，尤其是年纪较大的教师从未接触过自媒体；二是不知道如何从海量的资源中筛选出适合教学的资源；三是不知道如何获取这些资源；四是不知道如何在课堂教学中合理利用这些资源。另外，数字化教育资源对于教育教学而言，既有长处又有短处。长处是能够准确地传播丰富的信息，且具有视听多种感官刺激的功能，能够实现使用者与信息之间的交互，加深学习者的学习体验。但短处是，如果不能合理利用，容易让使用者陷入过度依赖、不积极主动思考的境地。如，视频、图片类资源比文字更加生动、形象，但从另外一个角度看，视频和图片表达的含义太过具体，不如文字那样能激发人的想象。如果用视频、图片取代文字资源用于教学，直接将具体的形象提供给学习者，那将失去文字所创造的想象空间，无法更好地激发学习者的想象力。况且，许多文字所具有的含义、意境是无法用视频和图片表达出来的，视频和图片并不能取代文字。在教学中用视频、图片取代文字的做法有诸多不妥之处，属于信息化资源使用不当的表现。如何合理利用数字化教育资源是实现"利用数字教育资源帮助教师更好地开展课堂教学"策略的关键。

　　因此，课题组确定由教育信息化专家从互联网中筛选、甄别、收集教育信息化资源，并将这些资源提供给教学点教师使用。教育信息化专家长期从事教育信息化方面的教学和科研，对数字教育资源的获取和使用有着丰富的经验，能够在遵循教育教学基本规律的基础上，收集、筛选适合农村教学点使用的数字教育资源，并能够根据教学内容、教学对象提供

---

　　① 新京报.用户规模将突破6.4亿，有声阅读行业悄然蜕变［EB/OL］. https：//baijiahao. baidu. com/s？id = 1716570150507638441&wfr=spider&for=pc，2021-11-16/2021-12-14.

合适的教学使用指导。课题组采用由教育信息化专家为教学点教师如何更好地使用数字化资源设计方案、提供指导的方式开展教学实践。

2. 实践模式图

基于上述思路，以及"利用数字教育资源帮助教师更好地开展课堂教学"的教育信息化实践策略，课题组提出"农村教学点数字教育资源共享"实践模式，在农村教学点开展教育信息化实践。具体如图 4-1 所示，图中实线箭头表示资源流，空心箭头表示信息流。

图 4-1 中，教育信息化专家从互联网中检索、甄别和收集可用于小学语文、数学、道德与法治、美术、音乐五门课程教学的数字化教育资源，包括优秀教师授课资源，有声图书资源，教师操作演示视频资源，音乐视频或者音频资源，反映社会主义核心价值观的数字资源，以及其他资源，如课件、工具软件等，提供给教学点教师使用。同时，教育信息化专家可以通过互联网与教学点教师进行沟通，就如何在课堂教学中使用资源进行交流。

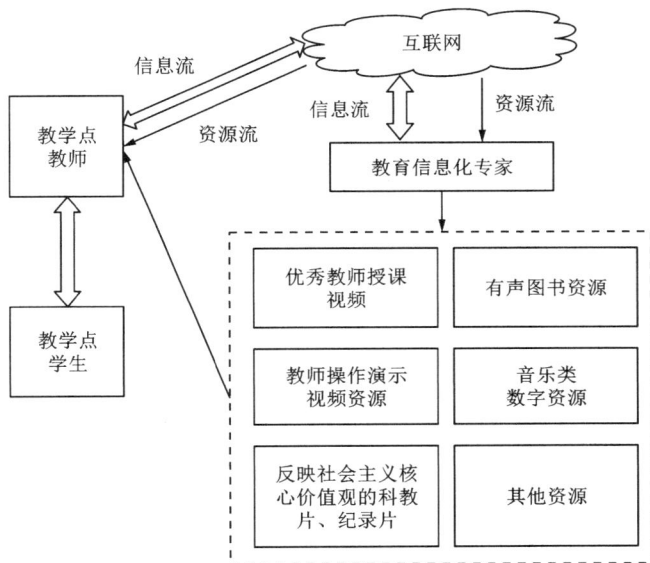

图 4-1 农村教学点数字教育资源共享实践模式

课题组将数字教育资源分为以下六类。

第一类，优秀教师授课视频。

教师授课视频是指视频中有教师在授课，可以是课堂实录、微课视频等类型。2014 年，教育部为贯彻落实党的十八届三中全会提出的"构建利用信息化手段扩大优质教育资源覆盖面的有效机制"，按照《教育部关于全面深化课程改革 落实立德树人根本任务的意见》精神，决定开展"一师一优课、一课一名师"活动。活动要求各地利用国家教育资源公共服务平台提供的"晒课"功能，组织教师平台进行实名制网上"晒课"①。根据教育部《国家教育资源公共

---

① 百度百科. 2014 年度"一师一优课、一课一名师"活动［EB/OL］. https：//baike. baidu. com/item/2014%E5%B9%B4%E5%BA%A6%E2%80%9C%E4%B8%80%E5%B8%88%E4%B8%80%E4%BC%98%E8%AF%BE%E3%80%81%E4%B8%80%E8%AF%BE%E4%B8%80%E5%90%8D%E5%B8%88%E2%80%9D%E6%B4%BB%E5%8A%A8/16836724？fr = aladdin. 2014-12-19/2022-06-04.

服务平台》官网数据，截止到 2022 年 6 月，平台上已晒"优课"数量达到了两万堂。这些"优课"都是教师精心准备、精心设计的结果，包括完整的课堂教学设计、课件及相关资源，拟参加教育部组织的"优课"评选的晒课还包括实录课堂教学的视频资源。如，2020 年新冠肺炎疫情暴发后，我国在全国范围内推行了一个学期的"停课不停学"政策①，倡议利用网络平台实施"停课不停学"②。在此背景下，网络中出现了大量教师授课视频资源。不少老师将"停课不停学"期间录制的讲授视频、教学课件等资源上传到网络，极大地丰富了网络中的数字教育资源。又如，2022 年 3 月 28 日，教育部举行了"国家智慧教育平台"启动仪式，平台包括国家中小学智慧教育平台、国家职业教育智慧教育平台、国家高等教育智慧教育平台和国家 24365 大学生就业服务平台 4 个子平台③。国家中小学智慧教育平台共设 10 个板块，即德育、课程教学、体育、美育、劳动教育、课后服务、教师研修、家庭教育、教改经验、教材，下设 53 个子栏目④，教学资源以教学视频为主。

　　无论是"一师一优课"教学视频，还是国家中小学智慧教育平台的教学视频，以及其他教师授课教学视频，通常都是主讲教师精心准备、认真实施后的结果，其中体现着这些优秀教师的教学理念、教学方法、教学技巧、课堂组织方法、师生互动方法等信息。对于教师而言，这些资源可以为他们开展教学提供思路和方法上的参考，也可以将其中可用的部分直接应用到自己的课堂教学中。这样既可以帮助教师提高教学能力，也可以起到改善教学效果的作用。

　　第二类，操作示范型视频。

　　美术和音乐课程中有大量实践操作类型的内容，如美术中的绘画、手工制作、调色等，音乐中的乐器操作、歌唱示范等。在互联网中，此种类型的资源主要包含在教师授课视频中，或者微课视频中。若能在课堂教学中合理使用，能够起到提升课堂教学效果的积极作用。一是这类资源中的演示者通常是其所从事的领域的佼佼者，视频资源有一定的实用价值。二是视频资源在课堂中通过大屏幕播放出来，演示的效果更理想，能让学生更直观、清晰地看清楚操作的步骤，学习效果更优。三是学生没有弄懂、没有看清楚的操作可以重复播放。四是可以让教师有更多的时间了解学生的学习情况，进行有针对性的指导，解决操作过程中遇到的问题和困难。

　　第三类，音乐类数字资源。

　　音乐类视音频资源以乐曲视频、歌曲演唱视频为主，主要针对音乐课程。人教版小学《音乐》教材是按照单元组织内容的，每个单元由活动、唱歌、知识、欣赏、学乐器、集体舞中的若干个板块构成。如小学一年级《音乐》第一单元由 1 个活动板块（《寻找生活中的声音》）、3 个唱歌板块（《大雨和小鱼》《布谷》《大鼓和小鼓》），以及 1 个欣赏板块（《青蛙音乐会》）构成，而第二单元由 3 个唱歌板块（《国旗国旗真美丽》《草原就是我的家》《我爱家乡我爱祖国》）、1 个欣赏板块（《我爱北京天安门》）和 1 个学乐器板块（《响板和碰铃》）构成。唱歌、

　　① 教育部.教育部关于 2020 春季学期延迟开学的通知[EB/OL].http：//www.moe.gov.cn/jyb_xwfb/gzdt_gzdt/s5987/202001/t20200127_416672.html，2020-01-27

　　② 教育部.教育部：利用网络平台，"停课不停学"[EB/OL].http：//www.moe.gov.cn/jyb_xwfb/gzdt_gzdt/s5987/202001/t20200129_416993.html，2020-01-29.

　　③ 国家智慧教育平台正式上线[J].出版参考，2022(3)：11.

　　④ 杨非.国家中小学智慧教育平台的建设与应用[J].人民教育，2022(15)：33-35.

欣赏部分的内容可以使用此类资源，让学生跟唱、模仿，或者欣赏。

第四类，有声图书资源。

有声图书是图书出版行业的新品种，它把文学和表演有机结合起来，通过阅读者绘声绘色的描述、娓娓动听的话语、富有表演才能的讲述，将图书中的故事情节、人物形象展现出来，让读者在讲述者声情并茂的话语中领略到一种全新的意境，产生出普通图书所没有的奇特效果①。有声图书可以让无暇看书或者阅读困难的人也能够领略到书籍的魅力，感受到书籍的影响。如前所述，教学点学生在阅读书籍的数量和阅读的能力方面与其他学生存在一定的差距。有声书籍可以在一定程度上弥补这种不足。一方面，有声书籍是以声音的方式讲述书籍中的内容的，在一定程度上可以取代纸质阅读的效果；另一方面，声音媒体比文字媒体更加形象、生动，对儿童更有吸引力。因此，如果能够合理利用有声图书，让教学点学生定期"听书"，帮助他们接触书籍，接受书籍的影响，既能够起到开阔眼界、拓宽知识面、提升阅读素养的作用，又能从价值观、人生观和世界观方面对其产生积极的影响。

第五类，反映社会主义核心价值观的文献纪录片。

社会主义核心价值观是社会主义核心价值体系的内核。2014 年，教育部发布《教育部关于培育和践行社会主义核心价值观 进一步加强中小学德育工作的意见》，明确指出"培育和践行社会主义核心价值观、加强中小学德育是推进中国特色社会主义事业的必然要求，是深化教育领域综合改革、促进学生健康成长的现实选择"。对于社会主义核心价值观培育的方法，文件提出，"社会主义核心价值观的培育"需要"改进课程育人"，即"充分发挥课程的德育功能，将社会主义核心价值观的内容和要求细化落实到各学科课程的德育目标之中"；也要"改进方式方法"，即"从中小学生的身心特点和思想实际出发，注重循序渐进、注重因材施教，润物细无声，真正把德育工作做到学生心坎上"。对于社会主义核心价值观培育的方式，文件提出"加强中华优秀传统文化教育""加强公民意识教育""加强生态文明教育""加强心理健康教育"②。

文献纪录片具有很强的思想政治教育的功能。文献纪录片通过解说、音乐和图片资料，展现了历史、地理、经济和社会发展，能让受众了解祖国历史、民族文化、国家发展，而且包含了大量的思想政治教育信息，对于培养民族自尊心、自信心、自豪感和为国家富强而献身的奋斗精神，形成良好的道德品质具有积极的意义③。德育与校园文化建设是辩证统一的关系，两者相辅相成，相互促进。良好的校园文化氛围有利于培养学生积极的态度和思想观念，使之形成品行端正、思想健康的品质；而有效的道德教育在形成积极的学风、校风和教风方面能够发挥积极的作用。

基于此，课题组拟采用反映社会主义核心价值观的文献纪录片，依托语文、道德与法治课程，让教师选择合适的时机播放给学生观看，借助纪录片这个强有力的信息化教育资源，对学生进行正面的、积极的影响，进而影响学风和校风，以形成良好的校园文化氛围。

第六类，其他资源。

其他资源指的是教学点教师要求提供的资源，如教学课件、电子教案、工作总结范文、

---

① 李忠东.有声图书俏美国[J].中外文化交流，2005(9)：56-57.

② 教基一〔2014〕4 号文件.教育部关于培育和践行社会主义核心价值观进一步加强中小学德育工作的意见[Z].2014-04-03.

③ 焦贺言.论文献纪录片的思想政治教育功能[J].当代电视，2015(12)：77-78.

学术期刊文献、教学工具软件等。教师可以将网上下载的课件和教案作为素材，或者作为参考模板制作能在自己课堂上使用的课件和教案，将工作总结范文作为参考撰写工作总结报告，利用学术期刊文献中的资料备课或者开展教学研究，利用工具软件开发教学资源。但普通教师限于信息素养不高，在查找可用的信息化资源时，往往会遇到各种困难。如学术期刊文献的下载基本都是需要收费的，中小学校一般也不会购买知网、万方等学术期刊数据库的使用权；教学工具软件种类繁多，功能多样，普通教师若没有经过专门培训，往往很难找到合适的工具使用。为此，课题组教育信息化专家可以在此方面发挥积极的作用，根据教师的要求，为他们提供力所能及的帮助，在其需要的时候，为其从网络中检索、下载资源，帮助教师们更好地开展工作。

4.1.3　农村教学点教育信息化实践路径

1.实践路径图

农村教学点教育信息化实践路径如图4-2所示，具体包括四个步骤。第一步，由教育信息化专家检索、甄别和收集可用于小学语文、数学、音乐、美术和道德与法治课程的数字教育资源；第二步，教育信息化专家将数字教育资源提供给教学点教师；第三步，教学点教师在教育信息化专家的指导下，在语文、数学、音乐、美术和道德与法治课程教学中使用资源，这些资源既可以是专家提供的资源，也可以是自己从网络中收集的资源；第四步，教育信息化专家对数字教育资源的使用进行指导。

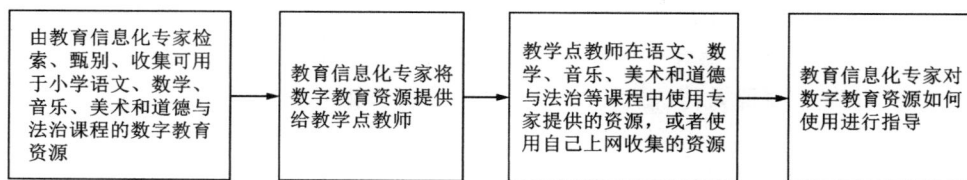

图4-2　农村教学点教育信息化实践路径

2.数字教育资源收集的原则和途径

（1）资源收集的原则。

课题组对资源收集坚持以下几个原则。一是仅收集公开、免费的资源，不需要产生额外的费用，也避免产生资源版权问题。二是资源以网络地址的方式提供给教师使用，操作简单、方便，不需要额外安装软件，教师在联网的电脑上，直接点击链接地址即可打开浏览器使用，避免因教师不会操作而产生资源不能使用的问题。三是资源使用以帮助教学点教师开展教学，提高教学效率为主要目的。教师可以在充分吸收和消化资源的基础上，在课程教学中酌情使用资源，不能简单粗暴地在教学中全程播放视频或者音频，也不能用数字化资源取代教师的讲授和与学生的互动。

（2）视频资源收集途径。

在六种类型的资源中，优秀教师授课视频、操作示范型视频，以及音乐等视频资源主要用于语文、数学、美术、音乐和道德与法治课程的教学。课题组根据人教版部编教材中的章节，从优酷、搜狐视频、网易视频、好看视频、抖音、西瓜视频、B站等视频平台上检索、甄别可用于上述课程的视频类资源，如教师授课视频、简笔画演示视频、手工制作演示视频、儿歌教程视频、乐器操作演示视频等。

文献纪录片依托语文和道德与法治课程的教学，并依据 2014 年发布的《教育部关于培育和践行社会主义核心价值观　进一步加强中小学德育工作的意见》进行收集。该文件明确提出"加强中华优秀传统文化教育""加强公民意识教育""加强生态文明教育""加强心理健康教育""加强网络环境下的德育工作"①。为此，课题组将此类资源分为：中华优秀传统文化资源、公民意识教育资源、生态文明教育资源、心理健康教育资源和网络道德资源五种类型。从央视官网、优酷、搜狐视频、网易视频、好看视频、抖音、西瓜视频、B 站等平台上检索、甄别和收集免费的文献纪录片，对资源进行分门别类整理后分享给教学点教师。课题组相继收集到中华优秀传统文化类纪录片两部(《唐代诗词故事》《传承(第一季)》)、公民意识教育类资源一部(《村民影像计划》)、生态文明教育类资源一部(《美丽中国》)、心理健康教育资源一部(《我不是笨小孩》)。这些纪录片制作精良，品质上佳，具有丰富的德育元素。如能合理使用，则能够发挥较好的育人功能，并对儿童的思想观念、道德品质产生积极影响。

(3)音频资源收集途径。

音乐类型中的音频资源主要用于音乐课程教学，课题组依据人教版部编《音乐》教材中的章节，从喜马拉雅、蜻蜓 FM、B 站、有声绘本等多个国内知名音频分享平台收集免费的音频资源。有声图书资源根据教育部基础教育课程教材发展中心于 2020 年发布的《中小学生阅读指导目录(2020 年版)》进行收集。该目录中，小学段的指导按照年级分为 1~2 年级、3~4 年级、5~6 年级三种类型，由于教学点的学生基本都是 1~4 年级，因此课题组按照目录中 1~2 年级和 3~4 年级的指导目录收集有声图书②。课题组选择喜马拉雅、蜻蜓 FM、B 站、有声绘本等多个国内知名音频分享平台收集免费的音频资源，且尽量选择制作精良、音质良好的资源。

(4)资源的使用方式。

除了第六种其他资源外，前五种资源都是视音频资源。课题组以 word 文档的方式将资源名称、对应教材名(或单元名，或课文名)和资源的链接地址列在表中，并将文档提供给教学点教师使用。教学点教师在联网的计算机上，点击链接即可打开视音频资源播放(部分资源详见附录 G)。第六种其他资源则直接通过社交软件(如 QQ)发送给需要的教师。

3. **数字教育资源应用**

随着移动互联网技术的发展，人与人之间的信息沟通变得更为方便快捷。为让资源充分发挥效益，课题组教育信息化专家通过社交软件对教学点教师使用数字教育资源进行指导，回答教学点教师在使用过程中遇到的问题，对不好用、不适用的资源进行更换。教学点教师将数字化教育资源应用于语文、数学、道德与法治、美术、音乐五门课程教学中的情况如下。

(1)美术课程资源的应用。

美术课程中使用的资源包括美术课程教师教学视频、绘画和手工制作演示视频。其中，教师教学视频以教师课堂实录型为主，使用目的为：一是让教学点教师学习优秀教师的教学

---

① 教基一〔2014〕4 号文件.教育部关于培育和践行社会主义核心价值观进一步加强中小学德育工作的意见[Z].2014-04-03.

② 搜狐网.教育部推荐的中小学必读书单(2020 版)，值得收藏[EB/OL]. https：//www.sohu.com/a/437923304_100007448，2020-12-12/2020-12-20.

方法、教学组织方法、师生互动方式等，让教师切身感受优秀教师是如何导入课程、如何开展和实施课堂教学、如何组织师生互动的，帮助教学点教师改善教学方法、提高教学能力；二是在自己的课堂教学中合理使用资源，改善教学效果，如视频中教师精彩的讲解、生动的演示和示范，在必要的时候直接在课堂上播放，能够起到激发学生兴趣、活跃课堂氛围的效果。绘画和手动制作演示视频展示了视频制作者亲自动手绘制图画、制作手工作品的全过程和详细步骤，在课堂上可以以直观、形象的方式呈现出来。教师可以将这类资源作为学习的素材，在自己掌握了绘画和手工制作之后，再给学生上课，或者在恰当的时候，在多媒体教室中直接播放视频，让学生能够更加清楚地看到操作步骤，跟着视频学习绘画和手工制作。

（2）音乐课程资源的应用。

音乐课程中使用的资源包括音乐课程教师教学视频、乐器操作视频、五线谱教学视频、歌曲范唱视频、音乐音频等多种类型。课题组根据人教版《音乐》教材中的板块类型收集资源。活动板块、知识板块、学乐器、集体舞等板块尽量收集教师授课视频资源、乐器操作视频，以便让教学点教师了解优秀教师是如何组织音乐课的课堂活动、如何讲解音乐知识、如何使用乐器、如何教学生跳集体舞的；唱歌、欣赏等板块则尽量收集五线谱教学视频、歌曲范唱视频，或者品质良好、声音清晰的音频或者视频，教师可以在课堂教学中，选择合适的时机，利用教室中的多媒体电脑播放这些视频资源，让学生跟唱、跟读或者欣赏这些艺术作品。

（3）语文和道德与法治课程资源的应用。

语文和道德与法治课程中使用的资源包括课程教师授课视频、有声电子图书和文献纪录片。

教师授课视频按照人教版《语文》和《道德与法治》教材中的内容收集各类公开课、教学比赛获奖的教学视频。教学点教师在上课前观看教学视频，可以从中学习优秀教师的教学方法、教学组织方法、师生互动方式，并酌情将其中可用的元素应用到自己的课堂教学中，或者在恰当的时候，直接在教学过程中播放教学视频。如，小学语文课要求学生掌握一定数量生字的读音和书写，对学生普通话的标准读音和朗诵也有一定的要求。教学点教师可以利用教学视频中老师标准的读音和朗诵，在课堂上播放视频，让学生跟着视频中老师的标准发言和朗诵进行学习，避免部分老师因普通话不标准而造成的教学质量不高的问题。又如，道德与法治课具有很强的实践性，其教学主旨强调让教师引导学生积极融入学校班集体、融入社会、融入生活，通过学生身边的人和事影响学生的观念和态度，培养积极的人生观、世界观和价值观。在教师授课视频中，优秀教师往往比较善于将学生身边的人和事，以及生活中、学习中的经历与课程教学内容结合起来，更好地引导学生思考。对于教学点教师而言，对此类教学视频就不能简单照搬，或者直接在课堂上播放，而是需要学习优秀教师的教学方法，学习如何结合实际，通过自己学生身边的人和事，更好地引导学生，最终达到对学生产生积极影响的教学效果。

在有声图书资源方面，教学点教师可根据与教材内容的关联程度酌情使用。与教材内容直接相关的，可以考虑在课堂教学中播放，作为课程内容学习的支撑或者补充。如，在语文课中进行唐诗教学时，就可以择机让学生听一听《林汉达中国历史故事集》中唐朝部分的故事，让学生在学习唐诗的同时，了解唐朝的历史。又如，小学语文二年级下册中的《早发白帝城》可以和《刘兴诗爷爷给孩子讲中国地理》中的"长江三峡"部分内容关联起来。将课文内容和有声图书关联起来，可以让学生在学习语文的同时，学习地理、历史知识，形成具有立体感的学习效果。与教材内容没有直接关联的内容，教师可以考虑在课后服务时间，或者早读时间、课间、中午午餐时间使用，也可以考虑在上课期间，已完成教学任务，又有一定的空白时间时酌情使用。

文献纪录片资源的使用与有声图书资源的使用类似，与课程内容关联紧密的资源可以选择在课堂教学中使用。如，《唐代诗词故事》以唐诗为蓝本，拍摄了脍炙人口的唐诗背后的历史故事，与《语文》教材中的唐诗高度相关。教师可以在课堂教学过程中，从纪录片中选择其中的相关部分播放，让学生了解唐诗背后的故事，在加深对唐诗理解的同时，感受中国传统优秀文化的魅力。又如，一年级上册《语文》教材中的课文《江南》，与《美丽中国》纪录片有相关性，四年级下册《道德与法治》中的《我们当地的风俗》，与《村民影像计划》《美丽中国》具有相关性，教师可以在语文和道德与法治课程教学中，选择与教学内容相关的片段择机播放。

（4）数学课程资源的应用。

数学课程资源以教师授课视频为主。课题组从网上收集到人教版小学数学 1~6 年级教师授课视频，将网址保存到文档中发送给教学点教师，并给出使用建议。教学点教师在备课和授课过程中根据需要加以使用，使用的方式有以下几种：一是可以借鉴视频中教师使用的案例。数学源于生产和生活，又服务于生产和生活。优秀数学教师善于将数学知识、数学问题与生产和生活进行关联，用形象生动的案例，让学生在学习过程中领略数学的价值和功用，更好地激发学生的好奇心和学习兴趣。二是可以借鉴视频中教师使用的媒体素材。教学视频中教师使用的图片、图形、视频等素材是教师根据教学内容进行选择和使用的。有些素材是从互联网中直接获取的，有些是从所使用的系统中获取的，如希沃、101PPT、万彩动画大师等产品会为用户提供图片、图形等媒体素材。但对于没有使用这些产品或者不会从互联网上搜索和获取素材的教师而言，要获取自己需要的素材存在较大的困难。教学视频就为他们提供了间接使用素材的途径，如教师可以在课堂教学中，直接播放视频中的片段，或者将视频截图放到自己的教学课件中加以使用。三是可以借鉴视频中教师的教学方法。授导式、问答式、练习式、小组协作式、探究式、角色扮演式等方法均可被用于小学数学的课堂教学中。优秀教师在自己的课堂教学中往往会根据内容和教学对象选择合适的方法开展教学。教学点教师可以通过视频直观感受优秀教师在课堂中是如何运用这些方法的，并将其移植或者嫁接到自己的课堂教学中。

4.1.4　农村教学点教育信息化实践保障机制

1. 组织保障

人员组织是教育信息化实践顺利开展的重要保障，为此，课题组成立了由课题组负责人领衔，课题组成员作为教育信息化专家，若干名研究生作为助教，教学点教师作为成员的课题组。课题组负责人总体负责行动方案的制定、资源的收集、教育信息化实践活动开展的总体方向。负责人、教育信息化专家和研究生的主要职责有三项：一是负责数字教育资源的具体收集，以及指导教学点教师在教学中使用数字教育资源，解决教学点教师在资源使用过程中遇到的问题和困难；二是负责满足教学点教师对其他资源的需求，即前述的第六种其他资源；三是对教育信息化实践的效果进行检测，即收集资料和数据，对资料和数据进行分析，了解数字教育资源的使用对教学点学生和教师产生的影响。

2. 技术保障

技术条件是保障教育信息化实践顺利开展的基础。课题组在此方面采取的主要措施有：一是确保选择参加课题的教师所在的学校都有联网的多媒体教室，可以保障信息化教学的顺利开展。随着我国对农村教育的持续投入，尤其是 2013 年至 2021 年，义务教育均衡发展国家督导评估工作的推进①，农村地区学校的硬件设施条件持续改善。能够连接到互联网的农村教学点数量持续增加，多媒体教室的普及程度也越来越高。这也为本课题的开展提供了条件。二是尽量采用大众化程度高、简单实用的信息技术。如前所述，数字教育资源是以网址的方式提供给教学点教师的，教学点教师只需要在联网的计算机上点击网址链接即可打开运行于浏览器上的视音频资源。又如，课题组成员之间的沟通使用了大众普及度高的 QQ 和微信，资源的传送、信息的传递都通过微信和 QQ 来实现。资源的传递、成员之间的信息沟通非常通畅。三是确保教学点教师在使用过程中遇到的技术难题，可以随时向课题组寻求帮助，课题组负责人、成员和研究生负责对其问题进行解答。

3. 行动保障

为保障教育信息化活动的顺利开展，课题组制定了《教育信息化助力教育教学活动开展的行动指南》（以下简称《指南》），阐明了课题开展的详细步骤、资源使用的方式和建议，作为参与者的行动参照。《指南》阐明了教育信息化实践活动的开展步骤，主要包括五个方面的内容：一是实践前的准备工作，包括加入课题组创建的工作 QQ 群，或者添加课题负责人的 QQ、微信，下载群中共享的资料；二是对学生做前测，利用课题组提供的阅读素养调查问卷对学生进行测试，收集前测数据；三是利用课题组提供的信息化资源开展实践；四是在实验完成后，填写课题组提供的调查问卷，了解数字教育资源使用的情况和效果；五是由课题组成员对部分教师进行访谈，了解数字教育资源使用的情况，以及学生音乐、美术方面的素质和校园文化等方面是否发生变化，以此了解教育信息化实践是否对学生的音乐、美术素养及校园文化建设起到了积极的作用。

4.2　教育信息化支持农村教学点发展行动实践

4.2.1　前期准备

根据前文"教育信息化支持农村教学点发展行动方案"拟定的策略、实践模式和实践路径，课题组从网络中收集了用于语文、数学、道德与法治、音乐、美术五门课程教学的数字化教育资源，并制定了《教育信息化支持农村教学点发展行动指南》，向教师详细说明了教育信息化实践活动如何具体开展。

1. 收集数字教育资源

课题组依据"教育信息化支持农村教学点发展行动方案"中确定的资源收集原则和方法，具体展开了资源收集的活动。为方便操作，课题组将资源分为六个类别，分别是：语文课程

---

① 教育部. 全国县域义务教育基本均衡发展国家督导评估认定收官 [EB/OL]. http://www.moe.gov.cn/s78/A11/s8393/s7657/202205/t20220505_624731.html, 2022-05-05/2022-11-22.

教师授课视频资源、道德与法治课程教师授课视频资源、美术视频资源、音乐视频资源、有声图书资源、文献纪录片资源，具体资源详见附录 G。

第一，语文课程的教师授课视频资源。依据人民教育出版社 2020 年出版的小学《语文》1～6 年级教材中的内容，课题组利用百度搜索引擎，分别输入"小学一年级语文上册""小学一年级语文下册"等关键词搜索视频，对公开、免费的教学视频逐一审查，将合适的资源网址复制下来保存到资源列表中。课题组最终确定将西瓜视频平台中由"网课集中营"发布的《"停课不停学"人教版一年级语文上册》系列视频作为小学一年级语文上册的入选资源。同样，小学语文一年级下册、二年级上册、二年级下册、三年级上册、三年级下册、四年级上册和四年级下册也分别选择了合适的资源。如《语文》一年级下册，课题组从西瓜视频平台上检索到中国教育电视台制作、发布的《同上一堂课》系列教学视频，涵盖了一年级下册 15 个单元的内容①。教学视频中的教师主要来自清华大学附属小学，按照人教版教材的内容进行讲解授课。

第二，数学课程的教师授课视频资源。课题组在百度视频搜索引擎中逐一输入"小学数学人教版一年级""小学数学人教版二年级"等关键词，检索到若干个小学数学人教版的教学视频。在对检索到的结果进行观看和比较后，选择了来自 B 站的若干教学视频，并将视频网址保存到资源列表中。最终课题组将 B 站自媒体作者"牛哥小学作文秀"发布的《小学数学一年级数学上册人教版》系列视频作为一年级上册的数字教育资源。该资源以微课的方式呈现，教师站在教学课件前讲解教学内容。每个微课视频涵盖一个知识点，时长约 20 分钟。教师讲解清晰，教学课件制作精美，内容紧扣教材。按照同样的方式，课题组确定了一年级数学下册，以及二到六年级的数学资源。

第三，道德与法治课程的教师授课视频资源。道德与法治课程一年级上册和下册资源的收集方式和语文教学视频资源相同，即以每个学期为单位收集视频集，其中一年级上册、一年级下册、二年级下册、三年级下册均能收集到比较合适的整套视频集。但二年级上册、三年级上册、四年级上册、四年级下册则未能收集到合适的整套视频集，于是课题组以课文为单位进行收集。每册有 4 个单元，每个单元有 4 篇课文，共计 16 篇课文，因此每册收集到 16 条教师授课的视频资源。如《道德与法治》二年级上册《第一单元 我们的节假日》中的《假期有收获》部分，课题组从优酷视频平台上搜索到东莞东城三小的王老师的授课视频，内容包括导入、提问、与学生互动的教学环节，较为完整地呈现了优秀教师的授课过程②。

第四，美术课程视频资源。美术课程视频资源包括两种类型，一种是教师授课视频，另一种是绘画和手工制作演示视频。人教版 1～6 年级《美术》教材每册都有 20 个单元，课题组按照单元搜索资源，大部分单元都能够收集到两种类型的视频资源。如《美术》一年级上册第二课《大家都来做》的教学内容是手工制作，课题组从抖音视频平台上搜索到网友上传的用纸、马克笔制作"荷塘月色"手工作品的演示视频③。同时从好看视频平台上搜索到课堂实录

①　CETV4 同上一堂课：小学一年级语文下册［EB/OL］. https：//www. ixigua. com/67987448265913314443？logTag = 8c6e5a12bf8f3f234e2d，2022-02-28/2022-09-11.

②　假期有收获(部编版道德与法治二年级上册)［EB/OL］. https：//v. youku. com/v_show/id_XNDIzMzAyMTk4MA = =. html，2019-06-18/2022-09-11.

③　人教小学美术一年级（上册）《大家都来做》免费教学视频［EB/OL］. https：//haokan. baidu. com/v？pd = wisenatural&vid = 16364731340862347064，2020-10-30/2022-09-11.

视频，完整记录了教师围绕该部分内容展开教学的过程。尽管如此，仍然有少部分单元仅能收集到一种类型的资源。如一年级上册第一课《认识美术工具》因课程内容不需要演示，教师讲课视频中本身就有教师展示常用的美术工具，因此只收集了教师授课视频资源。

第五，音乐课程视频资源。音乐课程资源包括两种类型，一种是教师授课视频，课堂实录、教师使用 PPT 讲解音乐知识的微课视频均属于此种类型。课堂实录是教师上音乐课程的视频实录，记录了教师导入、组织课堂教学、讲解知识内容、与学生互动的过程。例如，《音乐》小学一年级下册《第一单元 红绿灯 绿灯行》中的唱歌《"对不起""没关系"》，课题组从优酷视频平台上收集到了内蒙古乌拉特前旗第一小学教师的授课实录视频，完整记录了教师边弹钢琴边教学生学唱这首歌曲，并与学生互动的全过程①。又如，《音乐》小学二年级下册《第一单元 到郊外去》中的歌曲《出发》，课题组从 B 站视频平台上搜索到了淮南田家庵区民生中学的刘老师录制的微课视频。视频中的内容包括主讲教师用教学课件（PPT）导入课程内容、讲解与歌曲相关的知识点，以及利用简谱教学生学唱歌曲②。另一种是音乐视频，包括唱歌类、乐器演奏类。歌曲类音乐视频即 MV（Music Video），是用音乐、字母和唱歌等元素将音乐演绎出来。如《音乐》小学二年级下册《第一单元 到郊外去》中的《编创 开火车》部分，课题组从好看视频平台上搜索到了歌曲《开火车》的动画版 MV，视频画面清晰，卡通人物形象生动，歌词字幕随着唱歌的声音同步播出，是非常好的音乐 MV③。

第六，有声图书资源的收集。有声图书资源主要从喜马拉雅和蜻蜓 FM 两个音频分享平台中收集。课题组按照教育部 2020 年《中小学生阅读指导目录（2020 年版）》中列出的书籍，从这两个平台中收集有声读物，大多数书籍都找到了免费的音频资源。如，一、二年级必读书籍《中华人物故事汇 中华先锋人物故事汇》，课题组从喜马拉雅音频分享平台上找到了自媒体制作者共享的全套有声读物，包括"华罗庚""袁隆平""钱学森"等人物的故事④。又如，一、二年级必读经典《林汉达中国历史故事集》，课题组从喜马拉雅平台上找到了网友分享的一共 159 集的全套有声读物资源，制作精良、发音标准、语言流畅⑤。当然，少部分书籍未能找到合适的资源，如一、二年级必读经典书目中的《读图识中国》，上述两个平台中未能找到合适的资源，可能与该书以图片为主，不太适合"读"出来有关。

第七，文献纪录片资源的收集。课题组按照"中华优秀传统文化""公民意识教育""生态文明教育""心理健康教育""网络道德"等五个维度进行收集。

一是"中华优秀传统文化"类，课题组从 B 站视频平台上找到了中央电视台综艺频道录制的《唐代诗词故事》系列节目，以及中央电视台纪录频道录制的《传承（第一季）》系列节目。《唐代诗词故事》用微电影的方式，以初唐、中唐、晚唐三个时期的唐诗为蓝本，拍摄了李白《行路难》等脍炙人口的唐诗背后的历史故事，重新解构唐诗精华和精神本质，把唐诗文化从

①　儿童歌曲《"对不起""没关系"（开心儿歌）》，天籁之音，太好听了［EB/OL］. https：//www. ixigua. com/6703508458647323143, 2019-06-17/2022-09-11.

②　二年级下册音乐课《出发》上［EB/OL］. https：//haokan. baidu. com/v？pd=wisenatural&vid=4236956397580624286, 2020-06-15/2022-09-11.

③　《开火车》流行歌曲儿童版，简单易学，宝妈的好帮手［EB/OL］. https：//haokan. baidu. com/v？pd=wisenatural&vid=10069266726847140435, 2019-04-24/2022-09-11.

④　中华先锋人物故事汇［EB/OL］. https：//www. ximalaya. com/album/44361505, 2022-08-25/2022-09-11.

⑤　林汉达中国历史故事集【全集】［EB/OL］. https：//www. qingting. fm/channels/202998/, 2017-04-20/2022-09-11.

边缘化拉至大众化，从而达到文化普及的目的①。《传承（第一季）》通过表现海峡两岸 50 位文化传承人的精彩技艺和人生故事，展现中华民族的传承力量，弘扬优秀的传统文化，揭示百年、千年来中华民族伟大的生存、生产和生活智慧，表现海峡两岸在中华传统文化上的同宗同源、一脉相承②。

二是"公民意识教育资源"类，课题组从芒果台网络平台上找到了纪录片《村民影像计划》的系列视频资源。"村民影像计划"是草场地工作站应"中国—欧盟村务管理培训项目"委托策划，在 2005 年 7 月开始组织运行的，节目是让来自中国不同省份的农民，即具有"草根背景"的村民亲自参与拍摄③。

三是"生态文明教育"类，课题组在 B 站视频平台上找到了由央视和英国广播公司（British Broadcasting Corporation，BBC）合拍的纪录片《美丽中国》④。《美丽中国》是第一部表现中国野生动植物和自然人文景观的大型电视纪录片，也是由中国中央电视台（CCTV）和英国广播公司（BBC）第一次联合摄制的作品。影片从长江以南的稻米之乡开始，一直拍到酷热的西双版纳雨林、极寒的珠穆朗玛峰、中国的标志长城、中华文化发源地黄河流域，以及蜿蜒曲折的 1.8 万公里大陆海岸线等，含有丰富的生态文明教育元素。

四是"心理健康教育"类，课题组从中央电视台官方网站上找到了由该台录制的纪录片《我不是笨小孩》。该片是一部长时间观察阅读障碍儿童成长的纪录片，通过对三个阅读障碍儿童家庭长达三年的系统追踪跟拍，真实而深入地反映了他们的生存困境和成长变化，以及家长、教师和孩子们的不懈努力⑤。

五是"网络道德资源"类，课题组未找到合适的纪录片资源。

2. 制定《教育信息化支持农村教学点发展行动指南》

为更好地开展行动实践，课题组制定了《教育信息化支持农村教学点发展行动指南》，分步骤介绍实践行动的具体开展。主要内容有：

步骤 1：愿意参加的教师加入工作 QQ 群，或者添加课题负责人的 QQ 或微信。

步骤 2：通过 QQ 或者微信获取实践所需的资料，包括《教育信息化支持农村教学点发展行动指南》，以及按照语文、数学、道德与法治、音乐、美术五门课程分类的网络资源列表。

步骤 3：对教师进行前测。告知参加实践的教师，课题组在"问卷星"问卷调查网络平台上上传了调查问卷，并将调查问卷网址以及二维码提供给教师。教师在浏览器中根据网址打开调查问卷，或者用手机 QQ（也可以用微信）扫描二维码后就可以填写问卷⑥，填写完毕后提交即可。

步骤 4：对学生进行前测。前测针对三年级及以上年级的学生，由教师向学生发放纸质问卷，学生填写后回收。参加实践的教师向课题组提供学生人数、授课科目、邮寄地址等基

① B 站.【古诗词】《唐代诗词故事》（央视·文化大百科）19 集全［EB/OL］. https：//www. bilibili. com/video/av62158414/，2019-08-04/2022-09-11.

② 《特别呈现》20160119 传承（第一季）［EB/OL］. https：//tv. cctv. com/2016/01/20/VIDEel4zkvbuV5sCC3cK9epd160120. shtml? spm=C55924871139. PT8hUEEDkoTi. 0. 0，2016-01-20/2022-09-11.

③ 道德的力量［EB/OL］. https：//www. mgtv. com/b/44799/523111. html? fpos=6，2014-01-03/2022-09-11.

④ 央视纪录片《美丽中国》53 集完整［EB/OL］. https：//www. bilibili. com/video/BV16i4y1r7BU，2022-03-19/2022-09-11.

⑤ https：//tv. cctv. com/2021/01/26/VIDERp4tnUJm31sTzZKqCLDs210126. shtml? spm=C55924871139. PT8hUEEDkoTi. 0. 0

⑥ 用于教师前测的调查问卷网址是 https：//www. wjx. cn/vm/tu9aBTR. aspx.

本信息，课题组会将前测问卷邮寄给实践教师。教师让学生填写问卷，并邮寄给课题组指定责任人。

步骤5：语文、道德与法治、音乐和美术等各科教师使用课题组提供的资源开展教学。此处，课题组特别提示教师，资源的使用应完全出于教学和教师发展的考虑，教师可以在备课过程中观看或者听课题组提供的视频或音频材料，将其中可用的部分吸纳到自己的课程方案中，在上课过程中酌情使用。视频或者音频材料在课堂中的使用也应完全依据教师上课的需要，观看或者聆听哪些材料，使用时长等都根据教学需要确定。同时，课题组为教师使用数字资源提供建议。若教师在资源使用过程中遇到困难或者有问题，课题组会提供帮助。

步骤6：课题组对教师进行问卷调查和访谈。调查问卷涉及八个方面的题项：一是个人基本信息；二是数字教育资源的使用情况；三是数字教育资源使用对教学的影响；四是数字教育资源对教师专业能力的影响；五是数字教育资源使用对学生阅读素养的影响；六是数字教育资源使用对教风的影响；七是数字教育资源使用对学风的影响；八是数字教育资源使用对班风的影响。访谈涉及五个方面的问题：一是学校、教师和授课班级的基本情况，如学校背景、教师授课科目、教师每周课时、班级人数等；二是教师使用课题组提供资源开展教学的基本情况，包括资源使用频次，使用了哪些资源等；三是数字教育资源对教师的影响情况，即教师使用数字教育资源后，教学能力、教学方法、教学实践等方面是否发生了变化，具体表现如何等；四是学生使用资源后的变化情况，如学风、学习效果等；五是对教学实践活动的改进建议。

4.2.2　实践活动的组织

1. 制定征召参加科研活动的志愿者公告

课题组制定了《征召参加科研活动志愿者公告》（以下简称《公告》），借助互联网通信工具，通过地方教育局、同事、同学、学生向社会广泛征集参加科研活动的志愿者。征召对象要求是小学农村教学点主讲语文、数学、道德与法治、音乐、美术等课程的教师。

《公告》主要包括以下几个方面的内容。

（1）征召目的。明确表明征召目的是开展课题研究，并说明志愿参加的主讲教师须使用由课题组提供的、与主讲课程相关的数字教育资源开展教学，以检验数字教育资源的使用对促进教师专业、改善学风、提升教学效果的作用。向参与者说明，数字教育资源系课题组根据教育部统编教材，从互联网中收集的公开、免费的资源，以微课、教学视频、有声图书为主。

（2）服务承诺。课题组承诺向志愿者教师提供四个方面的服务：一是提供一张参加本课题的证书，盖有单位公章；二是获得课题组提供的与课程相关的信息化资源服务，主要是《教育信息化支持农村教学点发展行动指南》中提供的以链接方式呈现的数字教育资源；三是获得与课程教学相关的信息技术服务，包括收集课件、软件工具、电子文档等；四是获得关于申报和开展课题、撰写和发表学术论文方面的咨询和服务。

（3）工作原则。一是自愿原则，自愿参加、自愿退出。二是学术原则，只围绕学术内容开展教学和科研实践活动，不组织和从事任何其他活动。三是免费原则，志愿者不需要支付任何费用，科研活动的必要经费由课题组承担，原则上仅限于调查问卷的复印费用、调查问卷的邮寄费用等。四是服务原则，课题组为参加志愿活动的教师提供全程服务。同时，课题组向参加教学实践的教师提供盖有公章的参加本课题研究的证书。

（4）资源介绍。详细介绍课题中使用资源的类型和来源，以及使用方式。

（5）工作安排。对教学实践活动的开展进行详细说明。

（6）申请程序。说明参加的具体方式，志愿者申请加入课题组创建的 QQ 群，或者添加课题组负责人的 QQ（或微信），从负责人处获取资料，并表明会按照课题组提供的方案开展教育信息化实践。

2. 在全国范围内广泛征召志愿者教师参加教学实践活动

2021 年 9 月至 2022 年 9 月，课题组将《公告》通过社交软件（微信朋友圈、QQ 等）向社会公开，征集愿意参加实践的教师。经过课题组的不断努力，先后征召了来自湖北、辽宁、湖南、福建等地区的 9 所城镇学校、2 所农村中心校、15 所农村完小/教学点的 53 名教师参加本项目教学实践。考虑到农村完小在教学条件、师资配置等方面与教学点相差不大，因此将农村完小和教学点归入一类。这样，在 53 名教师中，有 23 位教师来自城镇学校或者农村中心校，30 位教师来自农村完小/教学点。参加教学实践教师的详细信息，包括教师称呼、学校类型、学校名称、任教科目、任教年级和任教学生人数，如表 4-1 所示。

表 4-1　志愿参加项目的教师名单

性别	教师称呼	学校类型	任教科目	任教年级	任教学生人数
女	秦老师	城镇学校	语文	三年级	45
女	刘老师	城镇学校	语文	三年级	43
女	黄老师	城镇学校	美术	一、五、六年级	312
男	陈老师	城镇学校	音乐	一、二、五、六年级	523
女	杨老师	城镇学校	语文	一年级	55
女	陈老师	城镇学校	道德与法治	一年级	52
女	陈老师	城镇学校	数学	三年级	45
女	曾老师	城镇学校	语文	六年级	53
男	韩老师	城镇学校	语文	五年级	53
女	甘老师	城镇学校	语文	二年级	29
女	王老师	城镇学校	语文	三年级	52
女	肖老师	城镇学校	美术	四年级	57
女	叶老师	城镇学校	语文	四年级	56
女	贺老师	城镇学校	道德与法治	四年级	52
女	柯老师	城镇学校	音乐、美术	二年级	63
女	胡老师	城镇学校	语文	六年级	41
女	柯老师	城镇学校	音乐、美术	二年级	63
男	王老师	城镇学校	音乐	二、四、六年级	62

续表4-1

性别	教师称呼	学校类型	任教科目	任教年级	任教学生人数
男	王老师	城镇学校	语文	五年级	51
女	周老师	城镇学校	语文	六年级	58
女	黄老师	城镇学校	道德与法治	三年级	50
女	黎老师	农村中心校	音乐	三年级	40
女	于老师	农村中心校	语文	五年级	49
女	于老师	农村完小/教学点	语文	二年级	22
男	田老师	农村完小/教学点	语文	六年级	33
女	郑老师	农村完小/教学点	语文	六年级	32
女	刘老师	农村完小/教学点	语文	三、五年级	55
男	张老师	农村完小/教学点	语文、道德与法治	三年级	12
女	袁老师	农村完小/教学点	语文、道德与法治	四年级	6
女	王老师	农村完小/教学点	语文	二年级	9
女	陈老师	农村完小/教学点	语文、道德与法治	四年级	10
男	徐老师	农村完小/教学点	语文、道德与法治、美术	三年级	15
女	黄老师	农村完小/教学点	语文、道德与法治	二、三年级	39
女	刘老师	农村完小/教学点	语文、数学	五年级	35
女	王老师	农村完小/教学点	语文、数学	三年级	20
女	杨老师	农村完小/教学点	语文、道德与法治	一年级	2
女	丁老师	农村完小/教学点	语文、道德与法治	三年级	2
女	范老师	农村完小/教学点	语文、道德与法治	六年级	10
男	雷老师	农村完小/教学点	语文、道德与法治、体育	三年级	42
女	胡老师	农村完小/教学点	语文、道德与法治	四年级	40
女	沈老师	农村完小/教学点	语文	六年级	45
女	吴老师	农村完小/教学点学	语文、美术、音乐	一、四年级	41
女	柳老师	农村完小/教学点	语文、英语	五年级	41
男	刘老师	农村完小/教学点	语文	一年级	45
女	余老师	农村完小/教学点	数学、英语	六年级	45
女	来老师	农村完小/教学点	语文	五年级	42
女	汪老师	农村完小/教学点	语文	五年级	15
女	曾老师	农村完小/教学点	数学	五年级	15

续表4-1

性别	教师称呼	学校类型	任教科目	任教年级	任教学生人数
男	陈老师	农村完小/教学点	语文	三年级	21
女	秦老师	农村完小/教学点	语文、数学	六年级	16
男	王老师	农村完小/教学点	语文、数学、道德与法治	三年级	5
男	廖老师	农村完小/教学点学	语文、数学、道德与法治	二年级	18
男	王老师	农村完小/教学点	语文、数学、道德与法治	一年级	16

3.解答志愿教师对实践活动的疑惑

课题组会对参与实践活动的志愿教师提出的疑问进行解答，包括资源如何使用、如何具体开展教学活动、如何发放问卷等与课题直接相关的问题，也包括如何收集信息化教学资源、如何收集学术文献资料、如何开展课题研究等与课题间接相关的问题。

4.2.3 对教育信息化实践活动的调查

为了解教师们是如何使用数字教育资源进行教学实践活动的，课题组设计了调查问卷和访谈提纲(详见附录 A~F)，对农村教学点教育信息化实践活动进行调查。

1.对参加教育信息化实践活动教师的问卷调查

课题组将教师按照教学点和非教学点进行了分类。两类教师的基本信息如表 4-2 所示，包括性别、年龄、学历、教授科目、教授年级等。

表 4-2 填写调查问卷教师基本信息

题项	选项及选择人数和比例	
	教学点(28 人)	非教学点(23 人)
性别	男(5 人，17.9%) 女(23 人，82.1%)	男(8 人，34.8%) 女(15 人，65.2%)
年龄	<=25 岁(8 人，28.6%) 25 岁-35 岁(12 人，42.9%) 35 岁-50 岁(8 人，28.6%) >=50 岁(0 人，0)	<=25 岁(2 人，8.7%) 25 岁-35 岁(15 人，65.2%) 35 岁-50 岁(6 人，26.1%) >=50 岁(0 人，0)
学历	研究生(0 人，0) 本科(21 人，75.0%) 专科(7 人，25.0%) 中专及以下(0 人，0)	研究生(0 人，0) 本科(22 人，95.7%) 专科(1 人，4.3%) 中专及以下(0 人，0)

续表4-2

题项	选项及选择人数和比例	
	教学点(28人)	非教学点(23人)
教授科目 (多选题)	语文(13人, 46.4%) 数学(18人, 64.3%) 英语(11人, 39.3%) 道德与法治(6人, 21.4%) 科学(8人, 28.6%)体育(6人, 21.4%) 音乐(14人, 50.0%)美术(7人, 25.0%) 健康(4人, 14.3%) 信息科技(6人, 21.4%) 民族语言(0人, 0)书法(2人, 7.1%) 综合实践(2人, 7.1%)	语文(14人, 60.9%) 数学(12人, 52.2%) 英语(6人, 26.1%) 道德与法治(8人, 34.8%) 科学(3人, 13.0%)体育(2人, 8.7%) 音乐(8人, 34.8%)美术(6人, 26.1%) 健康(4人, 17.4%) 信息科技(6人, 26.1%) 民族语言(0人, 0)书法(3人, 13.0%) 综合实践(3人, 13.0%)
教授年级 (多选题)	一年级(7人, 25.0%) 二年级(7人, 25.0%) 三年级(11人, 39.3%) 四年级(7人, 25.0%) 五年级(11人, 39.3%) 六年级(6人, 21.4%)	一年级(2人, 8.7%) 二年级(7人, 30.4%) 三年级(8人, 34.8%) 四年级(4人, 17.4%) 五年级(6人, 26.1%) 六年级(5人, 21.7%)

表4-3是教师使用数字教育资源的基本信息。数据显示，将其作为备课素材使用、在课堂上播放视频中的一部分是教师使用数字教育资源的主要方式。教学点教师和非教学点教师使用这两种方式的比例分别为96.4%、92.9%和91.3%、73.9%。而在课堂上播放完整视频的比例相比前两种方式要少得多，教学点教师和非教学点教师使用该种方式的比例分别为25.0%和39.1%。在数字教育资源使用的场合方面，教学点和非教学点教师在课堂教学、课后服务和社团活动中使用的比例分别为100%、78.6%、28.6%和100%、73.9%、34.8%。在使用数字教育资源的频率方面，教学点和非教学点教师在少于每周1次、少于每天1次、每天1到多次等几个选项上的比例分别为0、60.7%、39.3%和30.4%、26.1%、43.5%。

表4-3　教师使用数字教育资源的基本信息

题项	选项及选择人数和比例	
	教学点(28人)	非教学点(23人)
使用数字教育 资源的方式 (多选)	当作备课素材(27人, 96.4%) 在课堂上播放视频中的一部分(26人, 92.9%) 课堂上播放完整的视频(7人, 25.0%)	当作备课素材(21人, 91.3%) 在课堂上播放视频中的一部分(17人, 73.9%) 课堂上播放完整的视频(9人, 39.1%)
数字教育资源 使用的场合 (多选)	课堂教学(28人, 100%) 课后服务(22人, 78.6%) 社团活动(8人, 28.6%)	课堂教学(23人, 100%) 课后服务(17人, 73.9%) 社团活动(8人, 34.8%)
使用数字教育 资源的频率 (单选)	少于每周1次(0人, 0) 少于每天1次(17人, 60.7%) 每天1到多次(11人, 39.3%)	少于每周1次(7人, 30.4%) 少于每天1次(6人, 26.1%) 每天1到多次(10人, 43.5%)

　　为了解数字教育资源使用的效果，课题组从数字资源使用对教学效果的影响、对教师专业发展的影响、对学生阅读素养的影响、对教风的影响、对学风的影响、对班风的影响等几个方面进行了调查，结果如表 4-4 至表 4-9 所示。

　　表 4-4 数据显示，对于数字教育资源使用的教学效果，参与调查的教学点和非教学点教师都认为有积极的效果，表现在改善了教学效果、活跃了课堂氛围、提高了学生的学习效率以及提高了教师的备课效率等几个方面。

表 4-4　数字教育资源的使用对教学效果影响的调查

题目	各选项被选择的比例							
	教学点（28 人）				非教学点（23 人）			
	不符合	不确定	比较符合	非常符合	不符合	不确定	比较符合	非常符合
（1）数字教育资源的使用，对改善教学效果起到了积极的作用	0 人 0	0 人 0	12 人 42.9%	16 人 57.1%	0 人 0	0 人 0	14 人 60.9%	9 人 39.1%
（2）数字教育资源的使用，对活跃课堂氛围起到了积极的作用	0 人 0	0 人 0	10 人 35.7%	18 人 64.3%	0 人 0	0 人 0	12 人 52.2%	11 人 47.8%
（3）数字教育资源的使用，对提高学生的学习效率起到了积极作用	0 人 0	0 人 0	15 人 53.6%	13 人 46.4%	0 人 0	0 人 0	9 人 39.1%	14 人 60.9%
（4）数字教育资源的使用，对提高我的备课效率起到了积极作用	0 人 0	0 人 0	9 人 32.1%	19 人 67.9%	0 人 0	0 人 0	12 人 52.2%	11 人 47.8%

　　表 4-5 显示了数字教育资源的使用对教师专业发展影响的调查结果。数据显示，教学点和非教学点教师普遍认为数字教育资源的使用在提升自己的学习方法、提高学科教学技能、改善教学评价方法、提高信息技术教学技能、拓展学科知识、拓展课程知识、提高跨学科教学能力等方面发挥了积极的作用。大部分教学点和非教学点教师认为数字教育资源的使用提高了课堂管理能力（教学点和非教学点教师分别有 1 人和 2 人不确定是否提高了课堂管理能力），以及提升了针对特殊学生的教学能力（教学点和非教学点教师分别有 3 人和 5 人不认为提升了针对特殊学生的教学能力）。

表 4-5　数字教育资源的使用对教师专业发展影响的调查

题目	各选项被选择的比例							
	教学点(28人)				非教学点(23人)			
	不符合	不确定	比较符合	非常符合	不符合	不确定	比较符合	非常符合
(1)数字教育资源的使用,帮助我改进了自己的学习方法	0人 0	0人 0	12人 42.9%	16人 57.1%	0人 0	0人 0	14人 60.9%	9人 39.1%
(2)数字教育资源的使用,帮助我提高了学科教学技能	0人 0	0人 0	15人 53.6%	13人 46.4%	0人 0	0人 0	14人 60.9%	9人 39.1%
(2)数字教育资源的使用,帮助我改善了教学评价方法	0人 0	0人 0	12人 42.9%	16人 57.1%	0人 0	0人 0	14人 60.9%	9人 39.1%
(3)数字教育资源的使用,帮助我提高了课堂管理能力	0人 0	2人 7.1%	12人 42.9%	14人 50.0%	0人 0	1人 4.3%	11人 47.8%	11人 47.8%
(4)数字教育资源的使用,帮助我提高了信息技术教学技能	0人 0	0人 0	14人 50.0%	14人 50.0%	0人 0	0人 0	8人 34.8%	15人 65.2%
(5)数字教育资源的使用,帮助我拓展了学科知识	0人 0	0人 0	8人 28.6%	20人 71.4%	0人 0	0人 0	8人 34.8%	15人 65.2%
(6)数字教育资源的使用,帮助我拓展了课程方面的知识	0人 0	0人 0	9人	19人	0人 0	0人 0	9人 39.1%	14人 60.9%
(7)数字教育资源的使用,帮助我提高了跨学科教学能力	0人 0	0人 0	8人 28.6%	20人 71.4%	0人 0	0人 0	9人 39.1%	14人 60.9%
(8)数字教育资源的使用,帮助我提升了教学管理能力	0人 0	0人 0	14人 50.0%	14人 50.0%	0人 0	0人 0	12人 52.2%	11人 47.8%
(9)数字教育资源的使用,帮助我提升了针对特殊学生的教学能力(如留守儿童、残疾儿童等)	2人 7.1%	1人 3.6%	10人 35.7%	15人 53.6%	3人 13.0%	2人 8.7%	10人 43.5%	8人 34.8%

　　表 4-6 显示了数字教育资源的使用对学生阅读素养影响的调查结果。数据表明,绝大多数填写问卷的教学点教师和非教学点教师都认为数字教育资源的使用能够提高学生的阅读素养,能够提升学生的阅读兴趣,有助于提高学生的阅读能力,有助于提高学生对语言文字的理解能力。

表 4-6　数字教育资源的使用对学生阅读素养影响的调查

题目	各选项被选择的比例							
	教学点（28 人）				非教学点（23 人）			
	不符合	不确定	比较符合	非常符合	不符合	不确定	比较符合	非常符合
（1）数字教育资源的使用，能够提高学生的阅读素养	0 人 0	1 人 3.6%	14 人 50.0%	13 人 46.4%	0 人 0	1 人 4.3%	10 人 43.5%	12 人 52.2%
（2）数字教育资源的使用，能够提升学生的阅读兴趣	0 人 0	1 人 3.6%	14 人 50.0%	13 人 46.4%	0 人 0	2 人 8.7%	9 人 39.1%	12 人 52.2%
（3）数字教育资源的使用，有助于提高学生的阅读能力	0 人 0	0 人 0	13 人 46.4%	15 人 53.6%	0 人 0	0 人 0	9 人 39.1%	14 人 60.9%
（4）数字教育资源的使用，有助于提高学生对语言文字的理解能力	0 人 0	0 人 0	11 人 39.3%	17 人 60.7%	0 人 0	0 人 0	10 人 43.5%	13 人 56.5%

表 4-7 显示了数字教育资源的使用对教风影响的调查结果。数据表明，绝大多数填写问卷的教学点教师和非教学点教师都认为数字教育资源的使用能够改善教风，主要表现在：数字资源的使用会对教师的教学责任心产生积极影响，会对教师对学生的答疑和辅导、对厌学学生的态度、对学生的关爱、与学生的交流沟通、受学生欢迎的程度、对讲课的热情、与学生的互动、课堂氛围、教学方法、对学生的影响程度等方面产生积极影响。

表 4-7　数字教育资源的使用对教风影响的调查

题目	各选项被选择的比例							
	教学点（28 人）				非教学点（23 人）			
	有消极影响	没有影响	有一点积极影响	有较大的积极影响	有消极影响	没有影响	有一点积极影响	有较大的积极影响
（1）数字化教学资源的使用，是否影响您的教学责任心	0 人 0	0 人 0	7 人 25.0%	21 人 75.0%	0 人 0	0 人 0	14 人 60.9%	9 人 39.1%
（2）数字化教学资源的使用，是否影响您对学生的答疑、辅导	0 人 0	3 人 10.7%	13 人 46.4%	12 人 42.9%	0 人 0	1 人 4.3%	14 人 60.9%	8 人 34.8%

续表4-7

题目	各选项被选择的比例							
	教学点(28人)				非教学点(23人)			
	有消极影响	没有影响	有一点积极影响	有较大的积极影响	有消极影响	没有影响	有一点积极影响	有较大的积极影响
(3)数字化教学资源的使用,是否影响您对厌学学生的态度	0人 0	9人 32.1%	9人 32.1%	10人 35.7%	0人 0	5人 21.7%	11人 47.8%	7人 30.4%
(4)数字化教学资源的使用,是否影响您对学生的关爱	0人 0	12人 42.9%	9人 32.1%	7人 25.0%	0人 0	7人 30.4%	8人 34.8%	8人 34.8%
(5)数字化教学资源的使用,是否影响您与学生的交流沟通	0人 0	4人 14.3%	9人 32.1%	15人 53.6%	0人 0	6人 26.1%	8人 34.8%	9人 39.1%
(6)数字教育资源的使用,是否影响您受学生欢迎的程度	0人 0	3人 10.7%	13人 46.4%	12人 42.9%	0人 0	6人 26.1%	9人 39.1%	8人 34.8%
(7)数字教育资源的使用,是否影响您对讲课的热情	0人 0	1人 3.6%	10人 35.7%	17人 60.7%	0人 0	5人 21.7%	6人 26.1%	12人 52.2%
(8)数字教育资源的使用,是否影响您与学生的互动	0人 0	5人 17.9%	14人 50.0%	9人 32.1%	0人 0	3人 13.0%	9人 39.1%	11人 47.8%
(9)数字教育资源的使用,是否影响课堂气氛	0人 0	0人 0	12人 42.9%	16人 57.1%	0人 0	0人 0	10人 43.5%	13人 56.5%
(10)数字教育资源的使用,是否影响您的教学方法	0人 0	0人 0	13人 46.4%	15人 53.6%	0人 0	0人 0	12人 52.2%	11人 47.8%
(11)数字教育资源的使用,是否影响您对学生的影响程度	0人 0	0人 0	16人 57.1%	12人 42.9%	0人 0	0人 0	12人 52.2%	11人 47.8%

表4-8显示了数字教育资源的使用对学风影响的调查结果。数据表明,绝大多数填写问卷的教学点教师和非教学点教师都认为数字教育资源的使用对学风具有积极的影响。主要表现在:数字教育资源的使用对学生完成作业、学生课堂遵守纪律、学生上课认真听讲、班上的学习氛围、学生参加校园活动、学生参加交流讨论等方面均具有积极影响。

表 4-8　数字教育资源的使用对学风影响的调查

题目	各选项被选择的比例							
	教学点（28 人）				非教学点（23 人）			
	有消极影响	没有影响	有一点积极影响	有较大的积极影响	有消极影响	没有影响	有一点积极影响	有较大的积极影响
（1）数字教育资源的使用，是否对学生完成作业有影响	0 人 0	6 人 21.4%	15 人 53.6%	7 人 25.0%	0 人 0	1 人 4.3%	17 人 73.9%	5 人 21.7%
（1）数字教育资源的使用，是否对学生遵守课堂纪律有影响	0 人 0	0 人 0	14 人 50.0%	14 人 50.0%	0 人 0	0 人 0	17 人 73.9%	6 人 26.1%
（1）数字教育资源的使用，是否对学生上课认真听讲有影响	0 人 0	2 人 7.1%	13 人 46.4%	13 人 46.4%	0 人 0	0 人 0	16 人 69.6%	7 人 30.4%
（1）数字教育资源的使用，是否对班上的学习氛围有影响	0 人 0	0 人 0	12 人 42.9%	16 人 57.1%	0 人 0	0 人 0	11 人 47.8%	12 人 52.2%
（1）数字教育资源的使用，是否对学生参加校园活动有影响	0 人 0	2 人 7.1%	11 人 39.3%	15 人 53.6%	0 人 0	3 人 13.0%	10 人 43.5%	10 人 43.5%
（1）数字教育资源的使用，是否对学生参加交流讨论有影响	0 人 0	0 人 0	13 人 46.4%	15 人 53.6%	0 人 0	0 人 0	12 人 52.2%	11 人 47.8%

表 4-9 显示了数字教育资源的使用对班风影响的调查结果。数据表明，绝大多数填写问卷的教学点教师和非教学点教师都认为数字教育资源的使用能够改善班风，主要表现在：数字教育资源的使用能够在改善师生关系、生生关系、学生遵守纪律等方面发挥积极的作用。

表 4-9　数字教育资源的使用对班风影响的调查

题目	各选项被选择的比例							
	教学点（28 人）				非教学点（23 人）			
	有消极影响	没有影响	有一点积极影响	有较大的积极影响	有消极影响	没有影响	有一点积极影响	有较大的积极影响
（1）数字教育资源的使用，是否对您所带班级的班风有影响	0 人 0	0 人 0	19 人 67.9%	9 人 32.1%	0 人 0	0 人 0	15 人 65.2%	8 人 34.8%

续表4-9

题目	各选项被选择的比例							
	教学点(28人)				非教学点(23人)			
	有消极影响	没有影响	有一点积极影响	有较大的积极影响	有消极影响	没有影响	有一点积极影响	有较大的积极影响
(2)数字教育资源的使用,是否对您所带班级的师生关系有影响	0人 0	0人 0	17人 60.7%	11人 39.3%	0人 0	0人 0	17人 73.9%	6人 26.1%
(3)数字教育资源的使用,是否对您所带班级的学生之间的关系有影响	0人 0	7人 25.0%	13人 46.4%	8人 28.6%	0人 0	1人 4.3%	18人 78.3%	4人 17.4%
(4)数字教育资源的使用,是否对您所带班级的学生遵守纪律有影响	0人 0	3人 10.7%	13人 46.4%	12人 42.9%	0人 0	2人 8.7%	15人 65.2%	6人 26.1%

2. 对参加教育信息化实践活动教师的访谈

课题组共对6位利用数字教育资源开展教学实践的教师进行了访谈,现将访谈结果整理如下:

(1)教师 A:秦老师。

问:请介绍一下您目前的主要工作,包括学校背景、授课科目、授课班级等基本信息。

答:我任教的学校是一个农村小学,总共有90多个学生,9个老师。我担任五、六年级语文和六年级数学的教学工作。五年级有15个学生,六年级有19个学生。

问:请介绍一下使用数字教育资源开展教学的情况。

答:我平时备课、上课的过程中都会用到这些资源。有课题组提供的资源,也会自己到网上去找一些资源使用。比如,语文课里学习成语、古诗时,会选择课题组推荐的《林汉达中国历史故事集》中相关的故事播放出来。数学课也是如此,我一般是先看教材,然后找教学视频,参考教学视频里老师的教学方法、教学案例。受到启发后,会修改自己的教学课件。

课后服务和社团活动也会用上这些资源。课后服务通常是让学生做作业,老师对他们进行指导,如果遇到同学不清楚的知识点,会向所有参加课后服务的同学进行讲解,也会选择合适的微课资源播放部分内容,帮助同学解决作业中的疑惑。如果当天作业不多,学生完成了作业但还没有到课后服务结束的时间,在天气好的时候会让他们到操场上活动,天气不好就待在教室里开展活动,包括讲故事、做游戏等。数字教育资源则为课后服务的活动提供了更多的选择,比如可以播放纪录片或者有声图书等,这其中的寓言故事、童话故事、历史故事类的资源比较受孩子们的欢迎。在社团活动方面,我们学校开设了羽毛球、书法、绘画等社团,通常会利用中午和课后服务的时间开展社团活动,教师在向学生讲解知识和技能方面的内容时,就会用到从网上收集的数字资源。

问：您觉得数字教育资源的使用效果如何？对学生是否有影响，比如学习兴趣、班风、学风、阅读素养？对您自身有哪些影响，比如教学理念、教学能力、教育教学知识、学科专业知识、教学方法、教学策略等？

答：对学生有影响。用数字资源比传统媒体效果更好。以前只能用黑板、教材，讲课完全靠老师的口头讲授。现在教师用课件，教师讲课的手段更丰富了。当我感觉到口头表达有困难时，我会使用课件，通过图片、视频的方式展示出来。或者当我感觉学生注意力不集中，没有把心思放在课堂上的时候，我也会选择用图片、视频吸引他们的注意力。数字资源的使用能够起到加强教学效果、引起学生关注的作用。对班风和学风也是有影响的。学生把注意力放在学习上以后，会在更大程度上受到课程内容的影响。像语文、道德与法治这些课程理解本身就包含很多德育的内容，教育学生要爱国、爱家、友善待人等。当他们更多地关注内容时，自然而然地会在道德上受到积极的影响。班风、学风也会更好一些。对阅读素养也是有影响的。学生观看了与教材内容相关的视频，听了相关的有声图书后，再阅读教材中的文字内容，在对文字的理解方面就有了提升了，阅读能力也得到了提高。

数字教育资源的使用对我本人也有影响。在备课的时候，会经常看一些教学视频，找一找上课的灵感。教学视频里老师们上课的方法、上课用的案例和素材对我很有借鉴价值，有启发意义。同时，教学视频配合教材、教参的使用后，能够起到帮助我熟悉教学内容的作用。

问：对数字教育资源的使用，您有哪些建议？

答：希望资源能够更丰富一些吧。目前很多资源都比较零散，不成系列。再就是希望能够提供一些培训，教老师们自己查找资源。很多老师其实并不知道怎么查找资源，尤其是适合自己的资源。

（2）教师 B：雷老师。

问：请您介绍一下您目前的主要工作，包括学校背景、授课科目、授课班级等基本信息。

答：我所工作的学校是位于湖北省西南山区的一所农村小学，我承担三年级语文、道德与法治、体育等课程的教学工作，三年级有 1 个班，共 42 名学生。

问：请介绍一下使用数字化教学资源开展教学的情况。

答：使用了你们提供的数字教育资源，自己也从网络中检索了其他的资源，每次在备课的时候都会从网络中搜索数字资源，下载教学课件、文献资料等。和同事之间也经常通过网络围绕课堂教学中如何使用信息技术等方面进行交流。网络为我提供了一个桥梁，能够和外界沟通，在提升信息技术使用能力的同时，也能够提高将信息技术应用于教学、工作中的能力。在上课的时候，用到的资源主要是图片、视频，有声图书里的故事也会在课堂上用，特别是道德与法治课里经常使用。学校教室里安装了一体机，备课的时候主要是做课件。上课的时候使用的方式以播放课件为主，也会找一些视频材料穿插在课件里。通常是从教学视频里找一些与教材内容相关的片段，一两分钟以内的那种最合适。能够很好地配合教学，又不会让学生长时间看电子屏幕，影响视力。举一个例子，我在上道德与法治课的《团团圆圆过中秋》单元时，受视频资源的启发，从网络上找了一些跟中秋相关的故事、谜语之类的素材作为教材内容的补充，并结合 PPT 的使用，讲故事给学生听，讲完故事后猜谜语，通过故事和谜语引导学生了解中秋节相关的传统文化。我还在网上找了"月饼的由来"故事，增加了"少数民族过中秋"等内容，从网上找了几个与"月亮""月饼"相关的谜语，用 PPT 将故事和谜语中涉及的人物、场景展示出来，一边和同学互动，一边讲故事、猜谜语，并设置了奖励环节，猜中故事情节、谜语的给予小红花奖励。

　　课后服务的时候也会用到数字教育资源。我们学校的课后服务是不同学科老师轮值的，我每周要值一次班。学生遇到不会做的题目，老师会进行讲解，有时就会用到图片、视频类型的资源。在学生做完作业但还没有到放学的时候，就会安排一些活动。有些活动是在室内进行的，数字教育资源中的历史故事、寓言故事之类的内容，这个时候就可以派上用场了。我会选择合适的时机，播放其中的一个或者几个故事。

　　问：您觉得数字教育资源的使用效果如何？对学生是否有影响，比如学习兴趣、班风、学风、阅读素养？对您自身有哪些影响，比如教学理念、教学能力、教育教学知识、学科专业知识、教学方法、教学策略等？

　　答：数字教育资源对学生影响最大的，是能够吸引他们的注意力。图片、有声故事、教学视频比书本、老师的讲解更加形象、生动，更容易引起学生的学习兴趣，吸引他们把注意力放到学习上。班风、学风也会受到影响。这主要是因为数字教育资源中包含了礼貌待人、遵纪守法、尊敬师长、团结同学等方面的内容，学生长期接触后会在言行方面受到影响。学风和校风也会朝着积极的一面转变。阅读素养也会受到积极影响。学生独立阅读教材和课文书籍，一般会有生字、内容不熟悉等方面的困难，数字教育资源能够在此方面帮助他们。比如，朗诵课文、古诗的资源，学生跟着读，一是可以帮助他们熟悉生字的读音和内容，二是可以提高语感，学生自己再读课文会流畅很多。

　　数字教育资源对老师也很有帮助。我自己能够从中学到不少东西，特别是看到教学视频中那些老师上课的方法后，会觉得受到了一定的冲击。作为老师，备课的时候一般要准备教学素材，选择合适的教学方法。我自己也会经常思考，如何才能够把课上好，让学生对学习更感兴趣。教学方法完全靠自己的摸索，效率还是比较低的。当我看了一些教学视频后，我感觉自己找到了一个提高教学能力的方法，通过观看其他老师的讲课，我能够受到一些启发。特别是当自己遇到瓶颈时，能够从视频中了解好的教学方法、教学案例和教学素材。在长期的教学实践中，我自己也能够总结出一些教学策略，形成自己对教育、教学的理解。

　　问：对数字教育资源的使用，您有哪些建议？

　　答：希望和教材相关的数字资源更多一些。有些数字资源虽然很好，但和教材的关系不大。而直接和教材相关的资源又比较难找。尤其是老师们自己找的话也有一定的困难，希望能够提供一些相关的培训。数字教育资源的使用也应该有个度，老师们不应该过度依赖，在上课的时候长时间播放视频，或者照着课件念都是不合适的。

　　（3）教师 C：徐老师。

　　问：请您介绍一下您目前的主要工作，包括学校背景、授课科目、授课班级等基本信息。

　　答：我所工作的学校是一个农村教学点，有五个年级，总共不到 60 人，我承担三年级语文、道德与法治、美术课程的教学工作，有 15 个学生。数字教育资源在备课、上课、课后服务中都会用到。

　　问：请介绍一下使用数字化教学资源开展教学的情况。

　　答：数字教育资源用得比较多的是图片、视频，有声图书也会用一些。备课和上课的时候得比较多。备课的时候会从网上搜资料，有些是作为素材直接放到自己的课件中；有些是作为学习的材料使用。特别是对于道德与法治这门课，因为这个课关键在于讲道理，但要让小学生接受这些道理，又不能仅仅靠说教，方法很重要。能够让学生明白道理的素材也很重要。你们提供的数字资源里面，有些资源还是比较有用的。比如，在道德与法治课程的《安全护我成长》单元，我首先播放了一段视频，视频中呈现的是因不遵守交通规则导致的交通事故，通过这个视频导入课程，然后问："小朋友在马路上要注意哪些交通安全？"让学生思考后回答，将学生的注意力吸引到"安全"问题上。又如，在《快乐学习》单元，我用图片呈现了"囊萤映雪""凿壁偷光""程门立雪"的照片，设置问题："这些是什么故事？"并选择其中的一个故事，让学生扮演故事中的角色，采用"角色扮演"的方式调动学生对课程的兴趣，完成教学导入。

自己也曾经想过在课堂上采用更多的教学方法，让课堂更活跃，学生学习的积极性更高，但对许多方法如何具体开展、使用哪些教学素材并不是很清楚，加上教学点学生人数太少，有些方法并不太适用，所以一直没有去做。在观看了多个教师授课的教学视频后，我发现人数少并不是最主要的因素，只要运用合理，不少教学方法都是可以运用到自己的课堂教学之中的。我在自己的语文、道德与法治等课程的课堂教学中，逐渐引入了竞赛法、游戏法、角色扮演法等教学方法。例如，在《道德与法治》（鄂教版）三年级上册的《远亲与近邻》中，我让两个孩子分别扮演自己的远亲和近邻，三个人围绕一件小事演绎了一个小故事。一堂课教学下来，孩子们觉得很有趣，比纯粹的讲课、听讲更能够学习故事中蕴含的道理。

问：您觉得数字教育资源的使用效果如何？对学生是否有影响，比如学习兴趣、班风、学风、阅读素养？对您自身有哪些影响，比如教学理念、教学能力、教育教学知识、学科专业知识、教学方法、教学策略等？

答：对学生有影响。对学生学习兴趣的影响很明显，毕竟数字教育资源更加形象、生动。对班风和学风也有影响。这可能和学习兴趣有关系，学习兴趣越高，学习氛围、学习态度方面会更好，平时的言行也会受到积极的影响。对老师也是有影响的。在接触数字教育资源前，我们一般是通过公开课、教学比赛接触其他老师的讲课，但这样的机会毕竟不是很多。使用了数字教育资源后，有更多的机会可以了解其他老师是怎么上课的。通过观看其他老师上课的教学视频，可以从中学习他们的教学方法，教学内容是如何组织的，是如何设置问题和学生互动的等。这些对于提高老师们的教学质量还是很有帮助的。像我上的美术课，因为我自己的专业并不是美术。但使用了这些数字资源后，可以跟着里面的老师学习绘画、制作手工作品，专业能力也得到了提升。

问：对数字教育资源的使用，您有哪些建议？

答：主要是感觉有用的资源并不是很丰富。要找到适合自己的资源还是有一定的难度，需要花大量的时间和精力。再就是在教室里播放图片、视频等类型的资源时，最好能够控制时间。因为小学生毕竟年龄小，长时间观看电子产品对视力影响不好。所以老师们使用这些资源的时候，最好控制好时间。尤其是视频资源，最好播放其中的片段。毕竟图片、视频不能够替代文字，也不能够代替教师和学生进行互动。

（4）教师 D：黄老师。

问：请您介绍一下您目前的主要工作，包括学校背景、授课科目、授课班级等基本信息。

答：我任教的学校是一所农村小学，位于湖北西南部的山区。学校有四个年级，39 名学生。我主要给二、三年级上语文和道德与法治课。

问：请介绍一下使用数字化教学资源开展教学的情况。

答：在课堂教学中，一般都会使用数字教育资源，现在学校的信息化条件改善了许多，教室里都安装了一体机，所以基本都会用多媒体课件上课。备课的时候，我自己也会经常到网上查找资源，特别是课件，还有图片、视频等方面的素材。比如，当给学生讲解古诗的时候，从网上找的有朗诵的视频或者音频资源对上课是很有帮助的。因为标准的朗诵对学生学习普通话，形成正确的发音是很有价值的。另外，数字资源也能够帮助我更好地掌握教学内容，这样在教学的时候也会更加驾轻就熟。在备课的时候，一般是先看教材熟悉教学内容，然后观看教学视频再次强化对内容的识记；对自己不能理解，或者觉得理解可能有偏差的内容，则会借助教学视频中教师的讲解解决自己的疑惑。

另外，你们提供的资源也很不错，有些内容对我的备课和上课很有参考价值。比如，在准备小学三年级语文课文《望天门山》的时候，我从你们提供的教学资源中看到有老师是这样上课的：让学生将古诗中描绘的场景绘制出来，或让学生根据景物说出想象的画面。我感觉这个方法很不错，值得借鉴，于是将其写入了自己的课件中。又如，在准备小学三年级语文下册课文《女娲补天》时，我受你们提供的教学视频的启发，从网上找了"女娲补天"的动画片片段，并将其网络地址复制到教学课件中，认为这样的动画片片段能够让学生更好地理解课文中描述的故事情节。我在上二年级上册《道德与法治》的《我们生活的地方》单元时，参考课题组提供的视频资源中教师的教学方法，以"咸宁：千桥之乡"为主题，将从网络中收集到的以及自己拍摄的咸宁各类古桥和现代桥作为素材，采用游戏互动、讲故事的方式开展教学，让学生在了解和学习咸宁历史文化的同时，领略咸宁近年的发展成就，培养学生爱家乡、爱咸宁的情感。

（黄老师告诉课题组，学生们首先是被 PPT 播放出来的图片和视频片段吸引住了，当看到图片中有自己熟悉的事物时，立刻变得很兴奋，同时也被各类桥的造型和外观震撼。）

问：您觉得数字教育资源的使用效果如何？对学生是否有影响，比如学习兴趣、班风、学风、阅读素养？对您自身有哪些影响，比如教学理念、教学能力、教育教学知识、学科专业知识、教学方法、教学策略等？

答：对学生的学习兴趣有比较大的影响。毕竟是小学生，很容易被图片、视频类的资源吸引。对班风和学风也是有影响的。学习兴趣提高了，有正经事做了，就不会想着调皮捣蛋、打架闹事了。对阅读素养有影响。如果给学生听他们读的书，他们会更有兴趣去阅读书籍。比如我给他们听一些历史故事，如果书上有相关的内容，有的学生就会去翻书阅读。所以电子资源的使用起到了激励阅读的作用。数字教育资源的使用对老师也有一定的影响。老师可以学习教学视频里讲课教师的教学方法，也可以通过学习视频强化对教学内容的识记。数字教育资源中有不少内容是可以直接用在课堂上的，这样也帮助老师提高了教学的质量。同时，教师的教学能力也在这个过程中得到了锻炼。

问：对数字教育资源的使用，您有哪些建议？

答：建议数字教育资源最好能够和教材、纸质媒体配合使用，不能够过于依赖数字资源。比如和贴在墙上的图片、地图相比，数字资源在对学生的影响方面就有所不如，也不可能取代这些静态的媒体。写有名人名言、古诗词的图片、地图之类的，挂在墙上可以让学生每天都接触到，对他们的影响也是显而易见的。但数字教育资源也有它的独特之处，静态的媒体也不能够取代它。所以，最好是能够把数字资源和传统的资源结合起来使用。两类媒体相互取长补短。

（5）教师 E：王老师。

问：请您介绍一下您目前的主要工作，包括学校背景、授课科目、授课班级等基本信息。

答：我工作的学校是一所农村教学点。学校总共有 3 个年级，39 名学生，有 2 名正式编制的老师。我主要担任三年级语文、数学、道德与法治课程的教学工作，所授班级学生有 5 人。

问：请介绍一下使用数字化教学资源开展教学的情况。

我在备课、上课、课后服务的时候都会用到数字教育资源。

自己上课用的多媒体课件不需要从头到尾地去制作，网上有很多免费或者低价的课件资源可以使用，下载下来后根据自己的需要对课件进行修改即可在课堂上使用。教案也是在电脑中制作的，效率比传统的手写教案要高。我自当老师第一天起就开始使用电脑多媒体制作课件，刚开始是比较依赖计算机和多媒体投影的。但用过一段时间后，发现多媒体和传统黑板结合起来使用，效果要好于单纯使用多媒体投影或者黑板。单纯的黑板加粉笔的方式效率比较低，全部靠老师手写，速度比较慢，呈现的信息以文字为主，对学生的吸引力没有多媒体投影大。但仅仅使用多媒体而不使用黑板也存在一定的问题，比如长时间让小学生盯着屏幕，会对视力产生不好的影响。而且，多媒体在呈现过程信息方面的效果不如黑板，比如数学计算，用黑板手写的效果要好过多媒体投影。但总体而言，相比传统媒体，多媒体计算机等信息技术在课堂上的使用让教师有了更高的工作效率。备课的时候一般都会在网上查找资料，图片、视频是用得最多的。把这些资料作为素材放到课件中，一方面可以激发学生学习兴趣，另一方面也可以充分利用这类资源形象化的特点，让学生能够更加身临其境地体会教材描绘的场景，加深印象。教师授课视频对我们老师来说是非常有价值的，我们可以从中学习优秀教师的教学方法。

数字教育资源对我的教学起到了很好的作用，比如可以更好地展示信息，可以向视频中的教师学习教学方法。虽然自己在课堂上采用最多的方法仍然是讲授法，但其他方法，如问答法、课堂练习法等也经常采用。这主要得益于自己对数字教育资源，特别是教师授课类资源的学习。在使用这些资源前，我也认识到教学方法上比较单一，但如何创新教学方法，让学生更好地参与课堂教学，却无从着手，习惯性让我在课堂教学中仍然经常采用常用的教学方法。但在使用了课题组提供的教学资源后，我意识到课堂教学方法是可以更加多样化的，教学视频中优秀教师的做法为我树立了典范。游戏法、角色扮演法、竞赛法等，这些方法之前多多少少也听说过，但具体怎么开展却不是特别清楚，也不敢随便尝试，怕课堂上控制不住，会变得乱糟糟的。但在看了教学视频中老师们的教学之后，坚定了大胆尝试一下的信心。我在道德与法治的课程教学中，综合运用了角色扮演法、竞赛法、游戏法等，让孩子们在多种多样的活动中学习，课堂氛围更加活跃，学生参与的积极性也得到明显提高。

在课后服务中，我也会用到数字教育资源。我们学校的课后服务分中午和晚间两个时间段，中午是 12:40—1:40，晚间是下午 4:20—下午 5:20。一般是组织学生做作业，如果学生作业做完了，会安排阅读。在阅读环节，我有时候会借助有声图书，其中的历史故事、寓言故事对我们很有帮助，既可以增进知识，又能够帮助学生阅读纸质书籍。

问：您觉得数字教育资源的使用效果如何？对学生是否有影响，比如学习兴趣、班风、学风、阅读素养？对您自身有哪些影响，比如教学理念、教学能力、教育教学知识、学科专业知识、教学方法、教学策略等？

答：效果很好。像图片、视频很形象，能够激发学生的兴趣，帮助学生理解教材中的文字内容。比如我上的道德与法治课程里面，有涉及安全教育的内容，我会给他们看一些相关的图片、视频片段，他们的兴致很高，很容易接受其中的教育内容。有声图书的使用效果也很好，能够提高学生的阅读兴趣和阅读能力。他们在读纸质书籍的时候，有些内容还是比较抽象的，要完全理解这些内容存在一定的困难。但配合有声图书中的朗诵，再阅读纸质书籍，理解书中内容就相对容易了，所以能够起到提高阅读素养的作用。对学风、班风的影响也是积极的，特别是具有道德教育意义的故事，通过阅读、看视频、听有声书的方式，能够对他们起到积极的影响作用。

对老师本人也是有积极影响的。像我本人，会经常看教学视频。里面有些老师的讲课对我触动比较大，我可以从他们那里学习一些教学方法。一些比较好的方法，或者教学素材，我也可以借鉴到自己的教学中。

问：对数字教育资源的使用，您有哪些建议？

答：希望有针对性的资源能够更多一些。比如语文方面的资源希望多一些朗诵课文、古诗方面的资源。这样学生可以跟着朗诵，既能够学习标准的普通话，也能够提高朗诵和阅读能力。

（6）教师 F：吴老师。

问：请您介绍一下您目前的主要工作，包括学校背景、授课科目、授课班级等基本信息。

答：我工作的学校是一所农村教学点。有 1~4 年级，总共有 52 个学生，正式编制的教师有 3 名。我任教的是一年级和四年级的语文、音乐和美术，所授班级有 41 名学生。

问：请介绍一下使用数字化教学资源开展教学的情况。

答：数字教育资源在备课、授课、课后服务和社团活动中都会用到。我自己本身并不是音乐和美术专业出身的，虽然教学内容并不难，我基本能够胜任这两门课程的教学，但要上好这两门课感觉还是有不少困难要克服。你们提供的这些资源对我的教学起到了很好的作用，特别是一些教师授课视频、微课视频，不仅可以看到教学的全过程，还能够学习如何绘画、如何做手工。在备课过程中，我一般会看看别的老师是怎么上课的，是如何组织教学内容的。因为如果直接按照自己的想法来上课，有时候效果没有那么好。网上不少教学视频里老师上课的方法，是很值得借鉴的。教学视频中老师采用的教学方法对我也有启示。比如，在自己主讲的小学美术课堂教学中，为了激发学生的兴趣，鼓励他们动手操作，采取了多种教学方法，像竞赛式方法、小组协作学习法、探究式教学法。又如，我在准备四年级美术上册《巨人的花园》时，受到教学视频中教师的启发，在自己的课堂教学中，采用了新的教学方法。我将学生分为两组，一组把春天的花园场景画出来，其中有巨人、花园、围墙、小孩等人和物；一组把冬天花园的场景画出来，其中有冰雪覆盖的花园、巨人裹着毯子瑟瑟发抖的样子等场景。再如，这些资源中学生绘画的范本、手工制作的作品等，我也经常在自己的教学中借鉴。另外，这些资源可以起到示范作用，如在音乐课上，我可以直接播放音乐视频让学生跟着唱，手工和绘画也可以让学生跟着视频里的老师做。视频展示出来的效果比我演示的效果更好，因为更专业，并且通过一体机播放出来可以更清楚地看到整个过程和细节。

除了备课和上课的时候会用到数字教育资源外，在课后服务中也会用到。我们学校的课后服务主要是辅导学生完成作业，作业完成了就会安排各类活动。因为课后服务的教师是轮值的，轮到我的时候，这些活动就由我来安排。一般情况下，我会安排学生绘画、制作手工，或者学习一些儿童歌曲。这个时候，数字教育资源就能够派上用场了。比如手工制作，可以直接播放视频中的作品是如何制作出来的，然后把视频定格在成品处，让学生在制作的过程中有参考。

问：您觉得数字教育资源的使用效果如何？对学生是否有影响，比如学习兴趣、班风、学风、阅读素养？对您自身有哪些影响，比如教学理念、教学能力、教育教学知识、学科专业知识、教学方法、教学策略等？

答：对学生的影响是有的。对学生的学习兴趣影响很大，学生对图片、视频是很感兴趣的，在做手工、绘画时，如果能够先看到做好的作品，就更有兴趣自己动手做。对班风和学风的影响也是有的，因为更加喜欢绘画、音乐，这些对他们是有积极影响的。在遵守纪律方面、同学之间的关系方面，学生们也表现得更加积极、和谐。在阅读素养方面，这个没有特别的感觉，可能因为我的两门课程很少涉及阅读。

对我自身也有影响。因为我自己并非音乐和美术专业出身。音乐和美术方面的知识、技能都是通过自学掌握的。在这方面，数字教育资源起到了很大的作用。比如学习绘画、乐谱、手工基本都是先到网上查找资源，特别是视频类型的教程，可以跟着视频里的老师学习，学习的效率比看书还是要高很多。视频里老师讲课的方法也对我有启发作用，我自己在上课的时候会不自觉地受到影响，下意识地使用一些觉得很不错的教学方法。

问：对数字教育资源的使用，您有哪些建议？

答：建议教育部门能够把搜索和使用数字教育资源纳入教师信息技术能力培训。让老师们能够在教学中更好地运用数字教育资源开展教学。

3. 对教师使用数字教育资源开展课程教学的视频分析

教学视频分析是一种基于事后观察的课堂教学研究方法[①]，通过对教师行为和学生行为的分析，对课堂教学效果进行评估。课题组选择了参加本项目研究的陈老师录制的一堂小学五年级数学课的教学视频进行视频分析，如图 4-3 所示。为更好地利用视频了解数字教育资源在课堂教学中的作用，有必要以数字教育资源的使用为核心，提出教学视频分析的框架。并利用该框架对视频中教师和学生的行为进行统计，透过统计数据了解教师使用数字教育资源的情况，分析数字教育资源在教学中发挥的作用，以及对学生的影响。

（1）教学视频的主要内容。

陈老师的这堂数学课的主题是五年级下册的《圆》，主要内容是让学生掌握圆、半径、直径的概念，以及半径和直径的关系等。教学流程是：

第一，陈老师播放动画片《熊出没》中的一个片段。该片段中，熊大、熊二和光头强玩"投圈套物"的游戏。陈老师由该游戏引出问题："有两群人围成两个圈，一群人围成圆形圈，另一群人围成方形圈，两个圈的人都向位于圈中的物体投圈，问：哪个圈中里的游戏规则更公平？"并由此引入"圆"的概念。

第二，学生进行合作探究。在提出问题后，陈老师让学生分组进行合作探究，每个同学有一张圆形的纸片，分小组探究一下圆的边沿到圆心的距离是否相等。

第三，选择其中 2 个小组到讲台上讲解小组探究的过程和结果。在讲解的过程中，老师

---

① 颜磊，樊文强，刘庆慧. 基于 ARCS 动机模型的网络公开课教学视频分析——从学习动机角度看幸福课的成功及其启示[J]. 现代教育技术，2013，23（7）：72-75，126.

和同学们围绕问题进行交流。期间使用了教室里的一体机、同学手中的纸片等数字和非数字媒体。

第四，正式讲解"圆""圆心""半径""直径"等几个相关的概念，以及半径的特点、直径的特点、直径和半径的关系等内容。在这个过程中，综合采用了问答、学生合作探究、学生上台操作一体机等多种教学方法。

第五，让学生动手用圆规画圆。在播放视频《用圆规画圆》（约40秒）后，让学生动手绘制圆。期间教师指导学生如何利用圆规画圆。

第六，围绕"圆"的概念进行拓展。教师利用圆形建筑图片、视频《圆的认识》、墨子对圆的定义（圆，一中同长也）等让学生更好地理解"圆"的概念。

第七，以一对一交互的方式，让学生回顾本堂课的主要内容，即圆的概念、半径的概念、直径的概念、直径和半径的关系等。

第八，留下一道思考题："学校田径运动会即将举行，你有办法帮学校在操场上画出一个直径为20米的圆吗？"让学生课后思考，然后结束本次课程。

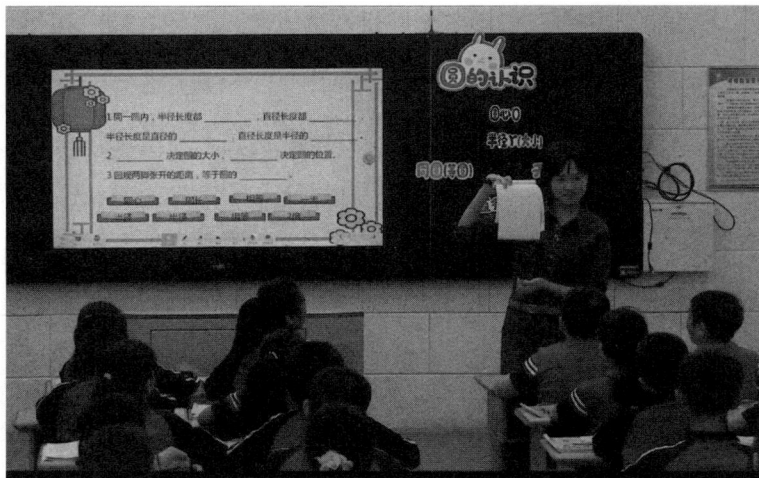

图4-3　陈老师使用数字资源授课视频截图

（2）教学视频分析框架。

分析框架如表4-10所示。根据本书的目的，课题组对教师和学生行为按照五种类别进行分类，分别是：

第一，教师播放视频资源，即教师将教学视频作为素材在课堂上播放，学生通过观看视频进行学习。将此设为独立的维度，主要是考虑到视频资源是本项目使用的各类资源中最重要的一种类型，且与其他资源不同，视频资源的使用具有一定的排他性，即播放视频时，教师无法讲授或者使用其他资源。

第二，教师使用非视频数字资源进行教学，指的是教师利用数字化形态的文本、图片、视频、图形、交互软件等数字教育资源讲授教学内容，包括一边讲授一边与学生集体互动的活动。与视频资源的使用方式不同，在使用上述各类数字资源时教师可以讲授内容，因此将其单独列为一类。

第三，教师使用非数字资源或者不使用资源进行教学，指的是教师利用或不利用传统纸质媒体、挂图、模型或者物品作为媒体素材进行教学内容的讲解的。

第四，教师与学生一对一互动，指的是教师直接以问答、对话的方式与学生进行一对一的对话、交流。

第五，学生自主学习、交流协作、表演、讨论，指的是学生利用教材或其他材料进行学习，或者以小组的方式进行交流协作，或者采用角色扮演的方式开展学习活动，或者相互之间围绕某个问题进行讨论。与上述几种类型不同，此种类型下的教学活动以学生为主，数字教育资源并未被使用，教师则对学生的活动进行指导。

第六，其他，指的是课堂中除了上述几种类型之外的行为，如教师和学生都处于沉寂的状态，或者因某种意外导致课堂处于无序状态，或者上课前和下课前喊起立的活动。

表 4-10　教师使用数字教育资源视频教师和学生行为类别表

分类	编码	内容
教师播放视频资源	A	将教学视频资源作为素材在课堂上播放
教师使用非视频数字资源进行教学	B	利用数字化形态的文本、图片、视频、图形、交互软件等数字资源讲授教学内容，包括一边讲授一边与学生集体互动的活动
教师使用非数字资源或者不使用资源进行教学	C	教师利用或不利用传统纸质媒体、挂图、模型或者物品作为媒体素材进行教学内容的讲解
教师与学生一对一互动	D	以提问、回答等方式与学生进行一对一的对话
学生自主学习、交流协作、表演、讨论	E	学生以小组或者个人的方式开展自主学习、交流协作、表演、讨论等活动
其他	F	上述类型之外的活动，教师和学生都未发言，如教师操作媒体设备，或者课堂处于混乱无序的状态，或者上课前和下课前喊起立的活动

（3）教学视频教师和学生行为分析。

该视频总长为 37 分 57 秒，即 2277 秒。根据上述框架，课题组对视频中的内容进行分类，并分别统计每个类别在视频中出现的频次和各单次时长，从而计算出各种行为的总时长和平均时长，所得结果如表 4-11 所示。统计显示，A 类的频次为 3 次，总时长为 185 秒，占整个视频时长的比例约为 8.12%，每次行动的平均时长为 62 秒；B 类的频次最多，总共有 27 次，总时长为 660 秒，占整个视频时长的比例约为 28.99%，每次行动的平均时长为 24 秒；C 类的频次是 9 次，总时长为 181 秒，占整个视频时长的比例约为 7.95%，每次行动的平均时长为 20 秒；D 类的频次达到了 18 次，总时长为 895 秒，占整个视频时长的比例约为 39.31%，每次行动的平均时长为 50 秒；E 类的频次为 3 次，总时长为 286 秒，占整个视频时长的比例约为 12.56%，每次行动的平均时长为 95 秒；F 类的频次为 3 次，总时长为 70 秒，占整个视频时长的比例约为 3.07%，每次行动的平均时长为 23 秒。

表 4-11　教师和学生行为统计表

编码	频次	平均时长/s	总时长/s	占比/%
A	3	62	185	8.12
B	27	24	660	28.99
C	9	20	181	7.95
D	18	50	895	39.31
E	3	95	286	12.56
F	3	23	70	3.07
总计	63		2277	100

（4）数字教育资源在课堂教学中的作用。

根据上述教学视频中教师和学生行为的各项数据统计，以及教学视频的主要内容，课题组认为数字教育资源在课堂教学中起到了重要的作用，主要表现在以下三个方面。

一是数字教育资源起到了将学习者导入课堂情境的作用。该视频中，上课伊始，陈老师播放了动画片《熊出没》的一个片段（长约 1 分 07 秒）。该片段中，熊大、熊二和光头强在玩"投圈套物"的游戏。陈老师由该游戏引入问题："有两群人围成两个圈，一群人围成圆形圈，另一群人围成方形圈，两个圈的人都向位于圈中的物体投圈，问：哪个圈中的游戏规则更公平？"并由此引入"圆"的概念。可以看出，动画片中的故事情节与陈老师要提出的问题有一定的关联，陈老师利用了这种关联，以及动画片对小学生有较大吸引力的特点，通过播放动画片将学生的注意力吸引到课堂上来。

二是数字教育资源起到了呈现教学内容和帮助学习者理解教学内容的作用。教师围绕教学内容进行讲解和与学生进行互动主要体现在 B 和 D 两类行动中。这两类行动的时长之和占整个课堂时间的比例达到了 68.3%，占据整个课堂的大部分时间段。这其中，以数字化形态出现的文字、图片、图形、视频、交互软件等数字资源，以及纸片、圆规、黑板和粉笔等传统资源，均发挥了重要的作用。尤其是数字资源使用的频率更高，如"圆的概念""半径的特点""直径的特点""半径和直径的关系"等都是利用数字化资源呈现出来的，且教师围绕教学内容与学生的交互过程绝大多数情况下是以数字资源为媒介的，通过对观念的讲解、与学生一对一和一对多形式的交互，让学生逐渐掌握相关知识内容，达成教学目标。

三是数字教育资源起到了帮助学习者拓宽视野、增广见识的作用。这一点主要体现在教师利用圆形建筑图片、视频《圆的认识》、墨子对圆的定义（圆，一中同长也）等内容强化学生对圆的理解和认识。这些内容以数字化媒体的方式呈现，是对教材中相关内容的补充和拓展，有利于开阔学生的视野，增广学生的见识。

4.2.4　对教育信息化实践活动的开展方式

调查问卷数据和对部分教师的访谈结果显示，教师们使用数字教育资源进行的实践包含在备课、授课、课后服务、社团活动等不同的场合中。

1.备课环节使用数字教育资源

调查数据显示，在参与调查的 51 名教师中，有 48 名教师选择了在备课环节使用数字教育资源，结合访谈材料的分析，课题组认为，在备课环节使用数字教育资源主要体现在以下几个方面。

（1）将数字教育资源作为课本教学知识，以数字化形式呈现出来，起到了帮助教学点教师理解和记忆教学内容的作用。如，访谈材料显示，教师们在备课的时候，一般是先看教材熟悉教学内容，然后观看教学视频强化对内容的识记；对自己不能理解，或者觉得理解可能有偏差的内容，则会借助教学视频中教师的讲解解决自己的疑惑。由此，课题组认为，优秀教师的讲解能够帮助教学点教师熟悉教学内容，相比于教材和教参中的文字，视频讲解更加直观。教师能够围绕教学内容进行授课的前提是：教师对教学内容非常熟练，并能够根据教学目标组织语言开展教学活动。在传统技术条件下，教师只能够通过纸质书籍（包括教程和教学参考书）熟悉教学内容，然后根据自己对教学内容的理解组织语言开展教学。教学效果与教师个人对教学内容的理解程度、教师本人的知识素养有密切的关系。那么，难免存在教师对教学内容理解存在偏差，或者不够透彻的情形，最终导致教学效果不佳。在数字教育资源丰富的当下，教师对教材知识内容的理解除了依靠自身阅读教材和教参中的文字材料外，还可以借助数字教育资源提供的信息。特别是呈现优秀教师授课情形的教学视频，本身就包含了教师对教学内容的理解。教学点教师观看教学视频的过程，既是熟悉教学内容的过程，同时也是通过其他教师的讲解，从不同的角度再次理解教学内容的过程。这样，数字教育资源就起到了帮助教学点教师理解和记忆教学内容的作用。

（2）将数字教育资源作为课程教学的素材，融入教学方案和课件中。从对教师访谈的结果可知，教学点教师在备课过程中会上网查找素材，包括图片、案例、教案等，并将其融入到自己的教学课件中。优秀教师的授课视频同样是其教学素材的重要来源。这些视频中的素材是优秀教师通过各种渠道获取的，或者亲自动手制作的。对于观看教学视频的教学点教师而言，这些素材能够起到很好的启发作用。他们同样可以通过截图的方式将教学视频中的图片截取下来，或者通过互联网搜索引擎获取原始素材，并将这些素材融入自己的教学方案或者课件中。

（3）将数字教育资源作为教学方法、教学过程和教学语言的学习对象。在课堂教学中采用何种教学方法、如何组织教学过程、如何组织语言等，都是教师在备课过程中需要考虑的问题。在传统技术条件下，教师对教学方法的选取、对教学过程的设计和对教学语言的组织，主要依据自己的教育教学素养和教学经验，教学方法是否合适、教学过程是否合理、教学语言是否准确直接关乎课堂教学质量和教学效率的高低。在互联网相对发达的当下，教师借助数字教育资源，尤其是优秀教师授课视频，能够从中学习优秀教师的课堂教学方法的选取、教学过程的安排，以及教学语言的组织和表达。如，参加教学实践的黄老师给课题组举了一个例子，他在准备小学三年级语文课文《望天门山》的时候，在课题组提供的教学视频中看到有老师是这样组织课堂教学的：或让学生将古诗中描绘的场景绘制出来，让学生根据景物说出想象的画面。她感觉这个方法很不错，值得借鉴，于是将其写入到自己的课件中。

（4）将数字教育资源作为课程拓展类资源。拓展类资源是指与教材关联紧密，但又不在课程标准之内的资源，用作对教材内容的补充，能够起到开阔学生视野，增广学生见识的作用。在传统技术条件下，教师要检索和获取与课程教学相关的拓展类资源，只能通过电视、广播、报刊、纸质书籍等方式。互联网的普及为教师获取拓展类资源提供了更加便捷的渠道。课题组对教师的访谈显示，教学点教师将互联网作为重要的拓展类资源的来源，特别是图片、视频等方式的资源很受教师的欢迎。如，参加教育信息化实践的黄老师告诉研究课题组，她在备课的过程中有个习惯，会从网络中查找与课文相关的图片、视频类资源作为教学内容的补充，一方面可以激发学生学习兴趣，另一方面也可以充分利用这类资源形象化的特点，让学生能够更加身临其境地体会教材描绘的场景，加深印象。如在准备小学三年级语文下册课文《女娲补天》时，她受课题组提供的教学视频的启发，从网上找了"女娲补天"的动画片片段，并将其网络地址复制到教学课件中，认为这样的动画片片段能够让学生更好地理解课文中描述的故事情节。

2. 授课环节使用数字教育资源

课题组为教学点教师提供了教师授课类的视频资源、微课类视频资源、有声图书资源、音乐视频资源、绘画和手工制作演示视频资源、纪录片等。同时，教学点教师也会通过网络收集能够满足自己授课所需的资源。根据课题组对参加教学实践的教学点教师的访谈，在授课环节中使用数字教育资源的作用主要体现在以下三个方面。图 4-4 和 4-5 是两位参加项目的教师授课现场。

（1）数字教育资源起到了情景导入的作用。导入环节在课堂教学中占有重要的地位，良好的导入能够起到吸引学生注意力、激发学生学习兴趣的作用，将学生的注意力从外部世界拉入到课堂教学中来。在传统技术条件下，课堂教学导入主要依靠教师个人的发挥。数字教育资源的使用则为教师采用多样化的导入方式提供了支持。如，教学点徐老师在自己的道德与法治课程中，通常会根据课程内容选择不同的导入方式。在《安全护我成长》单元，徐老师在导入环节播放了一段视频，视频中呈现的是因不遵守交通规则而导致的交通事故，然后设置问题："小朋友在马路上要注意哪些交通安全?"让学生思考后回答，将学生的注意力吸引到"安全"问题上。在《快乐学习》单元，徐老师用图片呈现了"囊萤映雪""凿壁偷光""程门立雪"的照片，设置问题："这些是什么故事?"并选择其中的一个故事，让学生扮演故事中的角色，采用"角色扮演"的方式调动学生对课程的兴趣，完成教学导入。

图 4-4　于老师使用数字教育资源上课现场

图 4-5　王老师使用数字教育资源上课现场

（2）数字教育资源起到了演示和示范的作用。这一点主要体现在语文、音乐、美术等课程中。课题组提供给教学点教师的数字教育资源中，包含教学视频、演唱示范视频、音乐视频、绘画和手工制作演示视频。这些视频被教学点教师拿来作为教学演示和示范的材料。如，雷老师在语文古诗教学中，会直接播放朗诵古诗的视音频，并让学生跟着一起朗诵；吴老师在音乐课程教学中，同样会通过直接播放音乐视频的方式，让学生跟唱，或者在美术课程教学中，让学生在视频中教师的带领下跟着做手工和绘画。

（3）数字教育资源起到了拓展教学内容的作用。这一点主要体现在拓展教育资源的应用方面。如，秦老师在她的语文课程教学中，在学习成语时，会择机向学生讲与成语相关的历史故事，或者使用课题组推荐的《林汉达中国历史故事集》有声资源，播放其中与成语相关的历史故事。又如，在语文古诗教学中，会择机播放纪录片《唐代诗词故事》中与古诗相关的片段。这些拓展类资源的使用，很好地起到了激发学生学习兴趣、拓宽学生的知识面和视野的积极作用。

3. 课后服务环节使用数字教育资源

课题组对参加信息化教学实践教师的调查问卷显示，教学点和非教学点教师在课后服务环节中使用数字教育资源的比例分别是 78.6% 和 73.9%。对部分教师的访谈显示，课后服务环节中使用数字教育资源的作用主要体现在两个方面。一是数字教育资源中的讲授类、微课类资源可以帮助学生巩固所学知识，在帮助学生完成作业方面起到了支持作用；二是数字教育资源中的拓展类资源能够在德育、开阔学生视野、提升阅读素养等方面发挥了积极的作用。如，参加教学实践的秦老师告诉课题组，她所在的学校课后服务通常是让学生做作业，有不清楚的就给予指导。如果遇到大部分同学都不清楚的知识点，她会向所有参加课后服务的同学进行讲解，也会选择合适的微课资源播放部分内容，帮助同学解决作业中的疑惑。如果当天作业不多，学生完成作业但还没有到课后服务结束的时间，在天气好的时候会让他们到操场上活动，天气不好就待在教室里开展活动，包括讲故事、做游戏等。数字教育资源则为课后服务的活动提供了更多的选择，比如可以播放纪录片或者有声图书等，这其中的寓言故事、童话故事、历史故事类的资源比较受孩子们的欢迎。

4. 社团活动中使用数字教育资源

课题组对参加信息化教学实践教师的调查问卷显示，教学点和非教学点教师在社团活动中使用数字教育资源的比例分别为 28.6% 和 34.8%。对部分教师的访谈显示，数字教育资源在农村教学点社团活动中的作用主要表现在：为社团活动的开展提供方案和素材支持。教学点的秦老师告诉课题组，根据她的了解，包括农村教学点在内的农村学校所开展的社团活动的类型也比较多样化，如阅读、数学兴趣、英语兴趣、羽毛球、乒乓球、跳绳、书法、音乐、手工制作、绘画、舞蹈等，老师开展社团活动的时候一般会从互联网上查找活动方案，为自己社团活动的开展提供参考；也会查找文字、图片、视频等形式的资料，用于社团宣传、教学活动的开展。比如，阅读社团会从网上查阅和购买图书；数学兴趣社团会从网上查找趣味数学题；绘画社团会从网络上查找一些图片作为绘画的临摹范本；手工制作社团会找一些视频当作教程，让学生了解制作的方法和流程；舞蹈社团会找舞蹈教学方面的视频，作为学习的素材。秦老师自己所在的教学点就开设了羽毛球、书法、绘画等社团，通常会利用中午和课后服务的时间开展社团活动，教师在向学生讲解知识和技能方面的内容时，就会用到从网上收集的数字资源。

4.2.5 对教育信息化支持农村教学点发展行动的效果总结

综合以上调查问卷、访谈以及视频分析的信息，农村教学点教师使用数字教育资源进行实践的效果主要表现在以下四个方面。

1. 有助于提升农村教学点课堂教学质量

(1)数字教育资源能够比传统媒体让学生有更高的学习投入。相比书本、黑板、教师口头和肢体语言等传统媒体，图片、视频、图形、有声图书等数字形态的媒体更加形象生动，对学生感官有更强烈的刺激作用，在激发学生学习兴趣方面能发挥更重要的作用，且能比传统媒体更完整、更清晰、更规范地呈现学习信息。这意味着，学生在学习时会具有更高的学习投入。学习投入指的是个人在学习活动中的积极参与程度，包括行为投入、情感投入和认知投入等维度。行为投入是指学生在坚持、努力和专注方面积极参与学习任务；情感投入是指学生在学习活动中的心理状态，如兴趣、热情和享受、学校归属感、对学校的认同以及与老师和同伴的关系等；认知投入是指学生理解和掌握知识、技能的认知过程。学习投入是有效学习发生的必要条件，对学业成功至关重要，在促进学生全面和可持续发展中扮演着重要的角色①。当学生的注意力和学习兴趣被更好地调动起来时，学生在行动上会更加专注于学习的内容，在认知方面会更好地识记和理解所学知识，会更容易受到所学内容包含的思想、理念的影响，更有利于形成良好的价值观、人生观和世界观。

(2)数字教育资源的使用能够在一定程度上弥补教师在朗诵、音乐、美术等方面专业素质不够的短板。如前所述，包括农村教学点在内的许多农村学校存在教师结构性短缺的现象。音乐、美术、英语、体育等专业方面的教师比较匮乏。本课题组的实践表明，数字教育资源在一定程度上弥补了这种不足。教学视频、有声图书中发音标准、声情并茂的课文或古诗朗诵，能够让学生更好地掌握标准的普通话发音、领略课文意境、激发语文学习兴趣。同样，数字资源中发音标准、富有美感的歌曲演唱、伴奏也能够发挥良好的示范效应，提高学生的音乐修养，培养学生的音乐兴趣。美术课也是如此，各类手工和绘画的教学视频，不仅能够帮助非专业教师掌握手工和绘画技能，而且作为教学素材使用，能够更好地帮助学生学习手工和绘画。

(3)数字教育资源的使用能够帮助教师使用多样化的教学方法。长期以来，授导式教学方法是课堂教学中的主要方法。一方面，受传统教育观念的影响，教师讲课学生听、学生应该"好好听讲"的思想主导着中小学课堂；另一方面，在传统的课堂教学中，纸质媒体、黑板粉笔、教师口头和肢体语言是主要的信息传播手段，这决定了学生只能在教师的引导下，以听课、阅读教材、做练习等方式开展学习。本课题组的实践表明，信息技术手段的介入，为教师采用丰富的、多样化的教学方法提供了支持。首先，教师可以学习教学视频中其他教师的教学方法，如合作探究式、角色扮演式等方法均可以在教学视频中找到具体案例，这为教师掌握和实施不同教学方法提供了参考。其次，信息技术为多样化的教学方法提供了素材支持。数字化形态的图片、图形等，可作为学生合作探究、角色扮演时的素材。例如，在前文提及的教学视频中，陈老师让学生在观看了图片后，用圆形纸片进行小组合作探究。图片在

① Liu Q, Du X J, Lu H Y. Teacher support and learning engagement of EFL learners: The mediating role of self-efficacy and achievement goal orientation[J]. Current Psychology, 2023, 42(4): 2619-2635.

其中起到了导入和提供参考的作用，又如，陈老师让学生在自己动手用圆规画圆后，播放了一段圆规使用的视频教程，目的在于让学生更好地掌握圆规的用法。

2. 有效促进了农村教学点教师专业发展

正如问卷调查数据和访谈材料所显示的，参加调查的教学点和非教学点教师均认为数字教育资源的使用，在改善教师的学习方法、教学技能、信息技术教学能力、教学评价方法方面，在拓展专业知识、教育教学知识方面，在提高跨学科教学能力、教学管理能力、对待留守儿童等特殊能力等方面，均发挥了积极的作用。课题组认为，数字教育资源的使用对于教师最大的价值体现在以下两个方面。

（1）数字教育资源为教师专业发展提供了一种新的途径。在传统技术条件下，中小学教师要实现专业发展，可以通过学习深造，参加师资培训、校本研修，观摩和学习其他教师授课，对自己的教学实践进行自我反思，利用师徒制学习和提高等方式。数字教育资源，特别是教师授课类的视频资源能够让中小学教师在不用出门的情况下，克服时空限制，随时观摩其他教师的教学场景。教师授课视频展示了教师授课的全过程，包括教师导入、讲解知识点、与学生互动、组织课堂活动、对学生进行评价，甚至包括处理突发事件等各种类型的实践活动，从一定程度上反映了主讲教师的教育教学观念、教学方法、教学技能、与学生沟通的方式方法。其他教师在长期使用教学视频进行备课、授课的过程中，不可避免地会受到授课视频中教师在上述方面潜移默化的影响。这一点与付卫东（2021）等人的研究结论一致，即：长期跟随专递课堂主讲教师听课的教学点教师会受到其潜移默化的影响，在专业发展方面获得增益。

第二，教师授课视频资源更能够体现教师知识的丰富性、复杂性和情境性。学习深造、师资培训、校本研修等传统的教师专业发展方式更加注重理论型知识的学习，如教育学、心理学等方面的理论知识。这些知识具有很高的概括性，但对教师而言，往往缺乏针对性。因为教育具有高度的丰富性、复杂性和情境性，教师尤其是新手教师需要在大量实践的基础上，不断将实践经验与理论知识加以印证，方能深入理解理论知识的内涵和实践价值①。相比上述传统方式，教学视频蕴含着丰富的教师实践知识，恰恰体现了教育的丰富性、复杂性和情境性，对教师的影响更加直接。教师在观看的过程中，能够将其他教师的实践与自己的实践进行比较，如果遇到与自己想法不一致之处，则更容易引起教师的反思。教师是在自己备课的过程中观看教学视频的，带有很强的目的性。当他（她）通过反复观看的方式了解了其他教师的做法，并将其移植、嫁接到自己的课堂教学中，对其进行验证后，会从思想上、行动上形成更加深刻的认识。

3. 提升了农村教学点学生阅读素养

调查问卷数据显示，绝大多数参与调查的教学点和非教学点教师均认为数字教育资源的使用提升了农村教学点学生阅读素养，96.4% 的教学点教师和 95.7% 的非教学点教师认为数字教育资源的使用对学生阅读素养有积极影响。访谈的结果得到了同样的结论。课题组认为，数字教育资源的使用能够提高学生的阅读能力，主要原因有以下两点。

（1）数字教育资源的使用能够更好地帮助学生理解阅读材料，包括语文、道德与法治课程的教材、课外书籍等。100% 的教学点教师和 100% 的非教学点教师认为数字教育资源的使

---

① 陈向明. 实践性知识：教师专业发展的知识基础 [J]. 北京大学教育评论，2003，1（1）：104-112.

用提升了学生的阅读能力和语言文字理解能力。教师在授课过程中使用的与教材内容相关的图片、视频和有声图书，能够帮助学生更好地理解语文、道德与法治教材中的内容；图片能够将文字材料中抽象的实物具体化；教学视频或有声图书中的朗读，能够在帮助学生理解和识记生字、生词，形成良好的语感等方面发挥积极作用。

（2）数字教育资源的使用能够在激发学生对文字材料的阅读兴趣方面发挥积极作用。96.4%的教学点教师和91.3%的非教学点教师认为数字教育资源的使用提升了学生的阅读兴趣。根据心理学相关理论，兴趣可以分为个体兴趣和情景兴趣两大类[①]。个体兴趣与个人的先天倾向、动机取向、知识结构和个人的经历体验等因素密切相关，具有相对稳定持久的特性。情景兴趣则与环境有较大的关系，是个体受到环境刺激所激发的即时的注意和情感反应，是一种相对被动、短暂的情绪状态。新颖的教学工具、与现实生活相关的内容、教师激情的讲授等都有可能激发情景兴趣[②]。尽管情景兴趣具有相对短暂的特性，但情景兴趣的保持与学习任务的意义和个体自我卷入有关。当个体感觉到学习越有意义，自我卷入越多时，情景兴趣的保持会越久[③]。当学生发现自己阅读的教材、课文书籍中的内容以图片、视频或者有声图书的方式出现时，营造一种比文字材料更加具有感官冲击的情景，这为其产生情景兴趣提供了条件。一方面，数字教育资源呈现的内容与学生接触的文字材料相关，学生相对熟悉，这更容易引起他们的情景兴趣；另一方面，数字教育资源呈现的信息更加直观、形象和生动，学生更容易引起学生的注意，更容易产生相对较高的自我卷入，从而维持更长久的学习兴趣。

4.改善了农村教学点校园文化环境

问卷调查的数据表明，绝大多数使用了数字教育资源进行教学的教师认为，数字教育资源的使用对改善教风、学风和班风具有积极的作用，从而为改善校园文化环境起到了促进作用。

（1）数字教育资源的使用改善了教风。这一点主要体现在三个方面。一是数字教育资源的使用影响了教师的教学。调查问卷数据显示，100%的教学点和非教学点教师认为数字教育资源的使用影响了教学方法，影响了教学激情。二是数字教育资源的使用影响了教师对待学生的态度和方式。调查问卷数据表明，教学点和非教学点教师都认为数字教育资源的使用影响了教师的教学责任心，影响了教师对待厌学学生的态度，影响了教师对学生的影响程度。访谈材料表明，教师在使用数字教育资源备课和授课的过程中，会有意无意地受到数字资源中其他教师的影响，如借鉴其他教师的教学方法、教学素材、教学过程组织等。正如有学者所指出的，高品质的课堂具有知识的逻辑性和组织的高效性、预设的精致和生成的灵动、情感的浸入和权益的获得、动机的唤醒和思维的深刻、素养的达成和生命的丰盈[④]。要实现高品质的课堂，教师要对教学内容和教学过程进行精心组织和安排；注重以交互式、体验式、参与式的方式让学生更加投入到学习情境中，让学生在互动和参与的过程中从认知、态

① Hidi S. Interest, reading and learning: Theoretical and practical considerations [J]. Educational Psychology Review, 2001, 13(3): 191-209.

② 谢玲, 高亚楠.情景兴趣研究综述[J]. 文教资料, 2017(15): 224-226.

③ Schiefele U. Situational and individual interest [A]. In K. R. Wentzel & A. Wigfield (eds.). Handbook of motivation at school [M]. New York: Routledge, 2009: 292-221.

④ 季仲平.高品质课堂的五个特征[N].江苏教育报, 2021-11-17(3).

度和情感等角度达成学习目标；注重运用授导式、小组协作式、问答式、探究式等多样化的方法和手段开展教学活动。优秀教师与普通教师的区别往往在于：优秀教师更懂得如何根据教学目标、教学对象、教学内容选择合适的教学方法和手段，激发学生学习兴趣，调动学生学习积极性，使学生产生更高的学习投入。数字教育资源，尤其是优秀教师的授课视频能够将这些教师授课的场景直接展示出来，对于其他教师而言，这些资源在教学组织、教学方法、对待学生的方式等方面，往往具有启发性和示范性，能够使其更直观地感受高品质课堂的样貌，并在自己的教学中加以借鉴。

（2）数字教育资源的使用改善了学风和班风。对于学风，调查问卷的数据和访谈材料均表明，参与调查的教师都认为数字教育资源的使用影响了学生完成作业的情况，影响了学生遵守课堂纪律的情况，影响了学生上课听讲的情况，影响了班上的学习氛围，影响了学生参加校园活动的情况，影响了学生参与交流讨论的情况。对于班风，教师们普遍认为数字教育资源的使用对班风的改善起到了积极作用，主要表现在：改善了师生之间的关系，改善了学生之间的关系，学生更加遵守纪律。

课题组认为，数字教育资源的使用改善了学风和班风的原因主要体现在两个方面：一是数字教育资源更好地调动了学生的学习兴趣。如前所述，兴趣分为个体兴趣和情景兴趣两种类型。情景兴趣更容易受到环境等外来因素的影响，具有短暂性、不稳定性的特征。数字教育资源以图片、视频、音频等方式呈现学习内容，相比文字、口头语言等传统方式更加形象、生动，更能够激发学习者的情景兴趣，从而使其对学习内容投入更多的关注。二是提高了学习效率。相比传统媒体，数字教育资源对人具有更大的感官刺激，而且是从听觉、视觉等多方面进行信息输出。根据理查德·梅耶的多媒体学习认知理论，能够充分调动人类学习的双通道（即视觉通道和听觉通道）方式比单通道（视觉通道或者听觉通道）方式更能够产生有意义的学习。以图片、视频、音频等形式呈现的媒体比传统的纸质媒体和口头语言更能够调动视觉通道和听觉通道，从而产生有意义学习。学习兴趣更大、学习效率更高，意味着会让学生受到学习内容中德育因素更大的影响。中小学语文、道德与法治、音乐、美术等课程中包含了丰富的德育元素，如家国情怀、社会责任、进取意识、科学精神、勤劳、诚恳、朴实等。

当学生的学习兴趣被激发起来后，学生将更多的注意力投入到学习中，必然受到蕴含其中的德育元素更大的影响，从而在价值观、世界观、人生观上朝着积极的方向发生变化，进而影响其行为举止，从而对学风和班风产生积极的影响。

第5章

教育信息化支持农村教学点发展的理论阐释

5.1　教育公平理论视角的阐释

　　我国历来重视教育公平，发展公平而有质量的教育是党和政府对我国当前教育事业的战略部署。《中国教育现代化 2035》中提出，要"着力提高教育质量，促进教育公平"①。教育公平对于推进社会公平、促进社会各阶层的合理流动和稳定社会秩序具有重要的意义，是实现和谐社会的重要途径②。近代以来，西方国家的许多学者对教育公平进行了理论探讨，相继出现了众多教育公平的理论流派。近年来，我国学者针对传统的经典教育公平理论的局限性，如基于特定历史条件，过于注重强调外部物质投入、以分配正义作为实质正义、教育公平评价科学指标化等，提出了"新教育公平理论"。"新教育公平理论"关注以育人质量为中心的内涵式发展，注重对人的尊严的承认，关注增强人民群众的教育公平感③。为此，本书将从经典教育公平理论和"新教育公平理论"的视角对教育信息化支持农村教学点发展的实践进行阐释。

5.1.1　教育公平理论

　　1. 经典教育公平理论

　　经典教育公平理论主要围绕普及教育、教育机会均等展开理论探讨，比较有代表性的有贺拉斯·曼、科尔曼、T. 胡森、罗尔斯等。

　　（1）贺拉斯·曼：教育是促进人类平等的伟大平衡器④。贺拉斯·曼是 19 世纪美国教育家，被称为"公共教育之父"。他认为，教育不平等是社会不平等的产物，而教育是促进人类平等的伟大平衡器。政府通过普及教育使得每一个儿童都能够被训练成准备从事所有职业的人，具有积极的政治意义和经济意义。其政治意义表现在，普及教育能够培养更多具有更高

---

　　①　新华社. 中共中央、国务院印发《中国教育现代化 2035》[EB/OL]. (2019-02-23)[2022-09-18]. http://www.gov.cn/xinwen/2019-02/23/content_5367987.htm.

　　②　周洪宇. 教育公平论[M]. 北京：人民教育出版社，2010：15.

　　③　程天君. 以人为核心评估域：新教育公平理论的基石——兼论新时期教育公平的转型[J]. 华东师范大学学报（教育科学版），2019，37(1)：116-123.

　　④　周洪宇. 教育公平论[M]. 北京：人民教育出版社，2010：38.

的、更多的学问和德行的人，能够发展人的天赋能力和社会责任感。其经济意义表现在，普及教育能够解放人的智力，公民将被训练成准备从事所有职业的人，能够促进经济发展，使得消费者变成生产者，成为无法想象财富的创造者①。

（2）科尔曼：教育机会均等应关注学生的学业成就②。科尔曼是 20 世纪美国的教育家，他于 1964—1966 年对 60 万不同种族、宗教信仰和家庭背景的儿童进行了为期两年的调查，随后向美国国会提交了名为《教育机会均等》的报告（也被称为"科尔曼报告"）。"科尔曼报告"认为，美国公立学校中存在严重的种族隔离情况，非白人儿童成绩一般低于白人儿童，但造成这种差异的主要原因并非学校，而是学生的家庭和社会经济背景。"科尔曼报告"按照重要性对影响学生学业成就差异的因素进行了排序，白人和黑人学生的因素排序是一样的，按照重要性程度依次是：同学间的社会经济背景、教师素质、设备和课程。其中，影响最小的因素（设备和课程）在黑人和白人学校间的分布是最均等的，影响最大的因素（同学间的社会经济背景）的分布却是最不均等的。"科尔曼报告"重新界定了教育机会均等的内涵，认为教育机会均等不能仅仅局限于教育支出、教师和设备等的平等投入，而更应该关注学生的学业成就。科尔曼认为，学校不能只是被动地提供平等的教育资源，而应使他们免于出身和社会环境带来的不平等的教育环境③。"科尔曼报告"对于我国发展公平而有质量的教育具有一定的启发意义。完全依靠增加对薄弱学校的教育投入，并不能消除其与优质学校之间的差异，薄弱学校应该创设更加切实有效的学习环境，提高教育质量，从而促进学生素质的全面发展。

（3）T. 胡森：教育起点均等、过程均等与结果均等。T. 胡森是瑞典教育学家，他认为，教育机会均等这一概念由于社会哲学观的不同，经历了保守主义、自由主义和新观念三个演变过程，因而形成了教育机会均等的理论结构，即起点均等、过程均等和结果均等。起点均等是指每个人都有不受任何歧视地开始其学习生涯的机会，法律保障人人有受教育的权利；过程均等是指教育过程中受到公平的对待，对所有儿童实施同样的教育；结果均等是指在确保人人都有受教育机会的基础上，注重人的差异性，使每个儿童都有相同的机会受到不同方式的对待④，个体最终能获得符合自身特点的个性化教育，自身潜能得到充分发挥⑤。

（4）罗尔斯：补偿教育是实现社会平等的前提条件。罗尔斯是美国哲学家，他从伦理学的角度提出了正义的三个原则：平等自由原则、机会公正平等原则和差别原则。他认为，一个正义的社会必须赋予每一个公民相同的基本自由（平等自由原则），社会和经济上的不平等设计，必须对每一个人有利，而且职位必须对所有人开放（机会公正平等原则），但也应该考虑每个人天赋上的差异（差异原则），应该给那些出身和天赋较低的人某种补偿，缩小甚至于拉平他们与出身和天赋较高的人们在出发点方面的差距。罗尔斯认为，从教育的角度看，较多的教育资源应花费在智力较差而非较高的人们身上，至少在早期学校教育阶段应该如此⑥。

———————————

① 单中惠. 贺拉斯·曼和美国的普及教育[J]. 华东师范大学学报（教育科学版），1985，3（1）：83-90.

② 易红郡. 西方教育公平理论的多元化分析[J]. 湖南师范大学教育科学学报，2010，9（4）：5-9.

③ 马晓强. "科尔曼报告"述评——兼论对我国解决"上学难、上学贵"问题的启示[J]. 教育研究，2006，27（6）：29-33.

④ 易红郡. 西方教育公平理论的多元化分析[J]. 湖南师范大学教育科学学报，2010，9（4）：5-9.

⑤ 胡小勇，许婷，曹宇星，等. 信息化促进新时代基础教育公平理论研究：内涵、路径与策略[J]. 电化教育研究，2020，41（9）：34-40.

⑥ 易红郡. 西方教育公平理论的多元化分析[J]. 湖南师范大学教育科学学报，2010，9（4）：5-9.

2. 新教育公平理论

新教育公平理论由我国学者提出，程天君等学者在系列论文和著作中对新教育公平理论的核心评估域、基本理念、旨趣、实践路径等基本理论进行了探讨，形成了较为完备的理论体系。新教育公平理论侧重"人"的全面发展，秉持以"人"为核心评估域的理念，探索"推进教育公平"的社会支持与学校变革策略，旨在回应人民群众对美好教育向往和期盼的多元化发展性需要，进而努力为每个学习者提供适合的、有质量的教育①。

（1）新教育公平理论的核心评估域。"评估域"是指理论关注的重点，"核心评估域"是理论关注的核心要素②。程天君(2019)认为，中华人民共和国建立以来，对教育公平的评估域经历了"以政治权利作为核心评估域""以经济发展作为核心评估域"和"以人的需求作为核心评估域"三个阶段，其中"人的需求"即新教育公平理论的核心评估域③。"以政治权利作为核心评估域"阶段指的是建国到改革开放前这段历史时期，教育方针有意向工农群众倾斜。1958年，中共中央国务院发出的《关于教育工作的指示》中明确指出，"教育为无产阶级的政治服务，培养有社会主义觉悟的有文化的劳动者"④。在教育理念上强调革命性和政治性，招生向具有工农家庭背景的学生倾斜，政治权利成为教育公平的核心评估域。"以经济发展作为核心评估域"阶段指的是改革开放到20世纪末，国家将工作中心转移到经济建设上来，提出了"教育要面向现代化，面向世界，面向未来"的教育方针，教育转向为经济服务。经济发展成为教育公平的核心评估域，突出强调效率优先，教育招生中强调"按才取生，择优录取"。"以人的需求作为核心域评估域"阶段始于21世纪初，学者们认为，现有的教育公平主要是从教育经费、师资配置、教育制度等外部因素探讨教育公平。外部因素是实现教育公平的必要条件而非充分条件，只有将人置于教育公平的核心，关注人的平等，才能更清晰地把握教育公平。"以人的需求作为核心域评估域"的新教育公平进入教育活动内部，使每一个人感到"承认"的公平，能够在其中体会到爱、平等和社会尊重⑤。

（2）新教育公平的基本理念。新教育公平理论的主要理念包括如下三点：一是强调教育公平要从"起点"走向"过程"。传统的教育公平理论强调从机会、资源、投入、过程、效果等方面推进教育公平，而新教育公平理论认为教育公平要纵深发展，通过帮助学生克服由其家庭出身的不平等所带来的学习障碍，实现"起点"到"过程"的教育公平。二是强调教育公平要从"程序"走向"对待"。新教育公平理论认为，传统的教育公平强调资源分配在教育过程中的程序性公平，但程序性公平是教育的外部问题，教育公平应该更加关注教育实践过程中的"对待性公平"，即教育者和受教育者能够平等对待彼此。这种平等对待包括平等对待所有的受教育者，给予自身不利的受教育者差别对待，帮助因个人差异而在教育过程中遭到"不公平"对待的学生。三是强调教育公平要从"社会评估"走向"以人为本"。传统的教育公平观强调以社会为本，认为人隶属于社会，教育是社会的仆从。新教育公平则认为，人和社会的

---

① 程天君. 以人为核心评估域：新教育公平理论的基石——兼论新时期教育公平的转型[J]. 华东师范大学学报（教育科学版），2019，37(1)：116-123.

② 程天君. 新教育公平引论——基于我国教育公平模式变迁的思考[J]. 教育发展研究，2017，37(2)：1-11.

③ 程天君. 以人为核心评估域：新教育公平理论的基石——兼论新时期教育公平的转型[J]. 华东师范大学学报（教育科学版），2019，37(1)：116-123.

④ 中华人民共和国教育部. 共和国教育50年[M]. 北京：北京师范大学出版社，1999：4.

⑤ 程天君. 新教育公平引论——基于我国教育公平模式变迁的思考[J]. 教育发展研究，2017，37(2)：1-11.

关系是互构的，而且应该以人为本，教育公平应该强调社会基本制度的公正，而非"效率优先、兼顾公平"①。

（3）新教育公平的旨趣。新教育公平理论认为，教育公平应该是有质量的、实质性的教育公平。

一是新教育公平追求有质量的教育公平。新教育公平理论认为，教育权利和教育机会均等构成了教育的起点公平，但它是教育公平实现的必要条件而非充分条件，教育过程和教育结果的公平更为重要，在保障教育权利和机会均等的同时，还需要提高教育质量。随着我国教育规模的不断扩大，我国教育已经由精英教育的阶段走向大众教育阶段，精英主义教育观已不再适合当前的教育现状。在精英主义教育的话语体系中，公平和质量是一对矛盾的关系，尤其在教育规模扩大的过程中，数量的增长必然带来质量的下降。新教育公平理论则认为，公平和质量的矛盾并非不可调和，教育公平可以通过"高质量的教育"得以实现。2016年，时任教育部部长的袁贵仁指出，"过去的一个时期，我们花了不少时间、精力、财力，建新校区、盖新大楼、买新设备，扩大规模、争取项目，这是必要的。但这些都终究是外延性的，只是提高质量的必要条件。现在我们要把时间、精力和资源更多地用在内涵建设上，实实在在地把质量作为新时期我国教育工作的主题，实现我国教育更高质量、更有效率、更加公平、更可持续的发展"②。目前，追求有质量的教育公平已经成为全社会的共识，是对新时期教育的基本诉求。

二是新教育公平致力于实质性的教育公平。新教育公平理论认为，教育权利和教育机会均等是属于教育外部的公平而非教育本身的范畴，是实现教育公平的前提和基础，教育公平的完全实现还需要通过教育本身实现实质性的公平。教育作为一项针对人的活动，具有很强的主观性，教育实质性的公平实际上是受教育者主观感受上的公平。客观来看，扩大教育规模、增加教育投入并不总是达成实质上的教育公平。教育不公平也会在教育规模扩大、教育投入增加的情况下发生，优势群体获得更多的教育资源和受教育的机会并非不存在或者是孤立的现象。因此，有必要重视教育本身的公平，即教育实质性的公平，实现受教育者主观感受上的公平③。

三是新教育公平主张每一个人都享有适合自己的优质教育。班级授课制是我国当前中小学教学组织的主要形式。班级授课制产生于工业时代，其设计理念带有明显的工业社会的烙印，突出表现为规模化和标准化两大特征，如大班额集体授课、统一的教材、统一的课程内容、统一的授课计划等。采用班级授课制的学校更有利于培养整齐划一的思想观念、思维模式和行为方式标准化了的人，难免存在扼杀儿童天性、抹杀个性化的弊端。17世纪的英国哲学家洛克认为，家庭才是最为理想的教育场所，学校教育乏善可陈。18世纪，法国启蒙思想家卢梭提出的自然教育思想主张教育要顺从大自然的法则，培养"自然人"，即成人对儿童的成长不干预、不灌输、不压制，让儿童遵循自然率性发展④。新教育公平理论认为，学校教育中社会化居于主导地位，学校教育公平问题也被社会化，更多地体现为外部公平。新教育理

————————————

①　石艳，崔宇."新教育公平"观与教师教育转型[J].湖南师范大学教育科学学报，2018，17（5）：110-116.

②　袁贵仁部长在2016年全国教育工作会议上的讲话（中）[EB/OL]. http://zy.ccnu.edu.cn/info/1005/1304.htm，2016-02-26/2022-09-30.

③　王建华.新教育公平的旨趣[J].教育发展研究，2017，37（2）：12-17.

④　吴式颖，李明德.外国教育史教程：第3版[M].北京：人民教育出版社，2015.

论主张每一个人都能够享有适合自己的优质教育,这意味着教育公平应该体现个性化的特征,让教育公平深入人际的层面,进入个体的心灵之中,这样才能体现实质性的公平①。

5.1.2　从教育公平视角看农村教学点存在的问题

1.教学点学生未享受到与其他学生同等的教育过程公平和结果公平

从胡森教育公平理论的角度看,教学点学生在教育过程公平和教育结果公平方面与其他学生存在差距。党和政府历来重视教育公平,通过普及九年义务教育、推进义务教育均衡发展,持续推进教育发展。到 2018 年,我国学前教育毛入园率达到了 81.7%,小学净入学率从20% 提高到了 99.95%②。到 2011 年,我国全面实现九年义务教育,青壮年文盲率下降到1.08%③。到 2021 年底,全国 2895 个县级行政单位均通过了国家督导评估,九年义务教育巩固率达到 95.4%,义务教育办学条件得到大幅改善,义务教育学校差距持续缩小。有理由相信,教学点学生在受教育权利和机会方面得到了充分的保障。但农村教学点的办学条件、师资配置与其他学校仍然存在一定的差距。如,有学者于 2021 年对我国陕西、甘肃和宁夏四县的 49 所农村中小学进行调研发现,县域内城镇学校与农村小规模学校间的财政资源、教学资源、师资资源分配不均衡问题仍然突出,包括教学点在内的小规模学校办学经费紧张现象仍然存在,学校的基础设施建设,包括多媒体教室、图书室、音乐教室等功能教室,教学仪器、图书等基础教育资源配置,与农村中心校、城镇学校仍然存在较大差距;包括教学点在内的小规模学校教师数量依然短缺,美术、音乐和计算机教师的实际缺编严重,采用包班上课的现象依然普遍存在于这些学校④。本课题组前期调研发现,教学点在校园文化建设、音体美课程开设、教师专业发展等方面仍然存在较大的不足。可见,教学点学生在财政资源、学习资源、师资资源等方面无法与其他学校学生享有同等的条件,教学点学生在教育过程公平方面与其他学校学生存在一定的差距,在这种情况下,教育结果公平也就难以得到有效保障。

2.教学点在资源配置方面不符合罗尔斯补偿教育的原则

教师在教育中扮演着重要的角色,教师资源配置对教学点教育质量起着重要的作用。按照罗尔斯的理论,较多的教育资源应花费在智力较差而非较高的人们身上,至少在早期学校教育阶段应该如此。但实际上,教学点在教师资源配置方面不仅无法和其他学校平等,甚至与其他学校存在一定的差距,教学点师资配置不符合罗尔斯补偿教育的原则。

(1)教学点师资配置方面与其他学校存在差距。我国农村教学点在行政上并非独立的学校,而是隶属于中心校。教学点往往地处偏远、交通不便,学校绩效评估和督导检查也往往顾及不到教学点,这给相关政策在地方的落实留下了弹性的空间⑤。尽管国家相继出台多项要求"办好"教学点的政策文件,但对"办好"的明确、硬性规定还是比较少,难以从根本上改变教学点的不利境况。例如,针对教学点学校建设,有学者指出(任春荣,2015),国家出台

---

①　王建华.新教育公平的旨趣[J].教育发展研究,2017,37(2):12-17.

②　王家源.夯实千秋基业 聚力学有所教——新中国 70 年基础教育改革发展历程[N].中国教育报,2019-09-26(1).

③　陈启斐,王双徐.义务教育均等化与西部地区经济增长:基于"两基"计划的研究[J].教育与经济,2021(4):11-19.

④　赵丹,曾新.以"资源共享"推进县域义务教育优质均衡发展:动因、问题与对策[J].教育与经济,2022(1):41-48.

⑤　任春荣.城镇化进程中教学点问题与建设策略[J].华中师范大学学报(人文社会科学版),2015,54(4):145-153.

的办学条件标准、国家课程标准等政策文件没有提到是否适用于教学点，政策语义的模糊给教学点发展带来了很大的损害。地方懒政和片面追求规模效益等因素导致许多地方教学点的建设没有达到国家建设标准[1]。又如，2014 年中央编办、教育部、财政部印发《关于统一城乡中小学教职工编制标准的通知》，文件中明确提出，小学教职工与学生比配置统一为 1：19[2]。文件没有涉及对教学点教师的明确规定，但教学点规模小、学生人数少，按照 1：19 的国家教师编制标准，绝大多数小规模学校教师都超编[3]。按照我国当前的教育行政管理体制，农村教师编制的核算和分配由县级教育行政部门完成，在编制紧缺的状况下，教育部门会根据优先保障大部分学生教育利益的考虑来分配编制，使大规模学校在编制分配中占有优势。县域内教师编制的分配优势按城区学校、镇区中心校、村小和教学点依次递减。对于处于教师编制分配末端地位的村小和教学点而言，始终难以获得充足的教师编制以及开足开齐课程，音乐、美术和体育的教师更是奇缺[4]。

（2）与其他学校教师相比，教学点教师的待遇更低、发展空间更小。农村教学点通常地处交通不便、远离城镇的边远山区。自然条件的限制，不仅导致物质资源匮乏，更使其与外界的交流和沟通受到较大的限制。对教师而言，主要存在以下几个方面的问题。一是收入水平与其他教师存在差距。根据郭红艳（2022）对广西 30 个教学点 260 名教学点教师的调查，尽管国家在提高教师待遇、保障农村地区教师待遇方面出台了多项政策，但农村教师与城镇教师在收入、工作条件、绩效福利等方面仍然存在差距。教学点的教职工宿舍、工作场所基础设施建设存在年久失修的问题，国家出台"双减"政策后，学校开展了"课后服务"，增大了教师的工作量，但相关的劳酬和津贴基本没有发放到教学点教师手中[5]。二是教师专业发展资源方面与其他教师存在差距。教学点往往交通不便，这让教学点教师与外界的交流存在一定的困难，在获取专业发展资源方面也受到一定的限制。赵丹（2022）对陕西、甘肃和宁夏四县的 49 所农村中小学进行调研发现，教学点教师在人力资源共享方面不足的问题较为突出。人力资源共享指的是教师跨校授课、集体备课、经验交流、听取优质示范课等活动，这些活动对于提升教师专业水平、实现教师专业发展具有积极的意义。但与城镇学校、农村中心校的教师相比，教学点教师在上述活动方面存在明显的不足，教师专业发展受到较大程度的限制[6]。

5.1.3　从教育公平理论视角阐释教育信息化支持农村教学点发展

本课题组采用向教学点教师提供数字化教育资源和教育信息化专家的教学指导的方式，为教学点教师开展教学提供支持。虽然并不能改变教学点在教育财政投入、办学条件和师资配置等硬件条件上与其他学校的差距，却能够在优化资源配置、变革传统课堂教学模式、开阔学生视野、影响学生思想观念等方面发挥积极的作用，从而在教育起点公平、过程公平和

① 任春荣.城镇化进程中教学点问题与建设策略[J].华中师范大学学报（人文社会科学版），2015，54（4）：145-153.
② 中央编办发〔2014〕72 号.关于统一城乡中小学教职工编制标准的通知[Z].2014-11-13.
③ 刘善槐，王爽，武芳.我国农村小规模学校教师队伍建设研究[J].教育研究，2017，38（9）：108-117.
④ 刘善槐，邬志辉.我国农村教师编制的关键问题与改革建议[J].人民教育，2017（7）：17-20.
⑤ 郭红艳.乡村教学点教师队伍建设现状调查研究[D].桂林：广西师范大学，2022.
⑥ 赵丹，曾新.以"资源共享"推进县域义务教育优质均衡发展：动因、问题与对策[J].教育与经济，2022（1）：41-48.

结果公平方面起到积极的促进作用，从而促进公平而有质量的教育，以及个性化的教育。具体如下：

1. 教育信息化有助于优化配置模式，增强资源投放的精准度，促进教育起点公平

教育起点公平意味着受教育的机会公平，在基础设施建设、资源配置、教师配备等方面保障所有学生享有受教育的权利。目前，我国在基础教育中的资源配置方式强调从基础设施建设、师资配置等方面保障包括教学点在内的学校享有与其他学校同等的待遇，即按照标准化学校建设的标准，以义务教育均衡发展督导的方式提高其办学条件。但依然存在"质量参差不齐、共建共享程度低、分配不均等问题"，有必要优化资源配置模式，提高资源的投放精准度[1]，以此提高资源共享程度，让包括农村教学点在内的薄弱学校更好地享有优质资源，从而解决资源分配不均的问题。本书采用有别于传统资源配置的方式为教学点提供信息化教学资源，在一定程度上促进了优质资源的共享，改善了教学点资源的配置状况。信息化资源的特点是不受时间和空间的限制，可以无限复制，尤其是公开的、免费的资源。将这些资源提供给教师，教师再将资源直接应用于教学之中，一方面能够改善教学效果，激发学生学习兴趣，提升学生学习积极性；另一方面，教学点教师能够通过学习优秀教师的教学方法提升教学能力。从这个意义上来看，教育信息化在优化配置模式、增强资源投放的精准度方面能够发挥积极的作用。

2. 教育信息化有助于优化教学过程，提升教育质量，促进教育过程公平

教育过程公平体现在不同群体都能够享受到相对均等的受教育条件。教育信息化资源在一定程度上能够起到弥补教学点教育资源不足的作用，这种作用主要体现在以下三个方面。

（1）教育信息化有助于提升课堂教学效率，激发学生学习积极性。在传统课堂中，教师使用黑板和粉笔、纸质书籍、口头和肢体语言等传统媒体开展教学。与信息技术支持的媒体相比，传统媒体的局限性较大。信息技术支持的声音、图像等媒体在激发学生学习兴趣，增强学生的长时记忆，从而提高学生的学习效率方面有着更显著的效果。根据梅耶(Richard E. Mayer)的多媒体学习认知理论，人在使用媒体学习时，媒体信息如果符合"双通道原理""通道有限原理""主动加工原理"等基本原则，媒体信息更可能产生有意义的学习[2]。"双通道原理"是人在进行信息加工时，视觉通道和听觉通道都能够对信息进行处理，当视觉通道和听觉通道进行结合时，则能够增强学习者的长时记忆。"通道有限原理"是指人在进行认知加工时，每个信息加工通道上一次加工的信息数量是有限的。"主动加工原理"是指学习者在接受新信息时有意识地将记忆中的信息与新信息进行整合。信息技术以多媒体的方式呈现文本、图像、声音等信息，如果能与传统纸质媒体、实物媒体、口头语言媒体结合起来使用，则能够起到比单纯使用传统媒体更好的效果。因为信息化的媒体有丰富的听觉和视觉信息，向学习者传递信息时能够充分利用听觉和视觉两个通道，如果结合教材中的视觉信息，以及教师讲解的听觉信息，能够起到比单纯听觉或者单纯视觉更好的效果。本课题组对吴老师的调查显示，她在自己主讲的小学美术课程中，将课题组提供的手工制作、绘画等方面的资料用于课堂教学，用多媒体计算机以图片和视频的方式展示美术作品的制作过程以及制作成品。一方

---

① 胡小勇，许婷，曹宇星，等.信息化促进新时代基础教育公平理论研究：内涵、路径与策略[J].电化教育研究，2020，41（9）：34-40.

② 单体清.教学设计：有效教学的保障——从"多媒体学习认知理论"谈起[J].湖北教育，2018（1）：32-33.

面，多媒体播放的素材画面更大，音质更佳，对学生有更大的吸引力；另一方面，能更清晰地展现绘画或手工制作的全过程，让学生更准确地了解作品制作的流程和方法，更快地完成作品，从而提高学习的效率。

（2）第二，教育信息化有助于增加教材的开放性，在实现以学生为中心的教学方面发挥积极作用。传统的课堂教学由一名教师利用教材、黑板、实物等设备，通过口头语言、文字、图画等方式对学生进行教学活动。辜胜阻（2003）对传统教学模式的特点和弊端作了分析，他认为传统教学模式由教师主宰，表现为"五中心"，即教学活动以教师为中心、教学过程以课堂为中心、课堂教学以讲解为中心、教师讲解以教材为中心、教学价值以应试为中心，并认为"五中心"在师生之间形成了简单的单向传输关系，导致学生自学能力、生活自理能力、思想自律能力缺乏[①]。余文森（2001）认为，传统课堂教学以书本知识为本位，书本知识是间接经验，如果没有一定的直接经验为基础是很难被理解和掌握的；传统课堂往往不重视直接经验的作用，使其成为可有可无的东西，这样容易导致"重理论，轻实践""重理性，轻感性""重结论，轻过程"等弊端。因为知识是思维的产物，包含着丰富的智慧，知识的传授如果仅仅是展现教材现成的结论而不注重揭示背后丰富的思维过程，引导学生发现问题、分析问题和解决问题，培养学生独立思考的习惯，深入到知识的发现和再发现的过程中，是很难将内含的智慧转化为学生自己的智慧的。因此，教师在教学过程中，需要依据自己对教材内容的理解，增加教材和教学过程的开放性，让教材和教学活动成为学生学习的跳板，帮助其建立或者丰富原本不足的直接和间接经验，以提高学生整体素质为本位开展教学[②]。本课题组认为，信息化教学资源能够起到增加教材和教学过程的开放性的作用，弥补教材内容过于单一、学生直接经验欠缺的弊端，起到补充教材内容、增加学生的直接和间接经验的作用，从而更好地体现以学生为中心的教学观念。本书实践方案为教师提供了从网络中收集的教学资源，教师们将这些资源作为课堂教学的素材加以使用。有些教师在上课过程中，选择合适的时机直接播放视频资源；有些教师受视频资源的启发，自己动手收集相关的资源用于课堂教学。一方面起到了激发学习兴趣的作用，另一方面能够让学生了解与课本相关的知识点。如前文所述，雷老师在道德与法治课程教学中受视频资源的启发，从网络上找了一些与中秋相关的故事、谜语之类的素材作为教材内容的补充。雷老师充分利用信息技术资源，有选择性地收集与教材关联紧密且与学生认知特点一致的素材作为教材的补充，在激发学生学习兴趣的同时，又能够较好地拓展课本内容，满足了增加教材和教学过程的开放性的要求，为其增加了关于中秋节内容相关的直接经验（预测故事情节、猜谜语），同时又拓展了其间接经验（关于中秋节的文化传统）。

（3）教育信息化有助于开阔学生视野，在抵消教材过度城市化倾向方面发挥着积极作用。农村教学点大多地处交通不便的偏远地区，教学点学生日常接触的多是农村乡土元素、山川河流等自然环境，与外界尤其是城市接触较少。但目前我国义务教育阶段的教材和教学内容存在"城市化倾向"，城市里特有的高楼大厦、大商场、博物馆等设施在教材中随处可见，但农村特有的农田、农活等元素却很少出现。过度城市化倾向容易造成农村教师教学和农村学生学习上的困难，教师仅仅使用教材提供的内容是很难让学生理解从来没有接触和了解过的

---

① 辜胜阻.变革传统教学模式的实践探索[J].教育研究，2003（8）：55-60.

② 余文森.试析传统课堂教学的特征及弊端[J].教育研究，2001，22（5）：50-52.

城市事物的，学生在教材中接触到的是从未见过的城市场景，对教学内容的兴趣和认同感会降低。再则，正如有学者（白雅娟，2019）指出的，教材的过度城市化倾向容易损害课堂教学的文化传承纽带，造成学生对农村生产和生活经验、地方性知识和经验的忽略，形成对传统文化的冷漠和遗忘，削弱了教育的社会文化传承功能①。

信息化资源的合理使用在一定程度上能够起到在拓宽学生视野的同时削弱教材过度城市化倾向的作用。教师可以利用网络收集与农村生活和生产相关的元素，将其融入自己的课程教学中。可以以图片、视频的方式展示给学生，也可以利用这些元素编制教学或者学习用的素材，起到激发学生学习积极性的作用，促使学生在学习学科知识的同时增强对农村生活的认同感和归属感。参加本课题组的教学点教师的教学实践为我们提供了很好的参考案例。如前所述，黄老师在讲《道德与法治》二年级上册的《我们生活的地方》单元时，参考课题组提供的视频资源中教师的教学方法，以"咸宁：千桥之乡"为主题，将从网络中收集到的以及自己拍摄的咸宁各类古桥和现代桥作为素材，采用游戏互动、讲故事的方式开展教学，让学生在了解和学习咸宁历史文化的同时，领略咸宁近年的发展成就，培养学生爱家乡、爱咸宁的情感。可见，合理利用网络资源的丰富性，利用图片、视频资源直观、感染力强的特点，加之合适的教学方法，能够起到开阔学生视野、增广学生见识，并培养学生热爱家乡、热爱祖国的积极情感的作用。

3. 教育信息化有助于创新教学方法，让教学更具有个性化特点，促进教育结果公平

教育结果公平意味着教育更加关注教育主体的差异，更加关注促进学生素质发展②。传统课堂受技术条件、教师思想观念等诸多因素的限制，讲授—接受式以教师为中心的教学方法在课堂教学中占据绝对主导的地位，突出学生个性的教学活动难以有效开展。教育信息化在支持个性化教学方面能够发挥积极的作用，让教学更加关注学生的成长，从而促进教育的结果公平。这主要体现在教育信息化资源，尤其是教师授课的资源能够帮助开阔教师的视野，为其提供多样化教学方式的参考，包括突出个性化特点的教学方法。如，参加本课题组教学实践的吴老师告诉课题组，她参考了课题组提供的教学视频资源，在自己主讲的美术课堂教学中，采取了竞赛式、协作式等多种教学方法，这些方法的运用在激励学生参与学习、激发学习兴趣方面发挥了积极作用。

由此可见，在农村教学点课堂教学中，充分利用信息技术资源，采用多样化的教学方法，同样能够起到优化教学过程，突出学生个性，激励学生参与到"教"和"学"中来的作用。这对于提高教学点教育教学质量具有重要的作用。

5.2　教育生态学理论视角的阐释

5.2.1　教育生态学理论的基本观点

1976 年，美国学者劳伦斯·克雷明（Cremin L. A.）在《公共教育》中提出了"教育生态学"

---

① 白雅娟. 教科书城市化倾向下教师课程知识选择的文化障碍及应对[J]. 教育理论与实践, 2019, 39(32)：36-38.

② 胡小勇, 许婷, 曹宇星, 等. 信息化促进新时代基础教育公平理论研究：内涵、路径与策略[J]. 电化教育研究, 2020, 41(9)：34-40.

的概念，将生态学引入教育学领域。教育生态学依据生态学原理，将教育视为一个有机的、复杂的、统一的生态系统，对教育与其周围生态环境之间相互作用的规律和机理进行了研究①。概括而言，教育生态学的基本原理主要有：

1. 限制因子定律

生物的生存和繁殖依赖于各种生态因子的综合作用，包括土壤的质地、结构、水分，以及温度、光照、种植技术等，但是其中必有一种或少数几种因子是限制生物生存和发展的关键性因子，这些关键性因子叫限制因子。限制因子定律指限制因子决定着生物的生存和发展，也被称为木桶理论，即最短的那块木板决定着木桶的容量②。限制因子定律是 1840 年德国化学家 J. Liebig(J. 李比希)在研究矿质营养与植物生长的关系时发现的，他观察到谷类作物的产量通常不是由大量需要的元素决定的，而是受微量元素的限制，只要稍微增加这些微量元素，谷物产量就会显著提高。限制因子定律被引入教育后，成为教育生态学的重要定律。但教育生态学中的限制因子定律又表现出一定的特殊性：①在教育生态学中，所有的生态因子都可以成为限制因子。限制作用不仅仅是因为某些因子的量太少，低于临界线，某些因子的量过多也会起到限制作用；②教育生态系统中的有机体不仅对限制因子的作用具有适应机制，而且能主动地创造条件，积极地反馈调节，变限制因子为非限制因子③。

2. 耐度定律和最适度原则

耐度定律由美国生态学家谢尔福德(Shelford)于 1913 年提出。耐度定律认为，生物的生存要依赖环境中的全部因子，其中一个因子不足或者过多，超过生物的耐受性范围，生物就不能生存。生态因子对生物的作用有三种状态：最小量、最大量、最适度。最适度状态下的生态因子达到了质和量的统一。耐度定律和最适度原则同样适用于教育生态系统。在教育生态环境中，各种生态因子都有自己的适应范围和区间。教育生态的个体、群体、系统对各种生态因子都有最适宜的范围，在此范围内主体能很好发展，否则将走向反面④。如，维果茨基的"最近发展区"理论认为，教学应着眼于学生的最近发展区，教学内容的难度在最近发展区范围内能够起到最好的教学效果，超过或者不及最近发展区的教学都很难达到理想的效果⑤。"最近发展区"实际上和教育生态学理论强调的最适度原则是相通的，都强调教学中的适度性。

3. 教育生态位原理

生态位是指生态系统中每一个生物单位(包括个体、群体或物种)在空间与时间、资源与环境中所占据的生态位置及与其他相关生态个体或生态种群之间的相互作用与功能关系。根据生态位原理，每一个生态个体和生态群体在生存竞争中都会形成并拥有一个最适合自身生存与发展的生态位⑥。不同个体或群体在各自的生态位上生存、发展，共同构成稳定、有序、和谐的生态系统。

---

①　洪世梅. 教育生态学与大学教育生态化的思考[J]. 高等教育研究，2007，28(6)：50-52.
②　段仁燕，黄敏毅. 生态学限制因子定律在高等教育中的应用研究[J]. 安徽农学通报，2007，13(20)：136-137.
③　关文信. 西方教育生态学理论对课堂教学监控的启示[J]. 外国教育研究，2003，30(11)：1-4.
④　李化树. 教育生态学探讨[J]. 教学与管理，1995(1)：14-16.
⑤　刘宁，余胜泉. 基于最近发展区的精准教学研究[J]. 电化教育研究，2020，41(7)：77-85.
⑥　田良臣，李栋. 生态位理论视域下教育综合改革新探——从"综合素质评价"走向"多元录取"[J]. 教育理论与实践，2016，36(4)：25-29.

4. 花盆效应原理

"花盆效应"又被称为"局部生态效应"。生物在人为创造出来的环境中生长，一旦离开了人的精心照料，生态因子的适应阈值就会下降，很难适应环境的变化①。对于教育而言，家庭和学校都是半封闭的生态环境，有机体长期身处其中，若脱离与外界的接触，就很容易产生与现实脱节的现象。如，在学校教育中，若教师的教育观念、教学内容、教学方法不能随着时代的发展而更新，培养出来的学生就很难适应社会环境，在社会竞争中容易处于劣势。因此，家庭教育、学校教育应该成为开放型的教育生态系统，教师和学生应多接触自然和社会，更好地了解自然环境和时代的发展，提高适应社会发展的能力。

5.2.2 从教育生态学视角阐释农村教学点存在的问题

1. 农村教学点发展受多种"限制因子"的制约

教学点在资金投入、校园基础设施、校园文化建设、教师配置等方面都与其他学校存在一定的差距。在教学点所处的教育生态系统中，这些因素在一定程度上成为影响教学点发展的"限制因子"。如赵丹等（2019）于 2015—2017 年对 11 个县、23 个乡镇调查的数据进行分析后发现，小规模学校校长认为学校"经费充足"的比例仅为 17.1%，远低于大规模学校的 42.0% 的比例；认为"经费短缺"的比例高达 68.6%，远高于大规模学校的 31.1% 的比例②。从教学点外部所处的环境来看，教学点大多位于偏远农村，相比城镇，农村地区的公共服务基础设施和服务体系薄弱，公共交通、卫生医疗、商品供给等都处于落后状态。包括教学点在内的小规模学校教师的配置和质量与其他学校相比存在较大差距。根据赵丹等（2019）的调查，小规模学校教师在参加培训、观摩示范课、在线听取公开课和经验交流等专业发展活动方面的次数都要远远低于大规模学校教师③。

2. 农村教学点教育资源配置在"最适度"方面的失衡

从教育生态学的角度看，农村教学点在"最适度"方面的失衡表现在两个方面。一方面，与其他学校相比，教学点在教育资源配置方面存在一定的差距，教师资源配置不足，存在结构性缺编现象，尤其是音乐、美术、体育等学科教师缺编比较严重④。教学点的一名教师往往承担多门学科教学，甚至包班上课的现象比较普遍。教师资源配置不足，让教师超负荷工作，在工作承受能力方面很容易超过作为生态个体所能承受的"耐度"，在一定程度上违背了教育生态学的"耐度定律和最适度原则"⑤。教师超负荷工作，会从整体上影响教学质量。教师很难有更多的精力投入更新教育理念、改善教学方法、提高教育质量中，以及更好地关注学生成长方面，很容易陷入疲于奔命的状态。作为非音乐、美术、英语等专业出身的教师，承担这些专业性较强的课程，势必难以获得理想的教学效果。另一方面，教学点教师和生源

---

① 汪颖，解利. 教育生态学对信息化教学资源建设与应用的启示[J]. 现代教育技术，2010，20(11)：19-22.

② 赵丹，陈遇春，赵阔. 优质均衡视角下乡村小规模学校教育质量困境与对策[J]. 华中师范大学学报（人文社会科学版），2019，58(2)：157-167.

③ 刘华安. 我国农村公共服务体系的例析与建构——从碎片化到整体性治理[J]. 广东行政学院学报，2014，26(3)：26-31.

④ 郝文武. 论为振兴乡村教育着力培养更多具备音体美教学素质的全科型教师[J]. 教师教育研究，2020，32(4)：66-71.

⑤ 姜召，李炳煌. 基于教育生态学的农村教师信息技术与课程整合能力提升策略研究[J]. 当代教育理论与实践，2013，5(3)：62-64.

流失比较严重，教学点的数量逐年减少。韩嵩和秦玉友(2021)认为，随着我国交通基础设施的不断完善，更多农村家庭有条件将子女送往中心校、城镇学校。学生由教学点、村小等农村学校向城镇学校转移成为一种趋势，这加剧了村小、教学点等小规模学校的生源流失。同时，随着城镇化进程的推进，更多的农村家庭迁往城区。虽然国家加大了对包括教学点在内的小规模学校的扶持力度，但难以从根本上扭转生源流失导致的乡村学校逐渐萎缩的困境[①]。包括教学点在内的农村教师流失现象是困扰农村教育的难题。如，王艳玲和李慧勤(2017)对云南省 30 个县 10356 位农村教师进行调查后发现，在云南乡村教师中有 80% 的教师有流动意愿，越年轻、职称越低、学历越高的教师有越强的流动意愿，且流动意愿呈现出"向城性"的趋势，超过 41% 的教师的流动意愿是"县城学校""州府或省城""离县城近的乡镇"学校等[②]。教育生态学认为，某种生态因子过多或者过少都会对生态系统产生影响。从教育生态学的角度看，农村教学点教师和生源流失严重，其资源的利用率必然低于其能够发挥作用的"最适度"范围。对学生而言，师资资源低于"最适度"范围，自然会影响其成长。尤其是音乐、美术、体育等学科教师的缺乏，使得教学点学生在这类教育上受到较大的负面影响。对教师而言，在教师人数较少的教学点工作，除需要承担多学科的大量教学外，还需要做许多与教学无关的工作，教学质量受到较多方面的负面影响。而且，教师人数太少，教师队伍的延续性受到较大的挑战，难以维持其长久性和稳定性。

3. 农村教学点在与中心校的教育生态位竞争中处于劣势

按照我国现有教育管理体制，农村教学点在行政上隶属于中心校。中心校在人事、财政投入方面对教学点进行管理。中心校有责任和义务按照国家相关政策保障教学点的资源供给，在资金和师资配置上为教学点教学提供支持。但是，当中心校与教学点在资源上存在冲突时，中心校往往会优先保障其自身的资源供给。徐文娜和李潮海(2020)的调查发现，在执行特岗教师计划时，中心校会优先让特岗教师在中心校任教而非教学点，因为中心校认为他们的学生更多，老师能够发挥的影响力更大[③]。付卫东(2018)对中西部 6 省 120 余所农村中小学进行的调查发现，农村地区在执行《乡村教师支持计划(2015—2020 年)》时，对乡村教师的补充呈现"差序格局"，也就是在中心校、完小、村小和教学点各类学校中，村小和教学点往往是最后的受益者。管理者会优先对中心校和完小进行师资补充，在教师的工资、福利待遇、职称评定等方面也会优先满足中心校和完小，村小和教学点的教师往往最后被考虑[④]。从教育生态学的角度看，中心校和教学点在教育生态系统中存在重叠的关系，两者共生于教育生态系统中，但在资金、教师等资源的使用上存在竞争关系[⑤]。可以认为，中心校和教学点在教育生态位上存在共生与竞争的关系。但教学点在行政上隶属于中心校，在竞争中往往处于弱势，这也是导致教学点资源供应不足的重要原因。

---

①　韩嵩，秦玉友.乡村振兴背景下农村学校发展的重点任务与实现路径[J].广西社会科学，2021(11)：182-188.

②　王艳玲，李慧勤.乡村教师流动及流失意愿的实证分析——基于云南省的调查[J].华东师范大学学报(教育科学版)，2017，35(3)：134-141，173.

③　徐文娜，李潮海."特岗计划"实施的现实困境与优化建议——基于辽宁省三个县区"特岗计划"实施情况的实地调研[J].现代教育管理，2020(5)：87-92.

④　付卫东."乡村教师支持计划"三年：五大盲点待补——来自 120 余所乡村学校的调研报告[J].云南教育(视界)，2018(5)：4-6.

⑤　陈文娇.教育生态位与高等教育分流[J].大学·研究与评价，2007(11)：83-87.

4.农村教学点所处的环境容易产生"花盆效应"

农村教学点往往地处偏远，与外界接触困难。在特殊的环境下，教学点成为一个"花盆"生态系统。而教师和学生若长期与社会缺乏接触，对社会发展缺乏了解，在教师发展、学生成长方面就很难适应现代社会的发展，在社会竞争中处于劣势地位，从而形成教育生态学中的"花盆效应"。本课题组前期调研发现，教学点教师在参加与教学和课程相关的研讨会、参加教育教学方面的学术研讨会、对其他学校进行访问、参加教师团体、开展教育教学研究、与其他同行就教学进行对话等指标方面，明显低于非教学点学校教师。赵丹和曾新（2022）在陕西、甘肃和宁夏进行的调研发现，与完全小学、中心校的教师相比，教学点教师与外界交流更少，在跨校授课频次、跨校集体备课频次、跨校听取优质示范课和经验交流频次、远程听课频次等方面都要显著少于完全小学和中心校教师[①]。这表明在教学点生态环境中的教师与外界接触更少，"花盆效应"明显。"花盆效应"会让生态系统中的生态个体或者群体的适应阈值下降，一旦脱离了"花盆"，就很难适应其他的生态环境。对于教学点同样如此。长期与外界缺乏足够的交流，教学点的教师专业发展、学生成长都受到一定的限制。教师在教学理念、教学方法上更容易倾向于保守，因袭传统观念和旧习惯，容易产生与社会主流脱节的现象。

5.2.3　从教育生态学视角阐释教育信息化支持农村教学点发展

1.信息技术支持优质资源共享，起到了补强"限制因子"的作用

按照教育生态学"限制因子定律"，所有的生态因子都可能成为限制因子，这些限制因子不仅包括硬件设施，还包括教育教学资源、师资配置、学生意愿等。近年来，随着我国对义务教育投入的不断加大，以及义务教育督导评估、学校标准化建设等工作的持续推进，包括教学点在内的农村学校在基础设施、教学装备等方面有了较大改观，缩小了与城镇学校的差距。国家大力推进的学校标准化建设等促进义务教育均衡发展的措施，能够从基础设施方面改善教学点的办学条件，但并不能让教学点与其他学校完全一致，尤其是优秀教师和生源的水平。

本课题组的教育信息化实践表明，信息技术支持的资源共享能够在一定程度上让农村教学点享受优质的教育资源，从而补强"师资配置""教学""校园文化"等限制因子，缩小教学点与其他学校的差距。

（1）信息技术支持的资源共享补强了教学点的教师因子。

信息技术以视频的方式向教学点提供优秀教师授课的场景，教学点教师长期跟随式地学习，能够起到提高自身教学素养、改善教学方法、更新教学理念的作用。从隐性知识共享的角度来看，本地教师在潜移默化中受到专递课堂主讲教师的影响，共享了主讲教师关于教育教学理念、教学方法、课堂组织、师生互动等方面的知识和经验[②]。本课题组对参与实践教师的访谈证实了隐性知识共享现象的存在。如前所述，许多参加教育信息化实践的教师表示，在观看了课题组提供的教学视频后，感觉到在教学方法、教学策略方面受到了启发，会有意

---

① 赵丹，曾新.以"资源共享"推进县域义务教育优质均衡发展：动因、问题与对策[J].教育与经济，2022（1）：41-48.

② 付卫东，张伟平，李伟.专递课堂对教学点教师教学实践的影响——基于隐性知识共享视角的分析[J].现代远距离教育，2021（6）：56-64.

或者无意地将视频中教师的做法运用到课堂教学中。可见，信息技术支持的资源共享，在一定程度上起到了补强教师限制因子的作用。

（2）信息技术支持的资源共享补强了教学点的教学因子。

信息技术支持的多媒体资源和素材能够帮助教师上课。教学视频资源可以作为教材内容的补充，教师可以选择合适的时机在课堂上播放全部或者其中的部分片段；也可以截取视频资源中的画面，以图片的方式展示出来，或者根据视频中的演示，将视频展示的内容作为素材补充到自己的教学课件或者教案中。这样，视频资源就以多样化的方式展示给学生，丰富了课堂教学内容，起到了开阔学生视野、增广学生见识的作用。例如，参加本课题组教学实践的吴老师告诉课题组，使用教学视频最大的好处是不仅能够看到许多未曾想到的教学素材制作方法，还能够参照视频中的做法把素材做出来，丰富了课堂内容，受到了学生的欢迎。

（3）信息技术支持的资源共享补强了教学点的校园文化因子。

信息技术能够将富含道德教育内涵的内容以数字资源的方式融入课堂教学，让学生在价值观、人生观和世界观上受到潜移默化的影响。

培养什么人、怎样培养人、为谁培养人是教育的根本问题。党的十七大将"坚持育人为本、德育为先"确立为我国的教育方针，党的十八大提出"把立德树人作为教育的根本任务"[1]，党的十九大和二十大强调"落实立德树人根本任务"，立德树人的重要地位不断凸显。课程教学是学校教育的主战场，在课程中落实立德树人的任务也是课程教学的题中之义。小学阶段的各门课程内容本身就有丰富的育人功能。以语文为例，有学者指出"语文的性质和特点决定了它必须发挥其特有的德育功能"，因为汉语言文字蕴涵着中国优秀的历史文化，传承着中华民族优良的民族传统和品性，语文课文的字里行间无不包含着创作者的思想观念情感，这就使学生在学习语文知识的同时，必然地受到作者意识的熏陶[2]。经过严格筛选的语文课文包括社会公德、职业道德、家庭美德、个人品德等德育内容，可以通过语文课程的教学让学生受到显性和隐性的影响，从而影响其人生观、价值观和世界观向积极、乐观的一面发展[3]。数学、道德与法治、音乐、美术等课程同样如此。

校园文化与德育有着千丝万缕的联系。校园文化不只包含了文化的环境，更包含了学校的精神及制度文化[4]。校园文化能以特定的人文环境，对学生的思想观念起到熏陶、渗透和升华的作用，影响学生的观念追求、价值标准和行为规范，实现以德育人的目的[5]。反过来，良好的道德教育同样能够影响校园文化建设，德育对学生成长具有"思想导向功能""激励功能"，能够在引导学生建立正确的人生观、价值观和世界观并进而在影响其观念追求、价值标准和行为规范等方面发挥积极的作用，并最终体现为校园文化中精神层面的变化，使得学风、校风和教风向积极方向转变。

本课题组的实践表明，在语文、音乐、美术、道德与法治等课程内容中，使用融入了爱国主义、中华传统美德、社会公德、个人品德等内容的数字教育资源能够在一定程度上助力德

---

①　王家源.培根铸魂育英才——立德树人的百年实践[N].中国教育报，2021-07-13(4).

②　刘振海，闫跃强.论语文德育功能在学校教育中的体现[J].克山师专学报，2001(1)：101-102.

③　穆建亚，刘立德.教科书中的德育内容：呈现方式、建构逻辑及价值实现——以统编小学语文教科书课文为例[J].中国教育学刊，2021(11)：67-71.

④　李玉冰.中华优秀传统文化融入校园德育工作的路径研究[J].文化创新比较研究，2022(23)：141-144.

⑤　马艳霞.浅谈学校德育与校园文化的关系[J].延边教育学院学报，2007，21(5)：36-37，39.

育的实施，从而在学风、校风等方面起到积极的促进作用。而数字教育资源的使用充分发挥了其形象、生动，容易吸引学生注意力，从而更好地激发其学习兴趣的作用。

2. 信息技术起到了减轻教师教学工作负担的作用，使其工作负荷向"最适度"回归

从教学的角度看，教师要把课上好，并非仅仅把时间花在上课的时候，而更多的是把大量的时间花在备课、批改作业、辅导学生上。在备课的过程中，需要花费时间熟悉教学内容、根据教学内容和教学对象设计教学过程、选择教学方法、收集或者制作教学资料。我国义务教育教师用于教学工作的时间普遍偏长，超过一半的教师日均教学工作时间超过 8 小时。其中，教师平均备课时间约 3.84 小时、平均课堂教学时间约 1.9 小时、平均作业批改时间约 2.46 小时、平均课外辅导时间约 0.45 小时[①]。目前，我国中小学教师普遍存在负担过重的问题，尤其表现在"非教学负担"过多，挤占了教师的有效教学时间。有研究发现，我国中小学教师用于教学及教学支持工作的时间在整个工作时间中的占比不足四分之一，其他四分之三的时间都消耗在更为耗时、耗力的非教学工作上[②]。实际上，当教师大量的时间被消耗在"非教学负担"上时，用于教学工作的时间就会被迫压缩，在一定程度上影响教学质量。

本课题组的实践表明，借助信息技术能够在一定程度上减轻教师的教学工作负担。数字教育资源能够帮助教师提高备课的效率，让教师有更多的时间来思考教学过程、设计教学方案。如前文所述，课题组采访崇阳县的王老师，他自己制作的教学课件大多数是在其他课件的基础上，结合自己的想法修改而成；上课的时候直接呈现课件中的内容，并结合一定量的板书。相较于传统的手写教案、手写黑板，教师有更多的时间用来和学生沟通、互动。而且，他认为将教学课件和黑板加粉笔等传统方式结合起来的效果比单纯的课件，或者单纯的黑板加粉笔的方式更佳。

按照教育生态学的观点，信息技术在其中发挥的作用主要体现在让教师的工作负担向"最适度"回归，从而更好地维持教育生态的平衡。如前所述，从教育生态学的角度来看，教学点在"最适度"方面的失衡表现在两个方面：一是教学点在教育资源配置方面存在一定的差距，教师往往包班上课、身兼多职，承受繁重的工作负担；二是教学点教师和生源流失比较严重，进一步加剧了教师的工作负担。如何有效减轻教师负担？让教学点生态在"最适度"方面向更加适宜的方面发展是解决教学点教育资源配置在"最适度"方面失衡的关键。尽管信息技术的使用并不能影响教学点教师资源配置和师生流失，也不能减轻教学点教师的非教学工作负担，但却能通过提高教师工作效率，减轻教师的教学工作负担，尤其是备课环节的工作负担，从而弥补教师资源这一环节与其他学校的差距，让教学点的生态向"最适度"回归。

3. 信息技术支持教学点教学方法的革新，有助于重塑教育"生态位"

有学者围绕教师专业发展对山西农村特岗教师进行了调查，发现农村特岗教师在教育教学中遇到的最大难题是"教学方法的创新"和"课程资源整合与开发"，选择这两项的教师分别占 40.4% 和 31.6%[③]。本书表明，教学资源中优秀教师的教学方法对教学点教师具有启发作用，能够帮助其采用更加多样化的方法开展教学，在提高教学质量和促进教师专业发展方

① 秦玉友，赵忠平，曾文婧. 义务教育教师教学工作时间结构研究——基于全国 10 省 20 市（县）的数据[J]. 教师教育研究，2017，29（4）：39-45.

② 李镇西. 关于"减少教师非教学工作"的调查报告[J]. 教育研究与评论，2017（4）：74-79.

③ 冯丽霞. 农村学校"特岗教师"培训需求调查研究——以山西省初中数学教师为例[J]. 教育理论与实践，2015，35（20）：34-36.

面发挥着积极的作用，能缩小与其他学校的差距，重塑教育"生态位"。如前所述，参加本项目教学实践的王老师受教学视频的启发，在自己的课程教学中，综合运用了角色扮演法、竞赛法、游戏法等多种方法，丰富了教学内容，活跃了课堂氛围。尽管信息技术的使用，尤其是教育信息化资源的使用并不能从根本上扭转教学点在与其他学校，尤其是中心校的竞争中处于劣势的境况。这种境况归根到底是教学点和中心校的行政关系决定的。但不可否认的是，教学点教师素质、教学质量被认为不如中心校等学校也是其中一个重要的因素。从这个角度来看，教育信息化资源的使用有助于改善教学点教学状况，提高教师专业素养，具有增强教学点竞争力，从而重塑教育"生态位"的可能性。当然这种可能性目前也仅限于理论层面，是否可以以及如何转化为现实还需要进一步的探索。

4. 信息技术强化了教师与外界的沟通，有助于打破"花盆效应"

受自然条件和工作繁忙等因素的制约，包括教学点在内的农村学校教师通常情况下与外界接触较少，常规的教师培训、考察交流等提升教师教学水平和素养的方式所起的作用有限。本课题组的实践表明，信息技术可以起到强化教师与外界沟通的作用，在一定程度上有助于打破教学点面临的"花盆效应"。这主要体现在两个方面。第一，信息技术尤其是互联网为教学点教师与外界的沟通提供了便利条件。如，本课题组采用教育信息化专家与教学点直接沟通的方式，为教学点教师提供支持，在使用、收集信息化教学资源等方面提供帮助。正如参加本课题组的雷老师所说："网络为我提供了一个桥梁，能够和外界有更好的沟通，在提升信息技术使用能力的同时，也能够提高信息技术应用于教学、工作中的能力。"第二，优秀教师授课视频为教师提供了另一种与外界沟通的方式。在课题组提供的资源中，大多数是优秀教师授课的课堂实录或者微课视频。教师在备课和授课过程中使用这些资源，能够帮助教师改善教学方法，提高教学效率。而且以视频方式保存的资源，可以不受时间的限制，教师在需要的时候随时可以观看。从这个意义上来看，这是教师在以另一种方式与优秀教师进行交流和沟通。正如有研究证实，在专递课堂中，教学点本地教师在长期跟随主讲教师的授课过程后，其教育理念、情感态度、教学策略、教学方法等几个方面都有显著变化[①]。

5.3　隐性知识理论视角的阐释

5.3.1　隐性知识相关理论

1. 隐性知识的概念

隐性知识的概念是英国哲学家迈克尔·波兰尼在 1958 年出版的《个人知识——迈向后批判哲学》一书中提出的[②]。波兰尼认为，人类的知识可以按照是否能够显性表达分为显性知识和隐性知识。显性知识是指可以通过语言、图表、公式外显出来的知识，易于交流和传播，通常以报告、文章、手册、图片、图像、视频、音频和软件的方式存在，可以用正式的语言进

---

① 付卫东, 张伟平, 李伟. 专递课堂对教学点教师教学实践的影响——基于隐性知识共享视角的分析[J]. 现代远距离教育, 2021(6)：56-64.

② 凤启龙, 许苏明. 波兰尼"个人知识"论：高校创业教育的理论新向度[J]. 江苏高教, 2022(6)：70-75.

行传播①。而隐性知识是起源于个人经验的、"我们能知道的比我们能说的更多"的知识。隐性知识通常由知识拥有者经过长期的实践逐渐形成，具有很强的隐匿性、主观性和模糊性，其通常有两种形态：一种是技能型隐性知识，表现为个人实践方面的技能、技巧和经验；另一种是知识型隐性知识，表现为认识和感知事物的知觉、价值观、心智模式、组织文化等②。

2. 隐性知识共享的重要性

已有研究表明，隐性知识对一个组织的生存和发展具有重要的意义。按照知识管理理论，在当今瞬息万变的环境中，对于一个组织来说，知识被认为是影响其生存和发展的关键因素，因为知识能够创造价值。一个组织中存在的诸多问题，包括工作绩效不足、员工缺乏积极性等往往是由于缺乏适当的知识。而且一个组织要保持竞争力，其所拥有的知识就必须是独有的，因为拥有卓越知识的组织可以比竞争对手更好地开发和利用资源，从而获得竞争优势③。但大多数核心的知识是非正式的、缄默的隐性知识，被组织中的员工掌握。一个组织要保持长久的知识优势，就必须依靠组织成员之间的知识共享，形成组织所独有的企业文化。否则，随着核心员工的离职或者调动，被其掌握的知识也可能随之被抽离出组织，从而影响组织的可持续发展。因此知识的共享，尤其是隐性知识的共享被看作是一种宝贵的无形资源，是企业获得竞争优势的关键④。企业成员之间通过隐性知识的共享，除了能更好地创造价值，更大的意义在于能够形成具有创造性且和谐融洽的企业文化，并不断被传承和发扬。

3. 隐性知识共享的方式

隐性知识与隐性知识之间、显性知识和显性知识之间可以实现相互转化。日本学者野中郁次郎和竹内弘高（Ikujiro Nonaka & Hirotaka Takeuchi, 1995）提出了隐性知识和显性知识转化的 SECI（socialization、externalization、combination、internalization）理论模型。该模型认为，隐性知识和显性知识之间的转化存在四种类型。第一种是隐性知识的社会化，从一个个体转移到另一个个体；第二种是隐性知识的外化，将隐性知识显性表达出来；第三种是显性知识内化为隐性知识，显性知识被个体吸收，成为其隐性知识的一部分；第四种是显性知识的组合，不同的显性知识通过搭配组合形成新的显性知识。这些转化通常以经验分享、现场演示、相互交谈的方式发生在教室、办公室等实体空间，或者网络虚拟空间。

在这四种类型中，隐性知识的社会化是一个通过共享经历建立隐性知识的过程，对于一个组织而言，隐性知识的社会化过程是组织的核心知识不断被传承、被组织其他成员吸收的过程，对于保持组织核心竞争力具有重要意义。隐性知识具有很强的缄默性、主观性和情境性，其产生往往是人在具体的情境中，通过自己的实践，不断进行反思和总结，最终形成具有主观色彩的知识的过程。因此，隐性知识的共享很难通过语言实现，而是需要行为主体通

---

① Wang T I, Su C Y, Hsieh T C. Accumulating and visualising tacit knowledge of teachers on educational assessments[J]. Computers & Education, 2011, 57(4): 2212-2223.

② 付卫东，张伟平，李伟. 专递课堂对教学点教师教学实践的影响——基于隐性知识共享视角的分析[J]. 现代远距离教育，2021(6): 56-64.

③ Huie C P, Cassaberry T, Rivera A K. The impact of tacit knowledge sharing on job performance[J]. International Journal on Social and Education Sciences, 2020, 2(1): 34-40.

④ Lin C P. To share or not to share: Modeling tacit knowledge sharing, its mediators and antecedents[J]. Journal of Business Ethics, 2007, 70(4): 411-428.

过自己的观察、模仿和实践获得。

根据已有研究,有三种类型的方式可以实现隐性知识的共享。第一种是"观察",指的是一个行为主体通过对另一主体实践的长期观察,学习其经验,并将之应用到自己的实践中,最终形成自己的隐性知识。工艺制造中,传统的"师徒"是比较典型的例子。徒弟长期观察师父的实践行为,不仅学习师父的手艺、技术和方法,还会在思维方式、思想观念、心智模型等方面受到师父长期的、潜移默化的影响。第二种是"交流",指的是个体之间的交谈,通过相互分享实践经验、心得体会,从各自的视角对交谈的内容进行审视和批判性的反思,从而实现隐性知识的共享。第三种是"阅读",指的是个体通过阅读他人的传记、自传,以身临其境的"角色代入"方式领悟其中人物的经历和实践经验[①]。

5.3.2　隐性知识共享与教师专业发展

1.隐性知识共享对教师专业发展的价值

隐性知识对教师专业发展具有重要的意义。陈向明(2003)将教师的个人知识分为理论型知识和实践型知识。理论型知识通常可以通过学习专业课程、听讲座、阅读专业书籍的方式获得。实践型知识是以行业知识、情境知识、案例知识、策略知识、学习者的知识、自我的知识、隐喻和映像等方式存在的知识[②]。理论型知识属于显性知识的范畴,而实践型知识是隐性知识的范畴。在教师的个人知识中,具有隐蔽性、非系统性、缄默性特征的实践知识是教师专业发展的主要知识基础,对教师专业发展具有不可替代的作用。这些作用主要表现在:一是能够对外界信息起到过滤和引导作用,帮助教师更好地理解外界信息;二是具有强大的价值导向和行为规范功能,能够影响教师的思想观念及对事物的看法和态度,指导教师的日常行为,包括课堂教学行为;三是能够帮助教师应对复杂的教育教学工作,处理教育教学中遇到的实际问题,是教师开展教育教学工作的重要保障[③]。

隐性知识的重要性也体现在新手教师和专家型教师的差别方面。柏利纳(Berliner,1988)将新手教师成长为专家型教师的过程划分为五个阶段:新手阶段、熟练新手阶段、胜任阶段、业务精干阶段、专家阶段[④]。专家型教师在学习方式上更注重内隐式学习,其内隐式学习能力和隐性知识的水平都显著高于新手教师[⑤]。而且专家型教师在课堂教学中,更注重隐性知识的教学,在课堂教学中隐性知识所占的比例和时长都要显著高于新手教师[⑥]。教师在长期的教育教学实践过程中,不断将理论知识与实践经验融合,最终形成属于自己的独特的教育教学理念、教学方法等实践知识,即属于专家教师个人的隐性知识。但这个过程并非会发生在每一个教师身上,只有少数的教师能够突破重重阻碍,达到专家型教师的水平。

新手教师在任职之初,在将本学科知识和教学知识转化为实际应用知识的过程中,需要花费大量的时间,还有可能走弯路。但新手型教师若能有效共享有经验教师的经验,即隐性

①　付卫东,张伟平,李伟.专递课堂对教学点教师教学实践的影响——基于隐性知识共享视角的分析[J].现代远距离教育,2021(6):56-64.

②　陈向明.实践性知识:教师专业发展的知识基础[J].北京大学教育评论,2003,1(1):104-112.

③　陈向明.实践性知识:教师专业发展的知识基础[J].北京大学教育评论,2003,1(1):104-112.

④　Berliner D C. The development of expertise in pedagogy [C]. American Association of College for Teacher Education,1988.

⑤　石文典,李宇龙,李秀君.专家与新手教师内隐与外显学习的比较[J].心理科学,2014,37(4):912-919.

⑥　李晓晨.基于隐性知识的化学新手教师与专家教师课堂教学比较研究[D].济南:山东师范大学,2020.

知识，就能够避免成长中的误区，更好地将理论知识与教学实践结合起来，形成自己的实践知识，从而提升专业水平，实现教师专业发展①。正如陈向明提出的问题——"为什么教师学了教育学、心理学还是不会教书"。对这个问题的理解可以从三个角度来看。一是从隐性知识的角度来看，因为"会教书"的教师具有丰富的显性知识和隐性知识。仅仅学习了教育学和心理学的知识，只是掌握了显性的理论知识，要达到"会教"的程度，还需要掌握大量的实践型隐性知识。对于"会教"的优秀教师、专家型教师而言，他们与新手教师、经验欠缺的教师最大的区别在于：建立在丰富实践经验基础上的隐性知识的积累。二是从学习的角度来看，这个问题本身隐含着"只要熟练掌握了教育学、心理学的理论，就应该会教书"的观念，这说明在教师群体中存在着教师专业发展的误区，他们认识到了理论知识的重要性，但没有意识到隐性知识的重要性。三是表明隐性知识是很难按照显性知识获取的方式获取的。通常情况下，显性的理论型知识可以通过阅读书籍、听讲座等方式获取，相对是比较容易的，而实践型知识建立在教师实践经验的基础之上，具有很强的情境性，让新手教师在脱离情境的情况下学习他人的实践型知识，是很难起到启发的作用，更难以领略蕴含在其中的观念、策略、方法等隐性知识的。若教师能够实现实践型知识的增长，即隐性知识的增长，则能从理论和实践两个方面提升教师专业素质和能力，最终实现教师专业发展。

2. 隐性知识共享促进教师专业发展的途径

根据已有文献，以隐性知识共享的方式实现教师专业发展，主要有以下三种途径。

(1)观察教师授课实践。优秀教师在能力方面往往具有共同的特征，如语言表达清晰，有较高的教学热情、丰富的学科知识、充分的教学准备和良好的课堂组织能力，善于激发学生参与学习的兴趣，了解学生，善于创造积极的环境，有良好的人际关系，幽默且平易近人等②。要形成上述品质，并非仅仅学教育教学理论知识所能够达成，而是需要大量的实践积累，即在教学实践中形成属于教师个人的实践性知识，也就是隐性知识。这些隐性知识体现在其教学实践中，包括教学设计、课堂教学的组织、师生互动、作业设计等。Shim 等(2007)采用个案研究法，在美国中西部一所大学里让 10 名学员参加了一个由 13 名获得该学校教学奖的、被公认为学校最好的老师担任主讲教师的授课计划，计划持续一个学期。在 10 名学员中，有 7 名是相关领域的教授，3 名是研究生助理，且都有过在大学任教的经历。研究者对 10 名学员进行了访谈，了解他们对学习优秀教师隐性知识的感受和效果。可见，优秀教师是可以向学员展示自己的实践过程，让学员通过观察了解到隐性知识所在的，但同时观察者本身也需要开展大量的实践，通过将自己的实践与观察所得进行印证，方能实现隐性知识的共享③。

(2)听专家型教师的教育故事。Krátká(2015)认为听故事是一种学习的方式，其中蕴含着故事讲述者的个人实践知识。聆听者通过故事进行体验式学习，能够身临其境地感知讲述者彼时所感、所想和所为，并将其与自己的经验进行印证。为验证这些观点，Krátká(2015)对捷克来自五所小学和一所大型高等职业培训学校的 24 名教师进行了访谈。这些教师以故

① Krátká J. Tacit knowledge in stories of expert teachers[J]. Procedia-Social and Behavioral Sciences, 2015, 171: 837-846.

② Shim H, Roth G. Sharing tacit knowledge among expert teaching professors and mentees: considerations for career and technical education teacher educators[J]. Journal of Industrial Teacher Education, 2007, 44(4): 4-28.

③ Shim H, Roth G. Sharing tacit knowledge among expert teaching professors and mentees: considerations for career and technical education teacher educators[J]. Journal of Industrial Teacher Education, 2007, 44(4): 4-28.

事的方式讲述自己的工作经历，研究者则对故事文本进行分析，并得出结论：教师讲述自己的教育故事，其中蕴含了丰富的个人隐性知识，能够对聆听者产生影响①。

　　对教师而言，听其他教师的故事是以体验式的学习了解讲故事者关于教育教学的实践知识。对此，可以从两个方面加以理解：一是将教育故事与自己的理论知识进行印证。聆听者可以从中领略理论知识在教师实践中发挥的作用，从故事中体会和探寻蕴含其中的教育规律，将其在聆听过程中的感悟与教育学和心理学的理论进行印证，以进一步体会理论知识的含义和价值。二是将教育故事与自己的实践知识进行印证。聆听者身临其境地感受讲述者当时面对的情境，并将讲述者的感知、思维和行为与自己的实践经验进行对照，体会蕴含在其中的教育信念、教师的自我知识、人际知识、情境知识、策略性知识、批判性知识②，感悟讲述者处理和解决实践中遇到的困难时所采取的解决对策和方法，对其进行批判性的思考，有选择地进行吸收，从而实现隐性知识的共享。

　　（3）与其他教师进行交流。学者们认为，教师持有的教育理论是通过与其他教师的频繁接触以及分享知识、智力挑战和批判性思维而形成的（Arani，2017）③。教师们通过分享想法、经验，从不同的视角对自己的教学经验进行审视，在相互探讨中完成对自己教学的反思，并将教育理论知识与自己的教学实践进行印证，从而加深对教育教学的理解。从隐性知识共享的角度看，教师之间开展关于教学方面的探讨，一方面，能促使教师对自己的教学实践进行反思，不断提升教学能力和教学效果，助力教师丰富和提升隐性知识的水平；另一方面，也能让教师通过交流从其他老师的实践中了解其关于教育教学的观念、方法、经验、技巧等，从而实现隐性知识的共享。

　　上述三种途径实现隐性知识共享，可以从同化和顺应的角度理解。同化是指将新信息吸收到已有知识系统之中，实现新旧知识的融合；顺应是指新信息因与个人知识系统中的已有知识产生冲突而被重组。教师隐性知识共享的过程是新的信息被教师接收的过程，新的信息若与教师原有知识一致，则会被其同化，与原有知识相互印证，相互增强和补充；新的信息若与教师原有知识不一致，产生一定程度的冲突，则会引起教师的反思，并与原有知识一道形成结构重组。无论是同化还是顺应，隐性知识共享都让教师接受了其不具备的知识内容，帮助其实现了知识和能力的增长，从而促进了教师的专业发展。

5.3.3　从隐性知识共享视角看教学点教师专业发展中存在的问题

1. 教学点教师很少有机会与其他教师进行交流及听他人的教育故事

　　教学点的环境相对比较封闭，教学点教师与外界接触的机会相对较少，与其他教师，尤其是优秀教师的接触也比较少，比较难以分享到优秀教师在教育教学方面的隐性知识。本课题组前期的调查表明，教学点的教师与同事之间的交流明显少于非教学点教师。如前所述，教学点教师在是否参加与教学和课程相关的研讨会、参加教育教学方面的学术研讨会、对其他学校进行观察访问、参与旨在促进教师专业发展的教师团体、就专业感兴趣的教育主题进

　　①　Krátká J. Tacit knowledge in stories of expert teachers[J]. Procedia-Social and Behavioral Sciences，2015，171：837-846.

　　②　陈向明. 实践性知识：教师专业发展的知识基础[J]. 北京大学教育评论，2003，1（1）：104-112.

　　③　Arani M R S. Shared teaching culture in different forms：a comparison of expert and novice teachers' practices[J]. Educational Research for Policy and Practice，2017，16（3）：235-255.

行研究、与同事就如何改进教学进行交谈等指标上均明显低于非教学点教师。同时，教学点教师在获得来自校领导、教师同事、教学督导和学生家长的教学反馈方面明显少于非教学点教师。这表明教学点教师与外界接触更少，很难有机会与其他教师交流，或者聆听他人的教育故事。又如，赵丹和曾新（2022）对陕西、甘肃和宁夏的调查发现，教学点教师每学期参加跨校集体备课的次数、跨校听取优质示范课和经验交流的频次显著小于完全小学和中心小学①。这与两个方面的因素相关，一是教学点的特殊环境让教师与外界接触的机会较少。教学点大多地处偏远山区，交通不便，教师很难有机会走出来与其他教师接触。二是教学点教师本身缺乏与其他教师进行探讨的意识。教学点教师数量较少，一名教师往往身兼数职，甚至包班上课，这让他们难以有更多的时间进行教学反思，也难以形成与其他教师进行教学探讨、交流的意识。本课题组对部分教学点教师的访谈表明，教学点教师将更多的时间消耗在日常教学和各种事务中，如班级管理、教学管理，以及各类行政事务等，很难有足够的时间围绕教学进行深入的探讨。

2. 教学点教师很少有机会观察优秀教师的教学实践

新手教师对经验丰富教师的教学实践进行观察，在一定程度上能够实现隐性知识的共享。对于教学点教师而言，观察优秀教师的教学实践同样能够实现隐性知识的共享。如，付卫东等（2021）的研究表明，教学点教师通过网络长期观察优秀教师授课，实现了隐性知识的共享，教学点教师在教育理念、情感态度、教学策略、教学方法等几个方面受到了优秀教师的影响②。但实际上，由于教学点特殊的环境，教学点教师观察优秀教师实践的机会比较少。如，赵丹（2022）的调查发现，相比完小和中心校，教学点教师利用信息技术实行远程听课的次数也显著少于完小和中心校，因为教学点的信息技术设备相对匮乏，且教学点教师事务繁忙，教学、行政管理、班级管理等事务都需要教学点教师亲力亲为③。这在一定程度上阻碍了教学点教师将时间和精力用于考虑提升教学能力，包括听课，或者通过视频观看优秀教师授课。

5.3.4 从隐性知识共享视角看教育信息化促进教学点教师专业发展

教师授课视频资源能够让教学点教师有机会观察优秀教师的授课实践，让隐性知识在教学点教师和优秀教师之间实现共享，优秀教师关于教育教学的理念、教学方法、课堂组织方法、师生互动方式等方面的隐性知识会对教学点教师产生影响，教学点教师的教学理念、教学行为在潜移默化的影响中发生变化，实现教学能力的提升，助力专业发展的实现。如前文提到的吴老师创造性地将美术和语文两门课程结合起来，充分发挥了教学点教师身兼多个学科的教学任务，能够更好地发挥多学科融合的长处。让学生以绘画、讲述故事的方式开展教学，学生在准备的过程中和讲述的过程中都会围绕课文进行反复阅读和试讲。相比传统的教师讲授式教学，能够更好地调动学生的积极性，使学生更加深入地参与到学习过程中。

从隐性知识的角度来看，吴老师受到信息化资源中其他教师做法的启发，在教学方法上

---

① 赵丹，曾新.以"资源共享"推进县域义务教育优质均衡发展：动因、问题与对策[J].教育与经济，2022（1）：41-48.

② 付卫东，张伟平，李伟.专递课堂对教学点教师教学实践的影响——基于隐性知识共享视角的分析[J].现代远距离教育，2021（6）：56-64.

③ 资料来自2022年10月课题组通过网络对辽宁省新民市某教学点于姓老师的访谈。

面有了一些变化，这一点印证了付卫东（2021）关于本地教师通过观察其他老师的教学实践，自己的教学实践也受到影响的研究结论[①]。吴老师在观看其他教师授课视频以及教案的过程中产生灵感，设计了富有创意的教学过程，这体现了隐性知识在优秀教师和教学点教师之间的共享。吴老师不知不觉中受到了其他优秀老师的影响，在教学方法上发生了一些变化。这意味着教师教学实践的转变，而教学实践的变化又与教师专业发展有着密切的联系，是教师在教学理念、教学能力方面提升的结果。按照 Parise 和 Spillane 的观点，教师教学实践变化指的是"教师在教学实践中，针对学生需求和发展做出必要的修正"，这些改变往往会带来学生学习行为和效果的改善[②]。由此可以认为，利用数字化教育资源，能够帮助教学点教师分享优秀教师关于教学的经验，实现隐性知识的共享，在一定程度上对教学点教师的教学实践产生影响，助力其教学能力的提升，进而促进其专业发展。

5.4　教育资源配置视角的阐释

5.4.1　教育资源配置相关理论

1. 教育资源的概念

教育资源是"资源"这个经济领域的概念在教育领域中的移植。《教育大辞典》认为教育资源也被称为"教育经济条件"，故将其定义为教育人力资源、物力资源和财力资源的总和[③]。王卓（2005）认为，教育资源是在教育过程中所投入的一切要素和条件的总称，不仅包括人力、物力和财力等经济资源，还包括信息资源、技术资源、文化资源、课程资源、制度资源等[④]。沈有禄（2011）认为，教育资源是自有教育活动和教育历史以来，在长期的文明进化和教育实践中所创造积累的教育知识、教育经验、教育技能、教育资产、教育费用、教育制度、教育品牌、教育人格、教育理念、教育史籍、教育设施、教育市场、师资、生源以及教育领域内外人际关系的总和[⑤]。

关于生源是否是教育资源，学术界存在一定的分歧。有学者认为生源不是教育资源，因为教育资源应该是教育服务所必需的生产要素和条件，而学生是教育服务的对象[⑥]。另有学者（周兴国和江珊，2021）认为生源应该归入教育资源的范畴，因为学生作为教育过程中的核心要素之一，无法与教师等其他条件割裂开来，而且学校办学质量与生源质量、生源所带来的家庭资源、学生的学业成就等因素密不可分，学生的个人特征对学业成就的影响要比教师资源、物质资源的作用更加显著[⑦]。

---

① 付卫东，张伟平，李伟. 专递课堂对教学点教师教学实践的影响——基于隐性知识共享视角的分析[J]. 现代远距离教育，2021（6）：56-64.

② Parise L, Spillane J. Teacher learning and instructional change: How formal and on-the-job learning opportunities predict change in elementary school teachers' practice[J]. The Elementary School Journal 2010, 110 (3): 323-346.

③ 顾明远. 教育大辞典：增订合编本：上[M]. 上海：上海教育出版社，1998：799.

④ 王卓. 教育资源配置问题的理论研究[D]. 长春：东北师范大学，2005.

⑤ 沈有禄. 中国基础教育公平：基于区域资源配置的比较视角[M]. 北京：教育科学出版社，2011：29.

⑥ 王卓. 教育资源配置问题的理论研究：教育学的立场和观点[D]. 长春：东北师范大学，2005.

⑦ 周兴国，江珊. 非权力性资源配置与乡村学校发展困境：一种理论解释[J]. 安徽师范大学学报（人文社会科学版），2021，49（1）：136-146.

本课题组认为，生源本身并非学校开展教育服务的条件，而是教育服务的对象，将生源归入教育资源的范畴并不合适。学校教育质量固然与生源有密切的关系，但以质量为标准将生源作为教育服务的条件是不合适的。其理由有二。①判断是否属于教育资源的依据是：能为教育服务提供条件、奠定基础，生源质量的高低不会改变生源是教育服务对象这个事实，学校教育不应该也不会因为生源质量高就开展教育服务，生源质量不高就不开展教育服务。生源会间接给学校开展教育服务带来不同的条件，比如生源质量高低会影响学校获取其他教育资源，生源背后的家庭资源会影响学校教育，学业成就高的学生在将来也可能给学校带来更多、更好的教育资源。但生源质量并非直接为教育服务提供条件，它对教育的影响是间接的，是在通过自身影响其他教育资源，但生源本身并非资源。②将是否影响教育质量作为判断是否属于教育资源的依据有失偏颇。教育质量会受生源教育资源的影响，但将所有影响教育质量的因素都归为教育资源在逻辑上是不通的。把生源看成教育资源是从国家和社会的教育目的论角度看待教育的，但却忽视了教育的个人目的。从国家和社会的教育目的来看，生源质量影响教育质量，更好的教育质量能更好地为国家和社会服务，所以生源是教育资源。但从个人教育目的来看，教育是为了人的全面发展，学生接受教育是为了提升自我。忽视教育的个人目的，而强调生源是教育资源，会带来更加功利的教育，会让学校认为，争取到更好的生源，学校教育质量就有了保障，学校教育活动的开展是为了培养有学业成就的学生，其他与学业成就不相干的活动不属于学校教育的目的，因此把培养德智体美劳全面发展的人这一教育的根本目的抛之脑后。

2. 教育资源配置的概念

对教育资源配置的定义，学术界也存争议。王善迈(1996)认为教育资源配置即教育资源在教育系统内部各组成部分或不同子系统之间的分配①。范先佐(1997)将教育资源配置定义为"在教育资源数量一定的情况下，如何将有限的人力、物力、财力在教育系统内部各组成部分，或在不同子系统之间进行分配，以其所投入的教育资源得到最充分的利用，尽量满足社会各方面对教育的需求，以求教育持续、协调、健康发展"②。

有学者(王卓，2005)认为上述概念把教育资源配置的界定局限在了教育系统内部，且将"教育资源"和"非教育资源"截然分开了，这些学者认为教育系统并非封闭的系统，而与社会其他部门之间有能量、信息或资源的交换，教育资源配置应该是教育产业先参与社会总资源的分配，再将资源在教育系统内部进行分配；由此，从教育行为人或法人(机构)的角度提出了教育资源配置的定义：教育资源配置是指教育机构(学校)如何获得人力、物力、财力和信息等社会资源的投入，又如何为消费者提供教育产品，使得教育服务能最大程度上满足人的发展需要和社会发展需要的过程③。

3. 教育资源配置的方式

教育资源配置方式涉及两个主体：政府和市场。围绕两个主体在教育资源配置中的作用，学者们提出了不同的教育资源配置方式。姚永强(2003)认为有两种教育资源配置的方式，即计划配置方式和市场配置方式。以政府为主导，采用计划或者行政手段，依靠自上而

---

① 王善迈.教育投入与产出研究[M].石家庄：河北教育出版社，1996：268-269.
② 范先佐.论教育资源的合理配置与教育体制改革的关系[J].教育与经济，1997(3)：7-15.
③ 王卓.教育资源配置问题的理论研究：教育学的立场和观点[D].长春：东北师范大学，2005.

下的行政力量实现的教育资源配置被称为计划配置方式，或者政府配置方式。其中，政府通过行政系统层层下达指令性计划，将教育资源通过教育行政部门或委托机构，在各级各类学校之间分配教育资源。而以市场为主导，通过价格和竞争机制实现教育资源在教育行为主体中的分配方式被称为市场配置方式。其中，微观层面的教育主体在追求自身利润最大化的前提下，根据供求关系和竞争状况作出的判断进行教育决策和经济决策①。

王玉崑（2005）认为除了计划手段和市场机制外，还存在混合机制和习惯力量两种方式。混合机制即计划手段和市场机制的混合，两者共同作用于教育资源配置。习惯力量是指以习俗或其他在公共权利与市场力量之外的非正式力量进行配置的方式，包括受各种关系、人情、社会网络等社会资本范畴的力量影响而形成的配置②。

周兴国和江珊（2021）认为教育资源配置方式与教育资源的流动性特征相关，根据教育资源流动性特征，教育资源配置方式分为权力性资源配置和非权力性资源配置。权力性资源配置主要是政府采用行政手段，对弱流动性的资源进行分配，包括财政投入、教师编制的核定与配置，用于满足学校教育教学活动的基本需求。非权力性资源配置是指通过个体自主选择的方式使强流动性的资源在校际之间进行流转和配置，如生源流动、农村教师选考应聘等均属于此类③。教育资源的强流动性与社会和技术的进步有较大的关系，如近年来我国交通基础设施建设快速发展，农村学校通校车，让家长送孩子上学有了更多的选择，改变了生源的流动性。

4. 公平视角的教育资源配置

公平原则适用于整个教育系统中的教育资源配置。沈有禄（2011）认为，要实现教育资源配置的公平，需要遵循六个基本原则：①资源分配均等原则，即机会均等原则，要确保同一学区、税务区域内的所有学校和学生具有同等的享受均等的资源分配的机会。②财政中立原则，即每个学生的公共教育经费开支上的差异不能与本学区的富裕程度相关，保证上一级政府能够克服所辖学区间、城乡间的教育经费差异，保证学生获得均等的机会。财政中立原则，在社会贫富差距加大的背景下，对保障贫困地区的学生教育资源和机会均等具有重要意义，否则只会造成教育资源配置中贫富差距的进一步加剧，形成更加明显的"马太效应"。③调整特殊需要的原则，对弱势群体学生，如留守儿童、贫困家庭子女、身心发展障碍学生等给予更多的关注。④成本分担和补偿原则，应该由所有受益者分担成本。⑤公共资源由富裕流向贫困的原则。⑥最低限度原则，也被称为充足性原则，即满足每个地区学生接受教育所需的最低标准④。因为只有保障最低限度的教育资源，才能保障所有儿童尤其是贫困地区儿童基本的入学机会，从而保障其基本的受教育权利。

5.4.2　从教育资源配置视角看农村教学点存在的问题

尽管我国农村义务教育学校办学条件得到了大幅改善，已经实现基本均衡，但在资源配置方面仍然存在一定的问题。其突出表现在两个方面：一是农村生源大量向城镇流动，形成

---

① 姚永强.关于基础教育资源优化配置的理论思考[J].西华师范大学学报（哲学社会科学版），2005（2）：135-138.

② 王玉崑.教育经济学[M].2版.北京：华文出版社，2005：178-182.

③ 周兴国，江珊.非权力性资源配置与乡村学校发展困境：一种理论解释[J].安徽师范大学学报（人文社会科学版），2021，49（1）：136-146.

④ 沈有禄.中国基础教育公平：基于区域资源配置的比较视角[M].北京：教育科学出版社，2011：37-39.

"城挤村空"的局面。农村学生大量进城读书，形成众多的"麻雀学校"。但同时，教育城镇化的发展让城镇和城市学校出现大班额、超大学校的现象。四川省资阳市石羊镇石阳小学设施相对完善，是该镇周边家长送孩子上学的首选学校，该校学生人数最多的时期达到 4000 人，造成教学资源紧张的局面，但周边学校却生源不足，造成资源利用率不高的现象①。赵思敏等（2022）对陕西淳化县的调查显示，2008—2018 年淳化县乡村小学数量的减幅达 72.09%，但农村义务教育学校的校均规模不升反降，其中小学由校均 209.31 人降至 130.61 人②。二是优秀教师留不住，留下的教师教不好。徐金海（2021）发现，我国乡村专任教师数量由 2001 年的 544.1 万人减少到 2019 年的 244.8 万人，减少了 55.01%，乡村学校存在"吸引不到又留不住优秀教师""不合格教师退不出去"等问题③。

周兴国和江珊（2021）认为，我国当前农村学校面临的生源流失、优秀教师留不住问题，是由资源配置中忽视了非权力性资源配置的作用导致权力性资源配置失灵而引起的。如前所述，按照资源的流动性特征，教育资源配置可以分为权力性资源配置和非权力性资源配置。权力性资源配置可以对教师编制、财政投入、基础设施等流动性较小的资源进行配置。党的十八大以来，政府在教师、校舍、设备等教育资源配置上向农村学校倾斜，以缩小城乡差距，实现教育均衡发展，这正是权力性资源配置的体现。非权力性资源配置则服从市场和社会力量，通过个体的自主选择实现教育资源的流转，如生源流动、教师选考应聘等都是受市场和社会力量的驱动，是典型的非权利性资源配置方式。中华人民共和国建立后相当长的一段时期内，我国农村人口的流动性比较低，农村学校有固定的生源和教师队伍，以行政手段对农村学校进行资源配置，能够保障学校教学活动的正常开展，资源利用效率也有生源和教师基础。这段时期内，我国教育资源配置方式是以农村人口，尤其是生源的低流动性为前提的。但随着我国社会流动性的不断增强，尤其是城镇化进程的加快，农村人口流动性提高，生源和教师资源从村不断向城镇流动，传统的教育资源配置方式的前提条件已经发生了变化。但当前对教育资源进行配置仍然延续了传统的权力性资源配置方式，以学校为单位，以生均占有量为标准。其中隐含的理论假设是：只要按照政府提出的标准进行资源配置，就能够保障农村学校的办学所需。然而，当生源和教师资源的流动性增加后，权力性资源配置方式就显露出了局限性。虽然从生均资源占有量上看，农村学校的资源配置足以满足其教学所需，但生源的流动让农村学校小规模化、城镇学校大班额化，办学资源、教师资源和学生资源之间本应有的平衡关系被打破，这是权力性资源配置无视非权力性资源配置的必然结果，是权力性教育资源配置方式失灵的表征④。对于农村学校而言，尽管教育资源配置已经达到了国家规定的标准化办学的要求，但相当一部分的资源处于闲置状态，并没有发挥其应有的作用。根据哈努谢克（Hanushek, E. A.）对教育资源作用的研究，当学校办学条件能够满足教学的基

---

① 资阳市人民政府.安岳积极破解"城挤乡弱村空"问题[EB/OL]. http://www.ziyang.gov.cn/_ziyang/detail.aspx? id=186579, 2021-10-28/2022-10-29.

② 赵思敏，芮旸，杨钰华.乡村学前和义务教育阶段学生跨尺度流动研究——基于陕西省淳化县的管窥[J].地理研究，2022，41（3）：810-829.

③ 徐金海.从历史走向未来：城镇化进程中的乡村教育发展[J].教育研究，2021，42（10）：24-34.

④ 周兴国，江珊.非权力性资源配置与乡村学校发展困境：一种理论解释[J].安徽师范大学学报（人文社会科学版），2021，49（1）：136-146.

本需求后，增加资源并不能带来教学质量的提高①。可见，当教育资源能够满足农村学校的基本办学要求后，却没有起到提升教育教学质量的作用，一定程度上就说明了权力性资源配置的失灵。

5.4.3　从教育资源配置视角看教育信息化支持农村教学点发展

教育信息化并不能从根本上改变农村教学点教师和生源流失造成的硬件和基础设施资源闲置的问题。但从教育资源配置视角看，教育信息化能够帮助教学点教师更好地开展课堂教学，帮助教师实现专业发展，从而改善教学点资源配置，尤其是教学资源和师资资源的配置。概括而言，教育信息化改善教学点资源配置主要体现在以下两个方面。

一是教信息化能够改善教学点教学资源的配置。信息技术尤其是互联网的特点决定了数字化教育资源的获取、传播和使用相比传统资源更加便利。在传统条件下，教学点教师很难获得能够帮助自己更好地开展教学的资源，如与教学内容密切相关的图片、故事等素材类资源，或者教学案例类。因为这些资源大多以纸质的方式存在于各类书籍、报刊等纸质媒体中，或者存在于有经验教师的教案、教学笔记，甚至教学过程中。教学点教师与外界接触较少，通过传统方式获取优质资源受到较大的限制。而在互联网时代，网络资源尤其是记录优秀教师授课的视频、教学微课等方面的资源则能够起到帮助教师更好地开展教学的作用。如在教师授课视频中，优秀教师使用的素材能够直接或者间接地帮助教学点教师授课，在课堂上起到增强传播效果、激发学生学习兴趣的作用。

二是教育信息化能够改善教学点教师资源的配置。在传统方式下，教学点教师与外界接触较少，与其他同行交流的机会也比较少。教学效果的改善、专业素质的提升需要教师在长期实践的基础上不断积累经验。信息技术尤其是互联网，让教学点教师在不需要出远门的情况下，就能通过教学视频观察其他同行的教学实践。教学点教师通过观察，会在教学理念、教学方法、课堂组织方法、与学生互动等方面受到优秀教师的影响。从这个意义上来看，尽管不能将优秀教师调配到教学点工作，或者抑制教学点师资流失的发生，但教育信息化在改善教学点教师专业配置方面仍然起到了积极作用。

---

① Hanushek E A. The economics of schooling: Production and efficiency in public schools[J]. Journal of Economic Literature, 1986, 24(3): 1141-1177.

第 6 章
教育信息化支持农村教学点发展的政策建议

6.1 树立优质教师资源共享的理念，推进义务教育优质均衡发展

2022 年 6 月 21 日，在教育部举行的"教育这十年"系列新闻发布会上，教育部基础教育司司长吕玉刚指出，从 2012 年到 2021 年，我国义务教育实现了县域基本均衡发展，目前我们国家义务教育工作的重心已经由"基本均衡"转到了"优质均衡"上来，到 2035 年全面实现义务教育优质均衡发展[①]。在推进义务教育优质均衡发展的过程中，有必要树立优质教师资源共享的理念，在师资配置和硬件设施建设达到基本均衡的条件下，强调通过包括网络在内的多种手段实现优质教师的资源共享，在帮助教学点提高教学效率，促进教师专业发展方面发挥积极作用。

1. 优质教师资源共享是对传统师资配置方式的有益补充

针对包括教学点在内的农村学校师资问题，目前我国采取的主要措施可以概括为两种类型。一是在政策上对农村教师配置进行倾斜，采取多种措施加强农村教师队伍建设。十八大以来相继发布的与农村教师相关的政策有：2012 年发布的《关于大力推进农村义务教育教师队伍建设的意见》，2015 年发布的《乡村教师支持计划(2015—2020 年)》，2020 年发布的《教育部等六部门关于加强新时代乡村教师队伍建设的意见》等。一系列的政策对改善农村教师队伍建设，完善师资配置起到了积极的作用。二是推行"学区制"，即"集团化办学"，让城区优质学校和乡村薄弱学校在办学理念、办学制度、优秀师资等方面实现共享，以城区优质校带动乡村薄弱校一体化发展。如湖北省崇阳县第三小学采取集团化办学，通过建立城区学校和乡村学校教师流动机制、城区学校大班额分流机制等方法化解"城镇挤""乡村弱"的难题[②]。

信息技术尤其是网络技术能够实现更加多样化的优质资源共享。如本课题组采用的教师授课资源共享的方式，让农村教学点教师可以通过网络分享到更多的优秀教师资源。从某种意义上说，这种方式与现有做法不存在矛盾，是对政策方式和集团化办学的一种补充。网络

---

① 教育部：义务教育工作重心已由"基本均衡"转至"优质均衡". https://sghexport.shobserver.com/html/baijiahao/2022/06/21/777037.html[EB/OL]. 2022-06-21/2022-12-08.

② 汪亚雄. 集团化办学化解"城镇挤""乡村弱"[N]. 中国教育报 2022-09-07(6).

让丰富的资源打破学校边界，突破时间和空间限制，以更加便捷的方式服务于教学点教师。教育主管部门可以在执行国家政策，以及推进集团化办学的同时，以网络优质资源共享的方式帮助农村教学点教师上好课，实现教师专业发展。

2.优质教师资源共享是对传统教师专业发展方式的有益补充

传统的教师专业发展方式包括让教师参加教研活动、集体备课、教师培训、教师研修、上公开课等。这些方式各有特点，在促进教师发展方面能够起到一定的积极作用。如在教研活动中，教师们围绕同一个问题各抒己见、共同研讨，在思维碰撞、思想观念冲突的过程中不断对自己的教学实践进行反思。在不断的实践和反思的基础上，实现观念的转变、技能和能力的提升。在集体备课中，教师可以感受集体智慧，博采众长，在教学理念、教学方法、教学行为等方面相互影响，共同进步和提高。优质的教师培训则能够帮助教师克服专业发展中的瓶颈，通过交流、探讨，以及实践与反思相结合的培训方式，帮助教师实现理论知识储备和实践能力的提高[①]。教师研修和上公开课的方式能够让教师围绕教研和教学中的实践，在解决问题的过程中实现理论水平和实践能力的提升。

但从另外的角度来看，对于农村教学点教师而言，每一种方式也有各自的不足和弊端。教研活动和集体备课通常依靠行政手段推行，很容易成为摆设，难以发挥其应有的作用。正如陈向明和张玉荣（2014）所言，"当行政要求和社会压力过于刚性、强硬时，教师们自发的相互合作的动力和意愿很容易下降"，"很多教研组活动都已成为应付上级规定的摆设"[②]。对包括教学点在内的农村学校而言，这些学校的教师数量较少，高水平的教师容易流失，教师平时的教学、管理和行政事务比较繁忙，很难保障教研活动和集体备课的时间和质量。同样的问题也存在于教师培训和研修中。教师培训通常也是依靠行政手段推动，教师自发参加培训的意愿并不高，而且教师培训中存在实效性和针对性不高的普遍现象。培训者通常来自高校，其实践经验与受训的中小学教师的实践经验有很大的差异，他们往往并不了解受训教师的需求，很容易存在培训内容过于理论化、抽象化，培训方法过于简单等问题，与受训教师所需存在较大的距离[③]。再则，教学点通常地处偏远、交通不便，教师要参加培训存在一定的困难。近几年兴起的网络培训往往是线下培训的"网络搬家"，尽管可以解决教师难以到达培训现场的难题，但教师参加培训意愿、培训方法、培训内容等方面与传统的线下培训并无二致，很难保障培训真正起到应有的作用。教师研修和公开课在一定程度上同样存在上述问题，大多并非出于老师自愿，而是依靠行政手段推进，很容易造成老师们为应付差事而消极应对的情况。

与上述方式不同，教育信息化资源的使用具有较大的便利性，主要体现在：①不受时间和空间的限制。网络资源的获取和使用不受时间和空间的限制，教师可以在备课过程中使用，也可以在授课过程中使用。无须像传统方式那样需要专门抽出时间，甚至要到不同的空间方可开展。②时间成本和经济成本更加低廉。互联网的普及让获取各类网络资源的经济成本不断降低。而且随着自媒体的快速发展，各类与教育教学相关的资源日益丰富，教师获取这些途径的方式也日益多样化。同时，教师无须像传统的培训、研究、教研那样专门留出时

① 王雪.教师培训：从规模发展向质量提升转型［N］.中国教育报，2013-05-15（10）.
② 陈向明，张玉荣.教师专业发展和学习为何要走向"校本"［J］.清华大学教育研究，2014，35（1）：36-38.
③ 陈向明，王志明.教育调查：城乡教师受训机会有明显差异［N］.中国教育报，2013-01-28（3）.

间，只需要在备课过程中考虑如何收集和使用这些资源即可，极大地降低了时间成本。③更加贴合教师的实际需求。信息化资源的使用完全出于自愿，当老师们能够意识到这些资源对自己的教学和专业发展有益时，才会在备课、授课的过程中对资源加以使用。资源如何使用、什么时候使用完全由教师自己决定。教师使用的积极性会比较高，能够根据教学和自身发展的需要使用资源。资源的使用也完全出于教师提高教学效率和促进专业发展的需要。而且，当资源的使用给教师的教学和自身发展带来便利和益处时，又能够进一步激发其使用的热情，从而更好地利用资源开展教育教学的实践活动。

由此，各级各类教育主管部门，有必要在政策制定过程中重视信息化资源，尤其是优质信息化资源共享的作用。在我国进入推进义务教育优质均衡发展的历史新阶段的关键时期，应采取更加灵活的政策措施，推进优质信息化资源的共建和共享，使其能够更好地服务于包括农村教学点在内的义务教育学校及教师。

6.2   推进农村学校教育信息化建设，夯实信息化教育应用基础

近年来，党和国家高度重视义务教育信息化建设。县域义务教育均衡发展督导评估工作，以及标准化学校建设的推进，对于改善农村学校信息化环境起到了积极的促进作用。但总体而言，城乡之间尤其是教学点与其他学校之间，在教育信息化建设方面仍然存在一定的差距。这些差距主要表现在以下三个方面：

（1）教学点信息化基础设施建设与其他学校存在一定的差距。徐增奇（2019）通过对河南省林州市的调查发现：农村学校全部实现"校校通"，配置多媒体设备的班级达到 82.0%，教师配置计算机的比例为 87.0%，但学生配置学习终端的比例为 0，配置专递课堂的学校比例为 0。农村小规模学校的教育信息化水平与城区学校的差距有拉大的趋势①。本课题组对参加项目实践的教学点教师的访谈显示，近年来不少农村教学点的信息化基础设施建设有了较大发展，但信息技术更新快，新装的设备使用几年后就面临更新、淘汰的问题。相比城镇学校和中心校，教学点的设备更新速度相对要慢。因为经费和设备购置、维护的权力掌握在中心校手中，中心校对信息化基础设施的经费投入和维护，首先考虑的是中心校本身。这就造成教学点在信息化设施更新和维护方面很难。课题组联系的不少教学点的教师表示并不会使用课题组提供的信息化资源开展教学，因为教学点信息化设备使用不方便，有些教学点的教室是没有信息化设备的，教学中仍然使用传统的黑板和粉笔。

（2）教学点教师的信息化应用能力与其他学校教师存在一定的差距。有学者（任蓉，2022）认为农村教师在信息化应用能力方面存在的问题主要表现在：一是信息化教学意识匮乏，大多农村教师缺乏运用信息技术开展教学的意识，使用信息技术开展教学的教师多是迫于检查和考核的压力，或者为了在公开课中展示信息技术的使用而使用；二是信息技术能力不足，大多数教师的信息技术能力还停留在初级水平阶段，对信息技术的操作熟练度不足②。本课题组对教学点教师的访谈同样证实了这些问题的存在，许多教师虽然知道信息技术对教育教学具有积极的意义，能够提高教学效率，但仍然表示"不会用、不想用"。

———————————

①   徐增奇.教育信息化要让乡村小规模学校真受益[J].中小学管理，2019（2）：28-29.

②   任蓉.农村教师信息化教学水平提升策略研究[J].农村经济与科技，2022，33（5）：249-251，255.

（3）信息技术教学应用的范围小、类型单一。任蓉（2022）的调查显示：农村学校信息技术课堂教学应用方式往往比较简单，多是在课堂导入或者知识内容的讲授环节使用①。本课题组对教学点教师的访谈显示，不少教师只知道使用 WPS 或者微软 Office 等办公软件能够帮助教师备课，制作电子文档、演示文稿用于课堂展示，更加多样化的信息技术教学应用，如信息技术与学科课程融合、基于信息技术的探究式学习、基于信息技术的协作式学习、翻转课堂教学、基于信息化的教学评价等基本没有听说过，或者根本不知道如何开展。

可见，尽管我国已经基本实现义务教育均衡发展，但在接下来的义务教育优质均衡发展推进阶段，仍然需要在包括教学点在内的农村学校的教育信息化建设方面加大力度。一是加强经费支持，完善经费保障机制。尤其是加强对教学点教育信息化基础设施的投入力度，并建立有效机制确保经费能够真正用于教学点教育信息化建设。可以采取省级统筹的方式，设置专项资金直接用于完善教学点教育基础设施，为教学点开展信息化教学提供条件。二是提升包括农村教学点在内的农村学校的信息化基础设施建设水平，继续推进"教育新基建"，建设"互联网+教育"大平台②，为信息技术教育应用奠定基础。三是更新农村教师信息技术能力培训模式。对教师进行培训仍然是提升教师信息技术能力的有效方式，但传统的培训模式存在针对性不强、教学方法单一等方面的问题。要切实提高农村教师信息技术能力，有必要更新培训模式，完善培训机制，采取更加多样化、更符合农村教师特点的方式开展培训。如，建立保障培训内容符合参训教师需求的机制，让培训内容更加多样化，符合不同能力层次受训教师的要求；采用讲授式、研讨式等相结合的方式开展培训，让培训者与受训者之间开展更加有效的交流和互动；采用线上线下相结合的方式，提供课程内容的随时回放功能，打破时间和空间的限制，充分利用网络平台的技术优势，让受训教师在需要的时候可以随时查看和学习，提高受训教师的积极性和自主性。

6.3　加大资源共建共享的支持力度，丰富优质资源供给

1. 信息化教育资源的共建共享的意义

（1）信息化教育资源的共建共享有助于提高资源的质量。信息化教育资源的开发并非凭空信手拈来，高质量的资源具有较好的科学性、教育性、专业性、适用性。科学性是指信息化教育资源的内容符合科学规律，能够真实反映客观实际，所涵盖的信息全面、准确；教育性是指信息化教育资源遵循基本的教育规律，具有较好的启发性，并将立德树人的教育宗旨贯穿在教育内容之中；专业性是指教育资源的内容与学科内容一致，不存在专业知识的偏差和错误；适用性则是指资源适合使用者的需求，能够帮助其提高教学效率，促进其专业发展。传统的信息化教育资源的开发通常以个人或者单位的方式展开，在保障资源内容的科学性、教育性和专业性方面往往存在一定的困难，比如容易存在知识内容的遗漏、误差等。个人或者单位组织开发的资源往往从主观角度出发，很难满足多样化的需求。基于共建共享式的资源开发则能够克服上述弊端，不同的资源开发者各自将资源共享出来，其他教师在这些资源的基础上进行二次甚至三次开发，让资源更符合自己的需要。相比首次开发，二次及以上的

① 任蓉. 农村教师信息化教学水平提升策略研究[J]. 农村经济与科技，2022，33（5）：249-251，255.

② 教科信[2021]2 号. 关于推进教育新型基础设施建设构建高质量教育支撑体系的指导意见[Z]. 2021-07-01.

开发能够充分利用首次开发的素材，一方面，降低了资源开发的难度和工作量，让普通教师能够以较低的工作量开发出资源；另一方面，多人开发能够让资源在内容上朝着更加符合科学性、教育性、专业性和适切性要求的方向发展，质量更加有保障。

（2）信息化教育资源的共建共享可以更好地满足教师教育教学的需求。以共建共享的方式开发资源可以让具有不同背景、不同需求的教师参与到资源的开发中，他们会根据自己对知识内容的理解，从自己教学需要的角度对资源进行多次开发，让教育资源呈现出更加多样化的形态。具有不同需求的教师，都能够从这些资源中找到适合自己的类型或者从中提取能够满足自己需求的素材。例如，本课题组对参加教学实践的教学点教师的访谈显示，教学点教师对信息化资源利用方式主要有：截取视频素材中的图片放到自己的教学课件中，制作与教学视频中使用的教学素材相同或者类似的素材，如案例、故事等。

（3）信息化教育资源共建共享有助于提高资源的利用效率。以共建共享方式开发的资源能够被多次使用，服务于不同的使用者以及不同的教学情景。如前所述，参加本团队教学实践的徐老师发现语文和道德与法治两门课程有许多共通之处。她在两门课程的教学中重复使用相同的资源，都能够起到较好的教学效果。

2. 加大信息化教育资源共建共享的政策建议

一是继续推进"互联网+教育"大平台建设，建立国家教育资源公共服务体系。2018年，教育部印发《教育信息化2.0行动计划》，提出建设"互联网+教育"大平台，建成国家教育资源公共服务体系，充分发挥市场在资源配置中的作用，融合众筹众创，实现数字资源、优秀师资、教育数据、信息红利的有效共享，教育大资源开发利用机制全面形成①。"互联网+教育"大平台的建设对于实现优质教育资源的共建共享，帮助包括教学点在内的教师提高教学效率，实现专业发展具有积极的意义。

二是建立资源共建共享的规范和标准，从技术的角度保证资源的有效性。标准应该就资源的开发工具、开发流程、资源类型等方面作出明确的技术规定，让资源在技术上更加规范，从而方便其他教师的使用。

三是从制度层面明确资源开发和共享者、使用者的权益，对其权利、责任的范围作出明确的规定。

四是建立鼓励教师参与资源共建共享的机制。想要激励教师参与资源的共建共享，需要建立一定的激励机制，让参与资源开发的教师愿意将资源共享出来。那么，如何获利？如何保障资源开发者的权益？有必要在平台层面，或者县域和学校层面建立鼓励教师制作和共享优质资源的机制。在网络平台中为贡献资源的教师给予奖励，或者给予一定的荣誉称号，或者在职称评定、评奖评优、福利待遇等方面给予倾斜。完善的奖励机制旨在让更多的教师参与到教育资源的建设中来，为教育资源建设提供更加多样化的来源，进一步丰富信息化教育资源。

五是建立教育资源的审核机制。为保障教育资源的质量，有必要建立审核机制，通过一定的经费投入，在省级或者县域层面成立教育资源的审核组织，专门对教师共享的教育资源进行审核，通过审核的资源方能够实现共享，被其他更多的教师或者科研工作者、学习者使用。

---

① 教技〔2018〕6号. 教育部关于印发《教育信息化2.0行动计划》的通知〔Z〕. 2018-11-01.

6.4　加大学术研究的支持力度，进一步探索规律

2019 年，教育部在《教育部关于加强新时代教育科学研究工作的意见》中明确指出，"教育科学研究是教育事业的重要组成部分，对教育改革发展具有重要的支撑、驱动和引领作用"①。在我国义务教育进入优质均衡的历史新时期，为更好地利用信息技术，尤其是优质教育资源提高教学效率，促进教师专业发展，迫切需要教育科研更好地探索规律、破解难题、引领创新。

信息化教育资源的使用如何支持包括教学点在内的农村学校提高教学效率，有效促进教师专业发展，同样需要学术界采取科学的方法开展研究，具体可从以下几个方面展开。

（1）在国家级、省市级各类课题中安排专项选题。从理论、实践效果、保障机制等方面开展研究。在理论方面，探寻数字化教育资源提升包括教学点在内的学校教育质量、促进教师专业发展的机理，运用教育公平理论、教育生态学理论、教育资源配置理论等进行深入阐释，为数字化教育资源的应用奠定理论基础，进一步拓展这些理论的应用范畴。在实践效果方面，进一步深入探寻数字化教育资源在教育教学中的作用表现在哪些方面，以及数字化教育资源在提高课堂教学效率、促进教师专业发展、促进校园文化建设、提高学生学习兴趣、提升学习效率、提高学生阅读素养等方面是否真实有效。在保障机制方面，就如何建立有效保障机制，更好地促进数字化教育资源在教育教学中的应用开展研究。

（2）加强科研效果的转化。增强数字化教育资源科研成果转化意识，建立健全优秀数字化教育资源科研成果发布制度和转化机制，推动数字化教育资源教育科研成果转化为教案、决策、制度。一是转化为教案，将数字化教育资源科研成果应用在教学实践中，体现在教材、教学设计等各个环节，让科研成果在教学中发挥积极的促进作用。教育科研工作者应该深入教学第一线，充分了解一线教师在教育信息化建设、数字教育资源方面的需求，把握义务教育发展对包括数字化教育资源在内的教育信息化的需求，以解决教育教学实际问题为出发点，增强教育科研工作的针对性和有效性。以践行"立德树人""五育融合"为目标，将教育科研成果融入一线教师的教学实践，探索能够促进学生全面和个性化发展的教学模式和能够促进教师专业发展的数字化教育资源应用模式。二是转化为决策，从政策制定和完善的角度，就如何更好地开发、应用数字化资源提出具有针对性、实操性的政策建议，为决策部门的政策制定、教育决策提供参考和依据。为此，需要建立顺畅的成果对接机制，教育科研工作者需要敏锐把握"政策窗口"，教育研究机构需要定期择优将研究成果报送决策部门，形成教育科研—政策决策相互之间的良性互动。三是转化为制度。成熟完善的制度是保障教育信息化实施的重要支撑，数字化教育资源方面的科研成果应该为地方教育部门、学校、教育机构在制定与之相关的制度方面提供参考，将高质量的数字化教育资源科研成果转化为法律、法规、政策等形式的制度，为包括教学点在内的农村学校更好地利用数字化教育资源提供保障。

---

① 教政法〔2019〕16 号. 教育部关于加强新时代教育科学研究工作的意见[Z]. 2019-11-08.

附录 A：农村教学点基本情况调查问卷（学校卷）

一、学校基本数据

学校类型	①农村中心校或农村完小□		②教学点□	③镇或县城学校□		④城市学校□
学校名称	教师数/人	班级数/个	学生数/人	住校学生比例/%	留守儿童比例/%	学生中少数民族比例/%

教师学历分布/%				教师年龄分布/%			
硕士	本科	大专	中专及以下	≤25	25~35	35~50	≥50

二、校园文化建设

1. 您学校的校园卫生情况如何？
①比较杂乱 　　②一般般 　　③干净整洁

2. 您觉得校园周边环境如何？
①非常嘈杂 　②比较嘈杂 　③一般般 　④比较安静 　⑤非常安静

3. 您的学校是否建有如下基础设施？（多选）
①厨房 　　②图书室 　　③实验室 　　④舞蹈室或音乐室
⑤美术室 　　⑥心理辅导室 　⑦计算机房 　⑧多媒体网络教室

4. 您的校园里是否建有如下设施？（多选）
①文化壁画 　②文化挂图 　　③文化雕塑
④文化展板 　⑤其他类型的文化设施 　⑥以上都没有

5. 您觉得学校各个教室从总体上而言是否宽敞？
①很狭小 　②比较狭小 　③刚好够用 　④比较宽敞 　⑤很宽敞

6. 您觉得学校办公室的空间是否宽敞？
①很狭小 　②比较狭小 　③刚好够用 　④比较宽敞 　⑤很宽敞

7. 您的校园里是否将学生的下列作品展示出来？（多选）
①手工作品 　②作文 　　③机器人、创客等科技作品
④绘画 　　⑤书法 　　⑤手抄报 　⑥其他类型的学生作品
⑦以上都没有

8. 对课程开设情况的调查。

学校开设了哪些课程？（有的打√）													
语文	数学	英语	品德与生活	道德与法治	科学	体育	音乐	美术	健康	信息技术	民族语言	书法	综合实践
☐	☐	☐	☐	☐	☐	☐	☐	☐	☐	☐	☐	☐	☐
生物	化学	物理	历史	地理									
☐	☐	☐	☐	☐									

9. 以下科目是否有专业出身的教师？（多选）

①音乐　　　②美术　　　③体育

10. 音乐课是如何上的？（多选）

①没有开设　　　　　②开设了，但经常安排其他课程　　　③找唱歌唱得好的学生领唱

④电脑播放歌曲，让学生跟着唱　　　⑤老师唱歌，让学生跟着学

⑥教学生音律、简谱等基本乐理　　　⑦学习乐器　　　⑧其他

11. 美术课是如何上的？（多选）

①没有开设　　　　　②开设了，但经常安排其他课程　　　③让学生照着实物或者照片画画

④教授绘画（或者手工、剪纸）的基本知识　　　⑤教学生画水彩笔画

⑥教学生画水墨画　　　⑦教学生剪纸　　　⑧教学生做手工　　　⑨其他

12. 体育课是如何上的？（多选）

①没有开设　　　　　②拿体育用品，让学生自己玩

③让学生拿着球、毽子、跳绳等体育用品自己玩

④教学生做操　　　⑤教学生进行足球、篮球、排球、乒乓球、羽毛球等球类运动

⑥教学生进行跑步、跳高等田径类运动

⑦教学生学习传统武术　　　⑧其他

附录 B：农村教学点基本情况调查问卷（教师卷）

一、教师基本情况（请在合适的选项上打√）

基本情况	您的性别：男□　　　女□			
	您的年龄：①≤25　　②25~35　　③35~50　　④≥50			
	您的学历：①研究生　　②本科　　③专科　　④中专及以下			
	学校类型： ①农村中心校或农村完小　　②教学点　　③镇或县城学校　　④城市学校			

您授课的科目	语文	数学	英语	品德与生活	道德与法治	科学	体育	音乐	美术	健康	信息技术	民族语言	书法	综合实践
	□	□	□	□	□	□	□	□	□	□	□	□	□	□

您授课的年级	一年级□	二年级□	三年级□	四年级□	五年级□	六年级□

二、对教师专业发展的调查（请在合适的选项上打√）

维度 1：参加教师专业发展活动						
1. 在过去 12 个月中，您是否参加过以下任何一种专业发展活动，这些活动对您作为教师的发展有何影响	是否参加		受到的影响			
	是	否	没有影响	影响较小	有一定的影响	影响较大
1）与教学、课程相关的研讨会						
2）教育教学学术研讨会						
3）学习资格认证课程（如学位课程）						
4）对其他学校进行参观访问						
5）参与旨在促进教师专业发展的教师团体						
6）就您专业感兴趣的教育主题进行研究						
7）指导或观察同行的教学活动						
8）阅读专业文献（如期刊、循证论文、论文）						
9）与同事就如何改进教学进行对话						

续上表

2. 考虑到您自身的专业发展需求，请说明您在下列领域的需求程度	没必要	需求程度低	中等程度的需要	高度需要
1）提高学习方法				
2）提升学科教学技能				
3）改善学生评价方法				
4）提升课堂管理能力				
5）提高信息技术教学技能				
6）拓展学科知识				
7）拓展课程方面的知识				
8）提高跨学科教学能力				
9）提升教学、教务等方面的管理能力				
10）提升针对特殊学生的教学能力（如留守儿童等）				
3. 下列因素中，哪些阻碍了您参加教师专业发展活动（多选）	没有影响	影响较小	有一定的影响	影响较大
1）与工作时间冲突				
2）缺乏激励				
3）因家庭负担没有时间				
4）缺乏机会				
5）领导不支持				
6）价格昂贵				

维度 2：获得的教学反馈

4. 从以下人员那里，您多久收到一次对您工作的评估或反馈	从不	很少	有时	比较多
1）校领导				
2）教师同事				
3）教学督导				
4）学生家长				

维度 3：教学实践

5. 在您的教学中，您能在多大程度上做到以下几点	完全不	较少	比较大	很大程度
1）让学生相信他们能在学业上取得好成绩				
2）帮助学生重视学习				
3）为学生精心设计问题				

续上表

4)控制课堂上的破坏性行为				
5)激励学习兴趣低的学生				
6)明确对学生行为的期望				
7)注重培养学生的批判性思维				
8)让学生遵守课堂规则				
9)使捣乱或吵闹的学生平静下来				
10)对学生的学习，使用多种评估策略				
11)当学生对所学内容感到困惑时，提供另一种解释				
12)注重使用不同的教学策略				
13)注重利用信息技术(如计算机、智能手机、互联网等)支持学生学习				

6. 您觉得学校的校园环境整体情况如何？

①不太好　　　　　②一般般　　　　　③良好

7. 如果您觉得学校的校园环境良好，原因是：(多选)

①布局合理　　　　②干净整洁　　　　③环境幽雅

④基础设施齐全　　⑤空间宽敞　　　　⑥人文气息浓厚

8. 如果您觉得学校的校园环境不太好，原因是：(多选)

①布局和设施没有体现农村特色　　②校园杂乱　　③校园周边环境影响不好

④基础设施不齐全　　　⑤空间不够宽敞　　⑥人文气息不足

9. 您觉得学校的教学设施？

①不齐全　　　　　②刚好够用　　　　③齐全

10. 您对学校的管理制度是否满意？

①不满意　　　　　②一般般　　　　　③满意

11. 如果您对学校的管理制度满意，主要是因为：(多选)

①制度比较人性化、合情合理　　　②制度比较规范、健全

③学校制度被严格、公正地执行　　④其他_____

12. 如果您对学校的管理制度不满意，主要是因为：(多选)

①制度缺乏人性化，形式主义严重　　　②管理制度自相矛盾

③管理制度老化，不适合当前的形势

④制度没有很好地执行，领导说了算　　⑤其他_____

13. 您认为本校师生在遵循制度方面的表现如何？

①严格执行　　②偶尔违反　　　③经常违反

14. 您觉得学校的校风总体情况如何？

①不太好　　②一般般　　　③比较好

15. 您对本校领导组织的满意程度如何？

①满意　　　　②一般般　　　　③不满意

16. 如果您对本校领导组织满意，原因是：（多选）

①团结　　　　②一心为公　　③能干，有效率　　　④氛围和谐　　　⑤其他_____

17. 如果您对本校领导组织不满意，原因是：（多选）

①不团结　　　　②存在以权谋私的现象　　　③领导能力不足　　　④外行领导内行

⑤领导独断专行　　　⑥其他_____

18. 您觉得学校校园周边的村风、民风对学校的影响如何？

①产生了不利的影响　　　　②没有影响　　　③产生了好的影响

19. 您觉得本校学生遵守学校纪律的总体情况是？

①所有同学都能遵守学校纪律

②大部分同学都能遵守学校纪律，少部分同学不遵守

③大部分同学不遵守学校纪律，少部分同学遵守

④所有同学都不遵守学校纪律

附录 C：农村教学点基本情况调查问卷(学生卷)

A 部分：个人基本信息

A1. 你所在学校的类型_____。

①农村中心校或者农村完小　　　　②教学点　　　　③镇或县城学校　　　　④城市学校

A2. 你的出生年份是_____年。

A3. 你的性别是①男生；②女生。你的身高是_____厘米，你的体重是_____公斤。

A4. 你母亲的最高学历是_____；你父亲的最高学历是_____。

①没上过学　　　　②小学　　　　③初中　　　　④中专或职业中学

⑤高中或职高　　　　⑥大专　　　　⑦大学本科　　　　⑧研究生及以上

A5. 你父亲的职业是_____；你母亲的职业是_____

①国家机关事业单位人员	②企业/公司中高级管理人员
③教师、工程师、医生、律师	④技术工人(包括司机)
⑤生产与制造业一般职工	⑥商业与服务业一般职工
⑦个体户	⑧农民
⑨无业、失业、下岗	⑩其他(　　　　　　　　　)【请写出具体工作】

A6. 你觉得自己的家庭经济条件如何?_____

①非常困难　　　　②比较困难　　　　③一般　　　　④比较富裕　　　　⑤很富裕

A7. 你觉得家中，除了教科书之外的书籍数量_____。

①非常多　　　　②比较多　　　　③一般　　　　④很少　　　　⑤没有

B 部分：阅读素养测试

自由

①我的目光在小径旁边迷失了，却忽然被一只五彩缤纷的小鸟牵引过来，它反复地张开多色的翅膀，在湿气弥漫的绿草坪上停停飞飞。我们慢慢地靠近它，我在前，柏拉特罗在后。近在旁边的是阴凉的饮水池，狡猾的孩子安上了一个鸟网。那小小的忧伤的假鸟升得高高的，仿佛它的翅膀能承载它似的，无意地呼唤着它空中的兄弟。

②早晨清而纯，为蔚蓝所沁透。从邻近的松树林中，传来一阵轻音乐演奏，那是鸟儿间歇性地鸣啭，忽近、忽远，却总听得见，温和金色的海风，在树梢上泛起涟漪……可怜无辜的音乐，竟临近这样邪恶的心。

③我拉着柏拉特罗，用我的双腿催促它以快步进入小松树林。将要抵达那个树叶荫盖着的圆屋顶的时候，便拍掌大叫大唱。柏拉特罗体会到我的狂热，也粗暴地一次又一次地嘶鸣起来，回音应答着，光锐而洪亮，仿佛从一口巨井的井底传上来似的，鸟儿都飞出来，唱到另一个松林去。

④不远处愤怒的孩子们在咒骂，柏拉特罗把它硕大多发的脑袋推向我的胸怀，那样用力地感激我，把我的胸部都弄痛了。

B1. 我的"狂热"在文中指的是( )。（信息提取，正确答案C）

A. 我对孩子安网捕鸟的行为很气愤

B. 我用双腿催促柏拉特罗快步进入小松树林，很粗暴

C. 我很起劲地拍掌，大叫大唱

D. 我让柏拉特罗粗暴地一次又一次地嘶叫

B2. "不远处愤怒的孩子们在咒骂"，他们"咒骂"的内容是( )。（直接推论，正确答案C）

A. 捕到的鸟儿不该分给某某人　　　　B. 捕到的鸟儿太少了，不够分

C. 我们的叫声把他们要捉的鸟儿惊飞　　D. 他们的鸟网被我们路过时扯坏了

B3. 第③自然段作者运用了哪些方法让故事情节更加生动具体？( )（解释文本，正确答案B）

A. 语言描写

B. 动作描写

C. 外貌描写

D. 心理活动描写

B4. 对这个故事理解错误的是哪一项？( )（反思与评价，正确答案A）

A. 不能嘲笑朋友

B. 大自然中的小动物很可爱

C. 人类应该爱护大自然，包括大自然中的动物

D. 捕捉鸟是不对的事情

C 部分：音乐、美术、体育课程学习情况

C1. 音乐课开设情况如何？	A. 没有开设 B. 经常被其他课程占用 C. 偶尔被其他课程占用 D. 完全按照课表正常上课
C2. 音乐课是如何上的？（多选题）	A. 没有上过音乐课 B. 跟着老师学习乐理、乐器、唱歌等 C. 跟着电脑播放的歌曲学习唱歌 D. 看电影、文艺节目
C3. 上音乐课有什么收获？（多选题）	A. 什么也没学会 B. 学会了唱歌 C. 学会了乐理知识（如节拍、简谱等） D. 学会了使用某种乐器
C4. 美术课开设情况如何？	A. 没有开设 B. 经常被其他课程占用 C. 偶尔被其他课程占用 D. 完全按照课表正常上课

续上表

C5. 美术课是如何上的？（多选题）	A. 没有上过美术课 B. 跟着老师学习水彩画、配色、素描、构图、手工等 C. 对照实物、卡片画画 D. 看电影、文艺节目
C6. 上美术课有什么收获？（多选题）	A. 什么也没有学到 B. 学会了画简单的物体 C. 学会了水彩画 D. 学会了素描画 E. 学会了配色 F. 学会了构图 F. 学会了做手工 G. 其他，请填写_____
C7. 体育课开设情况如何？	A. 没有开设 B. 经常被其他课程占用 C. 偶尔被其他课程占用 D. 完全按照课表正常上课
C8. 体育课是怎么上的？（多选题）	A. 没有上过体育课 B. 跟着老师学习球类、武术、跳绳、广播体操等运动 C. 学生自己拿着体育器材玩
C9. 上体育课有什么收获？（多选题）	A. 什么也没有学到 B. 学会了打乒乓球 C. 学会了打羽毛球 D. 学会了打篮球 E. 学会了踢足球 F. 学会了跳绳 F. 锻炼了身体 G. 锻炼了意志力

D 部分：校园文化建设情况

D1. 你对学校校园环境和各类设施的满意程度如何？

①不满意　　　　②一般般　　　③满意

D2. 如果你对校园环境和各类设施感到满意，原因是：（多选）

①校园建筑和设施布局合理　　　②校园干净整洁　　　③校园环境幽雅

④各种基础设施(如食堂、厕所、运动场、舞蹈室、音乐室、计算机房)齐全

⑤其他_____

D3. 如果你对校园环境和各类设施感到不满意，原因是：（多选）

①教室太拥挤　　　②校园杂乱，卫生较差　　　　③校园建筑和各种设备陈旧

④体育场地和器材不够用　　⑤音乐教室和器材不够用　　⑥其他_____

D4. 你对学校的管理制度是否满意？

①不满意　　　②一般般　　　③满意

D5. 如果你对学校的管理制度满意，主要是因为：（多选）

①制度比较人性化、合情合理　　　②制度比较规范、健全

③学校制度被严格、公正地执行　　④其他＿＿＿＿＿＿

D6. 如果你对学校的管理制度不满意，主要是因为：（多选）

①制度缺乏人性化，形式主义严重　　　②管理制度自相矛盾

③管理制度僵化，不适合本班实际情况

④制度没有很好地执行，老师说了算　　⑤其他＿＿＿＿＿＿

D7. 你认为本校师生在遵循制度方面的表现如何？

①严格执行　　　②偶尔违反　　　③经常违反

D8. 你认为学校的校风整体情况如何？

①不太好　　　②一般般　　　③非常好

D9. 你认为学校人际关系整体情况如何？

①不太好　　　②一般般　　　③比较好

D10. 每天放学后，你主要的活动是什么？（多选）

①音乐、美术类活动　　　②体育活动　　　③读书活动　　　④科技活动

⑤帮家里干活　　　⑥自由玩耍　　　⑦做作业

D11. 你所在班级或学校是否经常举行文体活动？

①从不　　　②很少　　　③有时　　　④经常

D12. 班上或者学校举办的文体活动，主要的类型有哪些？（多选）

①诗歌朗诵　　　②体育运动　　　③合唱

④演讲　　　⑤书画比赛　　　⑥文艺演出　　　⑦其他

D13. 你是否经常参加各种才艺比赛如朗诵、音乐、舞蹈比赛？

①从来没参加过　　　②很少　　　③一般　　　④经常　　　⑤很多

E 教风题项	好	较好	一般	差
E1 教师对教学的责任心				
E2 教师对学生的答疑、辅导				
E3 教师对厌学学生的态度				
E4 教师在关爱学生方面的表现				
E5 教师在与学生交流沟通方面的表现				
E6 教师受学生喜欢的程度				
E7 教师的讲课激情				
E8 教师和学生课堂互动的情况				
E9 课堂氛围				
E10 教师的教学方法				
E11 教师对学生的影响程度				

F 学风题项	好	较好	一般	差
F1 学生完成作业的情况				
F2 学生上课遵守纪律的情况				
F3 学生上课听讲的情况				
F4 班上的学习氛围				
F5 学生参加校园活动的情况				
F6 学生参加交流讨论的情况				

附录 D: 农村教学点基本情况访谈提纲

一、教师访谈提纲

1. 请您介绍一下您学校目前的基本情况(年级数、班级数、学生人数等)。
2. 请您介绍一下目前的主要工作(授课科目、工龄、学历、每周课时、其他工作等)。
3. 请您介绍一下授课班级的情况(授课年级、班级人数)。
4. 您的学校在办学中主要有哪些方面的困难?
5. 您觉得学校周边环境对学校是否有影响? 若有,表现在哪些方面?
6. 您学校的校园文化建设方面的基本情况如何(基础设施建设、校风、学风、教风等)?
7. 您觉得哪些因素影响了您自身专业素质的提高?
8. 您觉得学校生源质量如何? 学生的阅读素养的状况如何?

二、学生访谈提纲

1. 请你介绍一下自己:年龄、就读年级、家里经济条件、兄弟姐妹数……
2. 平时喜不喜欢读书? 喜欢的话,一般看些什么书?
3. 喜不喜欢美术课? 美术课是怎么上的?
4. 喜不喜欢音乐课? 音乐课是怎么上的?
5. 喜不喜欢体育课? 体育课是怎么上的?
6. 你觉得班上的学习氛围怎么样?
7. 班上同学遵守学校和班级纪律的情况怎么样?
8. 觉得老师们上课的情况怎么样?
9. 对校园环境有什么看法?

附录 E：教育信息化支持教学点实践活动开展调查问卷（教师卷）

<table>
<tr><td colspan="14">一、教师基本情况（请在合适的选项上打√）</td></tr>
<tr><td rowspan="4">基本
情况</td><td colspan="13">您的性别：男□　　　　女□</td></tr>
<tr><td colspan="13">您的年龄：①≤25 岁　　　②25～35 岁　　　③35～50 岁　　　④≥50 岁</td></tr>
<tr><td colspan="13">您的学历：①研究生　　　②本科　　　③专科　　　④中专及以下</td></tr>
<tr><td colspan="13">学校的类型：①农村中心校　②农村完小或教学点　③镇或县城学校　④城市学校</td></tr>
<tr><td rowspan="2">您授课
的科目</td><td>语文</td><td>数学</td><td>英语</td><td>品德与
生活</td><td>品德与
社会</td><td>科学</td><td>体育</td><td>音乐</td><td>美术</td><td>健康</td><td>信息
科技</td><td>民族
语言</td><td>书法</td><td>综合
实践</td></tr>
<tr><td>□</td><td>□</td><td>□</td><td>□</td><td>□</td><td>□</td><td>□</td><td>□</td><td>□</td><td>□</td><td>□</td><td>□</td><td>□</td><td>□</td></tr>
<tr><td>您授课
的年级</td><td colspan="2">一年级□</td><td colspan="2">二年级□</td><td colspan="3">三年级□</td><td colspan="2">四年级□</td><td colspan="2">五年级□</td><td colspan="2">六年级□</td></tr>
</table>

<table>
<tr><td>二、以下题项了解数字教育资源的使用情况</td><td>A</td><td>B</td><td>C</td><td>D</td></tr>
<tr><td>1. 您使用数字教育资源的方式是（多选）：</td><td>当作备
课素材</td><td>在课堂上
播放视频
中的一部分</td><td>在课堂上
播放完整
的视频</td><td>以上
都不是</td></tr>
<tr><td>2. 数字教育资源使用的场合有（多选）：</td><td>课堂教学</td><td>课后服务</td><td>社团活动</td><td>以上
都不是</td></tr>
<tr><td>3. 您使用数字教育资源的频率大约是（单选）：</td><td>少于
每周 1 次</td><td>每周 1～6 次</td><td>每天 1 次</td><td>每天
多次</td></tr>
<tr><td>三、以下题项了解数字教育资源对教学的影响</td><td>不符合</td><td>不确定</td><td>比较符合</td><td>很符合</td></tr>
<tr><td>1. 数字教育资源的使用，对改善教学效果起到了积极的作用</td><td></td><td></td><td></td><td></td></tr>
<tr><td>2. 数字教育资源的使用，对活跃课堂氛围起到了积极的作用</td><td></td><td></td><td></td><td></td></tr>
<tr><td>3. 数字教育资源的使用，对提高学生的学习效率起到了积极
作用</td><td></td><td></td><td></td><td></td></tr>
<tr><td>4. 数字教育资源的使用，对提高我的备课效率起到了积极
作用</td><td></td><td></td><td></td><td></td></tr>
<tr><td>四、以下题项了解数字教育资源对您的专业能力的影响</td><td>不符合</td><td>不确定</td><td>比较符合</td><td>很符合</td></tr>
<tr><td>1. 数字教育资源的使用，帮助我改进了自己的学习方法</td><td></td><td></td><td></td><td></td></tr>
<tr><td>2. 数字教育资源的使用，帮助我提高了学科教学技能</td><td></td><td></td><td></td><td></td></tr>
<tr><td>3. 数字教育资源的使用，帮助我改善了教学评价方法</td><td></td><td></td><td></td><td></td></tr>
<tr><td>4. 数字教育资源的使用，帮助我提高了课堂管理能力</td><td></td><td></td><td></td><td></td></tr>
</table>

续上表

	不符合	不确定	比较符合	很符合
5. 数字教育资源的使用，帮助我提高了信息技术教学技能				
6. 数字教育资源的使用，帮助我拓展了学科知识				
7. 数字教育资源的使用，帮助我拓展了拓展课程方面的知识				
8. 数字教育资源的使用，帮助我提高了跨学科教学能力				
9. 数字教育资源的使用，帮助我提升了教学管理能力				
10. 数字教育资源的使用，帮助我提升了针对特殊学生的教学能力（如留守儿童、残疾儿童等）				
五、以下题项了解数字教育资源对学生阅读素养的影响	不符合	不确定	比较符合	很符合
1. 数字教育资源的使用，对提高学生阅读素养有积极的影响				
2. 数字教育资源的使用，提升了学生的阅读兴趣				
3. 数字教育资源的使用，有助于提高学生的阅读能力				
4. 数字教育资源的使用，有助于提高学生对语言文字的理解能力				
六、以下题目调查数字教育资源使用对教风的影响	有消极影响	没有影响	有一点积极影响	有较大的积极影响
1. 数字化教学资源的使用，是否影响您的教学责任心				
2. 数字化教学资源的使用，是否影响您对学生的答疑、辅导				
3. 数字化教学资源的使用，是否影响您对厌学学生的态度				
4. 数字化教学资源的使用，是否影响您对学生的关爱				
5. 数字化教学资源的使用，是否影响您与学生的交流沟通				
6. 数字教育资源的使用，是否影响您受学生欢迎的程度				
7. 数字教育资源的使用，是否影响您对讲课的热情				
8. 数字教育资源的使用，是否影响您和学生的互动				
9. 数字教育资源的使用，是否影响课堂气氛				
10. 数字教育资源的使用，是否影响您的教学方法				
11. 数字教育资源的使用，是否影响您对学生的影响程度				
七、以下题目调查数字教育资源使用对学风的影响	有消极影响	没有影响	有一点积极影响	有较大的积极影响
1. 数字教育资源的使用，是否对学生完成作业有影响				
2. 数字教育资源的使用，是否对学生上课遵守纪律有影响				
3. 数字教育资源的使用，是否对学生上课听讲有影响				
4. 数字教育资源的使用，是否对班上的学习氛围有影响				

续上表

	有消极影响	没有影响	有一点积极影响	有较大的积极影响
5. 数字教育资源的使用,是否对学生参加校园活动有影响				
6. 数字教育资源的使用,是否对学生参加交流讨论有影响				
八、以下题目调查数字教育资源使用对班风的影响	有消极影响	没有影响	有一点积极影响	有较大的积极影响
1. 数字教育资源的使用,是否对您所带班级的班风有影响				
2. 数字教育资源的使用,是否对您所带班级的师生关系有影响				
3. 数字教育资源的使用,是否对您所带班级的学生之间的关系有影响				
4. 数字教育资源的使用,是否对您所带班级的学生遵守纪律有影响				

附录 F：教育信息化支持教学点实践活动开展访谈提纲

1. 请您介绍一下您目前的主要工作(学校背景、授课科目、工龄、学历、每周课时、其他工作等)。

2. 请您介绍一下授课班级的情况(授课年级、班级人数)。

3. 请您介绍一下您的课程使用数字化教学资源开展教学的情况(可以是课题组提供的资源，也可以是其他数字教育资源；使用时间、频次)。

4. 以下题目调查您课堂上使用数字教育资源对教学和学生的影响。

4.1　数字教育资源是否提升了教学效果？表现在哪些方面？

4.2　数字教育资源是否激发了学生的学习兴趣？表现在哪些方面？

4.3　数字教育资源是否改善了班风？表现在哪些方面？

4.4　数字教育资源是否改善了学风？表现在哪些方面？

4.5　数字教育资源是否对学生的阅读素养有影响？表现在哪些方面？

5. 以下题目调查数字教育资源对教师本人的影响。

5.1　数字教育资源是否对您的教学理念有影响？是积极的，还是消极的？

5.2　数字教育资源是否对您的教学能力有影响？是积极的，还是消极的？

5.3　数字教育资源是否在拓展您的教育教学知识方面产生了影响？表现在哪些方面？

5.4　数字教育资源是否在拓展您的学科专业知识方面产生了影响？表现在哪些方面？

5.5　数字教育资源是否对您的教学方法有影响？是积极的，还是消极的？

5.6　数字教育资源是否对您的教学策略有影响？是积极的，还是消极的？

6. 对数字教育资源的使用，您有哪些建议？

附录 G：课题组为教师提供的课程数字资源（部分）

一、《语文》课程视频资源

		《语文》教师授课视频
使用方式		打开网址，直接播放
使用方法		教师在备课过程中，提前学习视频，从视频中教师的授课方法、授课过程、授课资源中寻求灵感，将其中可用、有用的内容用到自己的课堂教学中
一年级上册	名称	233 网校《停课不停学》人教版一年级语文上册
	网址	https：//www.ixigua.com/6794990691542893064？logTag=976d5731cbcd8e73fd8f
一年级下册	名称	CETV4 同上一堂课：人教版一年级语文下册
	网址	https：//www.ixigua.com/6798744826591314443？logTag=8c6e5a12bf8f3f234e2d
二年级上册	名称	人教版小学二年级语文上册视频课程
	网址	https：//www.bilibili.com/video/BV1NT4y1L7vB？p=2
二年级下册	名称	CETV4 同上一堂课：人教版二年级语文下册
	网址	https：//www.ixigua.com/6798872332443058701？id=6798755442823528973
三年级上册	名称	233 网校《停课不停学》人教版三年级语文上册
	网址	https：//www.ixigua.com/6796143132615377412？logTag=c444940ceb8579375247
三年级下册	名称	233 网校《停课不停学》人教版三年级语文下册
	网址	https：//www.ixigua.com/6795406773931999755？logTag=e1a3eca3967918127bba
四年级上册	名称	233 网校《停课不停学》人教版四年级语文上册
	网址	https：//www.ixigua.com/6796482005107212813？logTag=49b938dc3e9184950221
四年级下册	名称	部编版 语文四年级下册同步直播课
	网址	https：//www.ixigua.com/6796498105115083277？logTag=0b11c0b5306c6194bc17
五年级上册	名称	小学语文五年级上册完整课程讲解
	网址	https：//www.bilibili.com/video/BV1ba4y1s7gd/？spm_id_from=333.788.videocard.12
五年级下册	名称	语文五年级语文下册 部编人教版 统编版 2022 最新版
	网址	https：//www.bilibili.com/video/av95409729？p=52
六年级上册	名称	部编版小学六年级上册语文同步课堂视频课
	网址	https：//www.bilibili.com/video/BV1bh411t7wS
六年级下册	名称	语文六年级下册语文 统编版
	网址	https：//www.bilibili.com/video/BV1Ka4y1v7jP？spm_id_from=333.337.search-card.all.click

二、有声图书列表

1. 一、二年级必读经典书目有声图书资源

书名	资源链接网址
《五星红旗》	https：//www.ximalaya.com/youshengshu/42085265/379493131
《读图识中国》	未找到合适资源
《中华人物故事汇 中华先锋人物故事汇》	https：//www.ximalaya.com/album/44361505
《萝卜回来了》	https：//www.ximalaya.com/ertong/32239870/402293180
《没头脑和不高兴》	https：//www.qingting.fm/channels/243760/programs/8839845/
《儿歌 300 首》	未找到合适资源
《小巴掌童话》	https：//www.ximalaya.com/album/330115
《小马过河》	https：//www.ximalaya.com/qinggan/3948224/16593311
《吃黑夜的大象》	https：//www.ximalaya.com/sound/22373225
《大头儿子和小头爸爸》	https：//www.qingting.fm/channels/280622/
《我有友情要出租》	https：//www.qingting.fm/channels/159392/programs/4590820/
《一团青菜成了精》	https：//www.ximalaya.com/sound/74364597
《团圆》	https：//www.ximalaya.com/sound/89203053
《格林童话》	https：//www.ximalaya.com/album/277077
《弗朗兹的故事》	https：//www.qingting.fm/channels/206073/
《小彗星旅行记》	https：//www.youshenghuiben.com/guoneihuiben/xiaohuixinglvxingji62.html
《嫦娥探月立体书》	https：//www.ximalaya.com/album/31674987
《趣味数学百科图典》	https：//www.ximalaya.com/album/57484749
《来喝水吧》	未找到合适资源
《爸爸的画·沙坪小屋》	https：//www.ximalaya.com/ertong/51966803/
《京剧脸谱》	https：//www.ximalaya.com/album/51605866

2. 三、四年级必读经典书目有声图书资源

书名	资源链接网址
《周恩来寄语：青少年版》	未找到合适资源
《雷锋的故事》	https：//www.ximalaya.com/album/3785040
《林汉达中国历史故事集》	https：//www.qingting.fm/channels/202998/
《刘兴诗爷爷给孩子讲中国地理》	https：//www.ximalaya.com/ertongjiaoyu/44203513/

续表

书名	资源链接网址
《居里夫人的故事》	https：//www. ximalaya. com/youshengshu/38912161/
《儿童哲学智慧书》	https：//www. ximalaya. com/album/15232199
《哲学飞鸟罗系列》	https：//www. ximalaya. com/ertong/402091/
《成语故事》	https：//www. ximalaya. com/ertong/3062554/？source＝m_jump
《中国古今寓言》	https：//www. ximalaya. com/ertong/9295060/？source＝m_jump
《中国神话故事集》	https：//www. ximalaya. com/album/4690956
《稻草人》	https：//www. ximalaya. com/ertong/21426109/？source＝m_jump
《宝葫芦的秘密》	https：//www. ximalaya. com/ertong/10440045/p2/
《三毛流浪记》	https：//www. ximalaya. com/ertong/4462585/
《"下次开船"港》	https：//www. bilibili. com/video/av75780140/
《孙悟空在我们村里》	https：//www. ximalaya. com/ertong/40047312/
《小英雄雨来》	https：//www. ximalaya. com/youshengshu/48365602/
《帽子的秘密》	https：//www. ximalaya. com/sound/63550653？source＝m_jump
《小布头奇遇记》	https：//www. qingting. fm/channels/54534/
《推开窗子看见你》	https：//www. ximalaya. com/album/8048678
《笨狼的故事》	https：//www. qingting. fm/channels/420862/
《盘中餐》	https：//www. ximalaya. com/album/35561815
《爱的教育》	https：//www. qingting. fm/channels/240261/
《夏洛的网》	https：//www. ximalaya. com/album/3746763
《窗边的小豆豆》	http：//ilisten. idaddy. cn/share/show/7905
《少儿科普三字经》	https：//www. ximalaya. com/ertong/48372300/
《中国国家博物馆儿童历史百科绘本》	https：//www. ximalaya. com/ertong/16828610/？source＝m_jump
《昆虫漫话》	未找到合适资源
《中国儿童视听百科·飞向太空》	未找到合适资源
《异想天开的科学游戏》	未找到合适资源
《万物简史：少儿彩绘版》	https：//www. ximalaya. com/ertong/13632537/？source＝m_jump
《蜡烛的故事》	未找到合适资源
《地球的红飘带》	https：//www. ximalaya. com/youshengshu/49678954/
《人民音乐家：冼星海》	https：//www. ximalaya. com/sound/405879890
《父与子》	https：//www. ximalaya. com/ertong/22800410/p6/

3. 五、六年级必读经典书目有声图书资源

书名	资源链接网址
《毛泽东箴言》	毛泽东箴言【一】 https：//www. ximalaya. com/sound/30201956
	毛泽东箴言【二】 https：//www. ximalaya. com/sound/30202921
	毛泽东箴言【三】 https：//www. ximalaya. com/sound/30204122
《习近平讲故事》	https：//www. ximalaya. com/album/12268246
《马克思画传：马克思诞辰 200 周年纪念版》	未找到合适资源
《中华人民共和国未成年人保护法》	https：//www. ximalaya. com/album/61540451
《中华人物故事汇　中华先烈人物故事汇》	中华先烈人物故事汇之黄继光 https：//www. ximalaya. com/album/61517596
	中华先烈人物故事汇——李大钊 https：//www. ximalaya. com/album/40203209
《我们走在大路上：1949—2019》	https：//www. ximalaya. com/album/30468002
《"抵御外侮——中华英豪传奇"丛书》	未找到合适资源
《重读先烈诗章》	https：//www. ximalaya. com/renwen/48589101/
《梦圆大地：袁隆平传》	https：//www. ximalaya. com/album/48345707
《思考世界的孩子》	https：//www. ximalaya. com/album/44531406
《写给孩子的哲学启蒙书》	https：//www. ximalaya. com/album/8223866
《声律启蒙》	https：//www. ximalaya. com/album/19620614
《千家诗》	https：//www. ximalaya. com/album/45008928
《可爱的中国（单行本）》	https：//www. ximalaya. com/sound/391044998
《寄小读者》	https：//www. ximalaya. com/album/12307093
《大林和小林》	https：//www. ximalaya. com/album/26383993
《呼兰河传》	https：//www. ximalaya. com/album/57394849
《狐狸打猎人》	https：//www. ximalaya. com/album/46224544
《城南旧事》	https：//www. ximalaya. com/album/3415316
《小兵张嘎》	https：//www. ximalaya. com/album/29864608
《闪闪的红星》	https：//www. ximalaya. com/album/58606660
《我们的母亲叫中国》	https：//www. ximalaya. com/album/12223952
《美丽的西沙群岛》	https：//www. ximalaya. com/album/54947687
《非法智慧》	https：//www. ximalaya. com/album/69064723
《一百个孩子的中国梦》	https：//www. ximalaya. com/album/4443857
《童年河》	https：//www. ximalaya. com/album/16219718

续表

书名	资源链接网址
《草房子》	https：//www. ximalaya. com/album/13447048
《男生贾里全传》	未找到合适资源
《今天我是升旗手》	https：//www. ximalaya. com/album/32754031
《芝麻开门》	https：//www. ximalaya. com/album/40053599
《你是我的妹》	https：//www. ximalaya. com/album/349325
《黑焰》	https：//www. ximalaya. com/album/34216589
《安徒生童话》	https：//www. ximalaya. com/album/24164897
《汤姆·索亚历险记》	https：//www. ximalaya. com/album/26634124
《假如给我三天光明》	https：//www. ximalaya. com/album/9946828
《小王子》	https：//www. ximalaya. com/album/240506
《永远讲不完的故事》	https：//www. ximalaya. com/album/2962724
《哈利波特与魔法石》	
《国家版图知识读本》	https：//www. ximalaya. com/album/51582180
《大国重器：图说当代中国重大科技成果》	未找到合适资源
《中国历史上的科学发明：插图本》	未找到合适资源
《中国儿童地图百科全书. 世界遗产》	未找到合适资源
《小学生食品安全知识读本》	未找到合适资源
《海错图笔记》	https：//www. ximalaya. com/album/50434958
《每月之星》	未找到合适资源
《寂静的春天》	https：//www. ximalaya. com/album/32126654
《空间简史》	https：//www. ximalaya. com/album/43141694
《BBC 科普三部曲》	BBC 科普三部曲之地球 https：//www. ximalaya. com/album/55029562 BBC 科普三部曲之 海洋 https：//www. ximalaya. com/album/69829472 BBC 科普三部曲之 生命 https：//www. ximalaya. com/album/12108802
《昆虫记》	https：//www. ximalaya. com/album/25357587
《启功给你讲书法》	https：//www. ximalaya. com/album/5323226
《京剧常识手册》	https：//www. ximalaya. com/album/3245105
《戏曲进校园》	https：//www. ximalaya. com/album/22095320
《中国民歌欣赏》	https：//www. ximalaya. com/album/256139
《建筑艺术的语言》	未找到合适资源

三、文献纪录片资源

类别	名称	网址	主要内容
中华优秀传统文化资源	《唐代诗词故事》	https：//www.bilibili.com/video/av62158414/	该系列微电影以初唐、中唐、晚唐三个时期的唐诗为蓝本，拍摄这些脍炙人口的唐诗背后的历史故事，重新解构唐诗精华和精神本质，把唐诗文化从边缘化拉至大众化，从而达到文化普及的目的
	《传承（第一季）》	https：//tv.cctv.com/2016/01/20/VIDEel4zkvbuV5sCC3cK9epd160120.shtml？spm＝C55924871139.PT8hUEEDkoTi.0.0	该片通过表现海峡两岸 50 位文化传承人的精彩技艺和人生故事，展现中华民族的传承力量，弘扬优秀的传统文化，揭示百年、千年来中华民族伟大的生存、生产和生活智慧，表现海峡两岸在中华传统文化上的同宗同源、一脉相承
公民意识教育资源	《村民影像计划》	https：//www.mgtv.com/b/44799/523111.html？fpos＝6	"村民影像计划"是草场地工作站应"中国—欧盟村务管理培训项目"委托策划，在 2005 年 7 月开始组织运行，至 2006 年 5 月完成第一阶段，有 10 部纪录片短片和一千多幅图片完成。节目是让来自中国的不同省份的农民，即具有"草根背景"的村民亲自参与拍摄。《村民影像计划》的 10 部纪录片在中央电视台 12 套"法制视界"栏目和中央教育电视台一套"国视 DV"栏目连续播出
生态文明教育资源	《美丽中国》	https：//www.bilibili.com/video/BV16i4y1r7BU	《美丽中国》是第一部表现中国野生动植物和自然人文景观的大型电视纪录片，是由中国中央电视台（CCTV）和英国广播公司（BBC）第一次联合摄制的作品。影片从长江以南的稻米之乡开始，一直拍到酷热的西双版纳雨林、极寒的珠穆朗玛峰、中国的标志长城、中华文化发源地黄河流域，以及蜿蜒曲折的 1.8 万公里海岸线等
心理健康教育资源	《我不是笨小孩》	https：//tv.cctv.com/2021/01/26/VIDERp4tnUJm31sTzZKq CLDs210126.shtml？spm＝C55924871139.PT8hUEEDkoTi.0.0	《我不是笨小孩》是一部长时间观察阅读障碍儿童成长的纪录片。通过对三个阅读障碍儿童家庭长达三年的系统追踪跟拍，真实而深入地反映了他们的生存困境和成长变化，以及家长、教师和孩子们的不懈努力
网络道德资源	未找到合适资源		

四、《数学》课程视频资源

使用方式	打开网址，直接播放	
使用建议	1. 备课过程中使用：学习视频，从视频中教师的授课方法、授课过程、授课资源中寻求灵感，将其中可用、有用的内容用到自己的课堂教学中。 2. 播放全部视频：让学生自学，或者复习知识时采取此种方式。 3. 播放视频片段：在讲解知识点的过程中，可择机播放与内容相关的视频片段。 4. 截图：截取视频中的画面作为图片使用。两种方法：按下键盘上的"prtsc"键，或者QQ打开的情况下按下"ctrl+alt+a"键	
一年级上册	名称	小学数学 一年级数学上册 人教版
	网址	https：//www.bilibili.com/video/av85690883/？p＝21&vd_source＝9ece3af8b0928b562280c11195e782bb
一年级下册	名称	小学数学 一年级数学下册 人教版
	网址	https：//www.bilibili.com/video/BV1H741167NH/？p＝1&vd_source＝9ece3af8b0928b562280c11195e782bb
二年级上册	名称	二年级数学上册 小学数学二年级上册数学 人教版 视频精讲合集
	网址	https：//www.bilibili.com/video/BV11A411A7zX/？p＝35&vd_source＝9ece3af8b0928b562280c11195e782bb
二年级下册	名称	小学数学 二年级下册 人教版 2022最新版 部编版 统编版 同步课堂教学视频 数学二年级数学下册数学 2年级数学
	网址	https：//www.bilibili.com/video/BV1GY411o7dm/？spm_id_from＝333.337.search-card.all.click&vd_source＝9ece3af8b0928b562280c11195e782bb
三年级上册	名称	TT0026-061-小学三年级数学人教版上册-全58集
	网址	https：//www.bilibili.com/video/BV1HG4y1C7ts/？spm_id_from＝333.337.search-card.all.click&vd_source＝9ece3af8b0928b562280c11195e782bb
三年级下册	名称	小学数学 三年级下册 人教版 2020最新版 部编版 统编版 同步课堂教学视频 数学三年级数学下册数学 3年级数学
	网址	https：//www.bilibili.com/video/BV1B7411Z7cR/？spm_id_from＝333.337.search-card.all.click&vd_source＝9ece3af8b0928b562280c11195e782bb
四年级上册	名称	数学四年级上册数学 人教版 2021新版 小学数学4年级上册数学四年级数学 4年级数学上册四年级上册数学
	网址	https：//www.bilibili.com/video/BV1QT4y1c7rv/？spm_id_from＝333.337.search-card.all.click
四年级下册	名称	小学数学 四年级下册 人教版 2021最新版 部编版 统编版 同步课堂教学视频 数学四年级数学下册数学 4年级数学
	网址	https：//www.bilibili.com/video/BV1B7411o7Fd/？spm_id_from＝333.337.search-card.all.click&vd_source＝9ece3af8b0928b562280c11195e782bb
五年级上册	名称	数学五年级上册数学 人教版 2021新版 小学数学5年级上册数学五年级数学 5年级数学上册五年级上册数学 含课件 ppt
	网址	https：//www.bilibili.com/video/BV1oD4y1R7X4/？spm_id_from＝333.337.search-card.all.click&vd_source＝9ece3af8b0928b562280c11195e782bb

续上表

五年级下册	名称	小学数学 五年级下册 人教版 2021 最新版 部编版 统编版 同步课堂教学视频 数学五年级数学下册数学 5 年级数学
	网址	https：//www.bilibili.com/video/BV1F7411Z7ug/？spm_id_from＝333.337.search-card.all.click
六年级上册	名称	数学六年级上册数学 人教版 2021 新版 小学数学 6 年级上册数学六年级数学上册 6 年级数学上册
	网址	https：//www.bilibili.com/video/BV1x5411j71U/？spm_id_from＝333.337.search-card.all.click&vd_source＝9ece3af8b0928b562280c11195e782bb
六年级下册	名称	小学数学 六年级下册 人教版 2022 最新版 部编版 统编版 同步课堂教学视频 数学六年级数学下册数学 6 年级数学
	网址	https：//www.bilibili.com/video/BV1Q7411o7i5/？spm_id_from＝333.337.search-card.all.click